教育部"一村一名大学生计划"教材

公共行政学导论

（第3版）

齐明山　主编

国家开放大学出版社·北京

图书在版编目（CIP）数据

公共行政学导论/齐明山主编. —3版. —北京：国家开放大学出版社，2021.7
教育部"一村一名大学生计划"教材
ISBN 978-7-304-10916-5

Ⅰ.①公… Ⅱ.①齐… Ⅲ.①行政学-开放教育-教材 Ⅳ.①D035

中国版本图书馆CIP数据核字（2021）第139726号

版权所有，翻印必究。

公共行政学导论（第3版）
GONGGONG XINGZHENGXUE DAOLUN

齐明山　主编

出版·发行：国家开放大学出版社
电话：营销中心 010-68180820　　总编室 010-68182524
网址：http://www.crtvup.com.cn
地址：北京市海淀区西四环中路45号　邮编：100039
经销：新华书店北京发行所

策划编辑：赵文静	版式设计：何智杰
责任编辑：宋亦芳	责任校对：冯　欢
责任印制：武　鹏　陈　路	

印刷：中煤（北京）印务有限公司印刷
版本：2021年7月第3版　　2021年7月第1次印刷
开本：787mm×1092mm　1/16　　印张：15.75　　字数：326 千字

书号：ISBN 978-7-304-10916-5
定价：27.00 元

（如有缺页或倒装，本社负责退换）
意见及建议：OUCP_KFJY@ouchn.edu.cn

序

PREFACE

"一村一名大学生计划"是由教育部组织、由中央广播电视大学实施的面向农业、面向农村、面向农民的远程高等教育试验。令人高兴的是计划已开始启动，围绕这一计划的系列教材也已编撰，其中的《种植业基础》等一批教材已付梓。这对整个计划具有标志意义，我表示热烈的祝贺。

党的十六大提出全面建设小康社会的奋斗目标。其中，统筹城乡经济社会发展，建设现代农业，发展农村经济，增加农民收入，是全面建设小康社会的一项重大任务。而要完成这项重大任务，需要科学的发展观，需要坚持实施科教兴国战略和可持续发展战略。年初《中共中央国务院关于促进农民增加收入若干政策的意见》正式公布，昭示着我国农业经济和农村社会又处于一个新的发展阶段。在这种时机面前，如何把农村丰富的人力资源转化为雄厚的人才资源，以适应和加速农业经济和农村社会的新发展，是时代提出的要求，也是一切教育机构和各类学校责无旁贷的历史使命。

中央广播电视大学长期以来坚持面向地方、面向基层、面向农村、面向边远和民族地区，开展多层次、多规格、多功能、多形式办学，培养了大量实用人才，包括农村各类实用人才。现在又承担起教育部"一村一名大学生计划"的实施任务，探索利用现代远程开放教育手段将高等教育资源送到乡村的人才培养模式，为农民提供"学得到、用得好"的实用技术，为农村培养"用得上、留得住"的实用人才，使这些人才能成为农业科学技术应用、农村社会经济发展、农民发家致富创业的带头人。如若这一预期目标能得以逐步实现，这为把高等教育引入农业、农村和农民之中开辟了新途径，展示了新前景，做出了新贡献。

"一村一名大学生计划"系列教材，紧随着《种植业基础》等一批教材出版之后，将会有诸如政策法规、行政管理、经济管理、环境保护、土地规划、小城镇建设、动物生产等门类的30种教材于九月一日开学前陆续出齐。由于自己学习的专业所限，对农业生产知之甚少，对手头的《种植业基础》等教材，无法在短时间精心研读，自然不敢妄加评论。但翻阅之余，发现这几种教材文字阐述条理清晰，专业理论深入浅出。

此外，这套教材以学习包的形式，配置了精心编制的课程学习指南、课程作业、复习提纲，配备了精致的音像光盘，足见老师和编辑人员的认真态度、巧妙匠心和创新精神。

在"一村一名大学生计划"的第一批教材付梓和系列教材将陆续出版之际，我十分高兴应中央广播电视大学之约，写了上述几段文字，表示对具体实施计划的学校、老师、编辑人员的衷心感谢，也寄托我对实施计划成功的期望。

教育部副部长
2004 年 6 月 30 日

前言
PREFACE

本书从上次修订距今已近五年，新时期我国公共行政学的改革发展又有了极大的进步，为了保持教材的规范性和实用性，做到内容进步、深浅适度，有必要对教材进行修订。

这次修订，教材的主体性内容没有大的改动，因为编写教材的初衷，就是为了向广大师生和读者提供公共行政学界公认的基本概念、理论体系和原则方法，这些内容经刘熙瑞、张康之、刘俊生三位教授的审定把关，深浅适度，层次分明，结构清晰。故此次修订主要从三方面进行了一些调整。一是依据最新法律法规的变化和公共政策的调整，对相关章节的表述作了较大的修订；二是结合当今新技术、新方法、新成果，调整了一些内容重点，补充了一些新的知识点；三是对一些概念、原则和逻辑结构关系进行了推敲和修改，力图使其更加准确、全面。

本教材编写的分工如下：齐明山负责编写第一章至第五章，第十四章至第十六章；赵菊强负责编写第八章和第九章；毛昭晖负责编写第十一章和第十三章；李传军负责编写第六章、第七章、第十章和第十二章。本教材第3版的修订工作得到了国家开放大学出版社的大力指导和支持，因本书主编齐明山先生作古，先生撰写的部分由其他作者共同修订完成，由此也寄托对齐先生的缅怀。值此教材再版之际，一并致以诚挚的感谢。同时，也深望广大学生和读者在使用教材过程中进一步提出建议或意见，使本教材不断更新和完善。

《公共行政学》编写组
2021年5月28日

目录

CONTENTS

第一章
绪论 ·········· 1
第一节　公共行政概述 ·········· 1
第二节　公共行政学的产生与发展 ·········· 5
第三节　公共行政学概述 ·········· 11

第二章
行政环境 ·········· 18
第一节　公共行政环境概述 ·········· 18
第二节　公共行政环境与公共行政 ·········· 21

第三章
政府职能 ·········· 29
第一节　政府职能概述 ·········· 29
第二节　市场失效、政府失效与政府干预 ·········· 34
第三节　政府的基本职能 ·········· 37

第四章
行政体制 ·········· 45
第一节　行政体制概述 ·········· 45
第二节　行政体制的类型 ·········· 48

第五章
公共组织 ·········· 56
第一节　公共组织概述 ·········· 56
第二节　公共组织的类型 ·········· 59
第三节　公共组织结构 ·········· 63
第四节　公共组织理论 ·········· 66
第五节　西方公共组织理论的新发展 ·········· 70

第六章
行政领导 … 75
第一节　行政领导概述 … 75
第二节　行政领导权力与责任 … 79
第三节　行政领导理论 … 84

第七章
人事行政 … 91
第一节　人事行政概述 … 91
第二节　人力资源管理 … 95
第三节　国家公务员制度 … 98

第八章
机关行政 … 109
第一节　机关行政概述 … 109
第二节　机关行政的主要内容 … 112
第三节　信息时代的机关管理 … 116
第四节　机关事务管理 … 119

第九章
行政决策 … 122
第一节　行政决策概述 … 122
第二节　行政决策的原则与类型 … 124
第三节　行政决策体制与程序 … 129

第十章
行政执行 … 137
第一节　行政执行概述 … 137
第二节　行政执行的步骤 … 140
第三节　行政评估 … 147

第十一章
行政监督 … 154
第一节　行政监督概述 … 154
第二节　行政系统的内部监督 … 158
第三节　行政系统的外部监督 … 163

第十二章
公共财政 … 171
第一节　公共财政概述 … 171
第二节　公共预算与决算 … 174
第三节　财政收支 … 178

第十三章 法治行政 ······ 184

第一节 法治行政概述 ······ 184
第二节 行政立法 ······ 189
第三节 行政救济 ······ 193

第十四章 行政方法 ······ 200

第一节 行政方法概述 ······ 200
第二节 传统行政方法 ······ 202
第三节 现代行政方法 ······ 205

第十五章 行政效率 ······ 213

第一节 行政效率概述 ······ 213
第二节 行政效率的测定 ······ 216
第三节 效率与公平 ······ 220

第十六章 行政改革 ······ 225

第一节 行政改革概述 ······ 225
第二节 行政改革的阻力、动力与对策 ······ 228
第三节 西方发达国家的行政改革 ······ 232
第四节 行政改革的发展趋势 ······ 238

第一章 绪 论

内容要点

公共行政学产生于 19 世纪末 20 世纪初的美国，是现代工业的产物。公共行政学发展至今经历了科学管理时期、行为科学时期、新公共行政学时期、新公共管理时期和新公共服务时期。本章主要介绍公共行政的含义与特点，公共行政学的产生与发展阶段。同时，本章界定了公共行政学的含义、特点、研究对象与研究方法，也简要地介绍了我国公共行政学的发展状况。

第一节 公共行政概述

一、行政与公共行政

行政，即公共行政，也称行政管理、公共管理。这些概念在本质上没有什么区别。行政，顾名思义，就是指政府处理政务，也就是处理社会公共事务。我国的行政概念最早出现在司马迁的《史记》当中，300 年前就刊行于世的《纲鉴易知录》上也有"召公、周公行政"的记载。在我国古代，行政的含义就是施政、为政，即政府处理国家政务。在西方，最早提出行政概念的是 2 000 年前古希腊伟大的哲学家亚里士多德。

行政是指政府处理国家的公共事务，公共行政是相对私人行政而言的。私人行政是指私营部门的行政，公共行政是指公共组织的行政，即公共组织对社会公共事务的管理。广义的公共组织是指不以营利为目的，旨在为社会和公众提供公共产品和服务、以实现公共利益为目标的一切社会组织。广义的公共组织其概念非常广泛，包括行政机关、立法机关、司法机关、学校、医院、民间组织、各种团体和基金会、教会，以及其他非营利组织。狭义的公共组织是指政府，许多学者将公共行政等同于政府行政。

学者们从不同的角度界定公共行政的领域，总的来说有如下一些看法。

首先，有些学者从"三权分立"来界定公共行政的范围。孟德斯鸠（Montesquieu）提出的"三权分立"思想形成了西方发达国家权力的基本结构。从"三权分立"的角度界定公共行政范围的学者认为，国家权力可以分为立法、行政、司法三种权力。立法是国家意志的体现，行政是国家意志的执行，司法是国家意志的维护。因此，立法、行政、司法三种权力各自独立，互相制约。权力结构的制度化，可以防止公共权力个人化和滥用公共权力。这种理论上的设计和实际执行之间有很大距离。实际上，在西方发达国家，行政权往往高于立法权和司法权，而且行政也参与国家法律的制定。所以，行政不仅是执行国家意志即法律，它也是制定国家法律的主要参与者。"三权分立"对公共行政的范围界定过于狭窄，不能反映公共行政的实际功能，政府与立法和司法不可能截然分开，政府也有部分立法权，而且公共行政的过程也是执法过程。

其次，有些学者从政治与行政的分离角度来界定公共行政的范围。美国早期的政治家和政治学家主张政治与行政分离，这是公共行政学产生的主要推动力。他们针对当时的政党分赃制严重影响行政秩序的情况，提出政治必须与行政相分离。他们认为，政治是制定国家政策，行政是执行国家政策。政治是国家意志活动的领域，行政是实现国家职能的技术与方法。政党通过进入议会或上台执政来贯彻自己的政治意志，而行政必须中立，不能成为政党的政治工具。托马斯·伍德罗·威尔逊（Thomas Woodrow Wilson）在《行政之研究》中和弗兰克·古德诺（Frank Goodnow）在《政治与行政》中都主张政治与行政二分法。他们认为政府体制中存在两种主要的或基本的政府职能，即国家意志表达职能和国家意志执行职能，即政治与行政。政治是国家意志的表达，行政是国家意志的执行。政治与指导和影响政策相关，而行政与政策执行相关。政治是通过公民中的政党组织指导或影响政府的行为；行政是公共服务的主体执行政府的意志和实施普遍利益规则。它既不是立法的，也不是司法的。政治与行政二分法是把行政定位在管理上，这是狭义的定位。政府不可能完全做到政治中立，不可能与政治无关。政府既有政治统治职能，又有必须贯彻执行国家意志的作用，没有公共行政的具体实施，政治就不可能成为现实。政府还必须参与制定公共政策。政治与行政分离，在理论上是说不通的，也是不符合实际的。世界上没有脱离政治的公共行政，也没有脱离公共行政的政治。

最后，有些学者从广义的管理角度来界定公共行政的范围，认为一切管理都是行政。如美国早期行政学家伦纳德·怀特（Leonard White）认为，行政是为了达到或实现某种目的而对许多人所做的指挥、协调与控制。赫伯特·西蒙（Herbert Simon）等人在他们合著的《行政学》中提出，行政即指一切团体处理行政事务的活动。当然，管理和行政不是同义语，一切行政都是管理，但并不是一切管理都是行政。一切社会组织都有行政，但行政并不是社会组织的所有管理活动。亨利·法约尔（Henri Fayol）在论述企业的六种活动时指出，行政仅是其中的一项活动。政府的管理无疑是行政。可以认为，行政是管理的组成部分之一。一切管理都是行政这种说法过于宽泛，抹杀了行政与管理的区别。管理是个大系统，公共行政作为这个大系统的一个子系统而存在。

我们认为，公共行政是指公共组织对公共事务的管理。在这里，公共组织是指政府，因此，也可以说公共行政就是政府行政。

二、公共行政的特点

（一）公共性

公共行政的首要特点是它的公共性，这是公共组织与其他私营部门的主要区别之一。公共性是指公共行政以实现公共利益为目标。公共性是现代公共行政的基本特点。离开了公共性，政府就从根本上失去了存在的必要性和合法性。公共行政是政府的管理行为，是为了实现国家目标和公共利益，为公民提供公共物品和公共服务，以及创造具有公益精神的意识形态。这是它与以营利为目的的企业最为明显的本质区别。公共行政的基础是权威和权力。它以为社会公众提供服务、实现公共利益为目标，不以营利为目的。它的活动成本由国家财政供给。公共行政的公共性是政府合法性的基础。公共性在我国表现为政府全心全意地为人民服务，实现人民群众的根本利益。公共行政的公共性表现为以宪法为基础，提供公共物品，弥补市场失效，作为公共信托人实现公民的民主权利。

（二）政治性

任何一个国家都有政治统治职能，国家的政治统治职能只能由政府来承担。国家的政治统治目标必须具体转化为政府的行政目标才能变为现实。因此，公共行政为政治统治服务的目的性十分明确。虽然世界上所有国家的政府都声称其是为全体公众服务的，但从本质上看，政府必然为某个阶层或利益集团服务，超政治、超利益的政府是不存在的。那种认为行政与政治分离或中立的观点，无论是理论上还是实践上都是站不住脚的。同时，政府必须能够协调和平衡不同利益团体、不同利益阶层的利益，化解矛盾和冲突。而私营部门的行政则没有公共行政的政治目标。

（三）法治性

依法行政是现代各国公共行政的特点之一。公共组织和私营部门虽然在管理层面上都必须依法处理事务，但是两者有很大的区别。公共组织是以宪法为基础的，受到立法机关和司法机关的有力制衡和严格限制，受到不同利益团体的影响和各种社会需求施加的压力。而私营部门可以根据市场需求自主地确定自己的活动。公共行政是在法治制约下的规范性的施政行为，目的是保护公民的权利不受政府行为的损害。主张在法律面前人人平等，不允许任何组织和个人有高于法律之上的特权。公共行政必须忠于宪法，维护并执行宪法。宪法是国家一切法律之上的根本法，依法行政就是要贯彻和体现宪法的原则和精神。在这个前提下，公共行政也必须贯彻执行各种法律、法规和政策。

（四）民主性

民主是现代社会的最大特点，也是公共行政的最大特点。民主行政是承认人民群众的历史主体性，公共行政是政府凭借人民赋予的权力为人民服务。所以，公共行政本质上是秉民众之志，承民众之意，理民众之事。公民参与和行政公开是民主行政的重要标志。人民有参与政府管理权，有知情权，有对政府的监督权。行政公开和增加公共行政的透明度，打破信息垄断和权力垄断，是民主行政的必然发展趋势。在知识经济时代，在网络社会和信息技术条件下，信息沟通更加方便快捷，科学和民主的思想将广为传播，民主行政将成为历史之必然，而且其发展将越来越快，势不可当。民主是公共行政的灵魂，是人本主义的复归。

（五）公平性

公平作为公共行政的价值观是不可动摇的。社会不可能有自发的公平，市场经济必然产生社会不公平，社会主义市场经济也不可能自然而然地给社会带来公平。只有政府制定政策，通过必要的社会再分配，才能为社会提供公平的保障。公平是对人的最起码的权利的保证，是人与人的平等准则的体现，是对社会弱势群体的保护，是公正地依法处理社会公共事务的原则，是避免社会出现贫富悬殊的现象的保证。但是，公平不是搞平均主义，公平是为了保证公民的权利，使社会稳定以促进发展。"不患寡而患不均"，这是我国根深蒂固的平均主义思想。贫穷不是社会主义，普遍贫穷是平均主义的必然结果。公平是为了发展，而不是搞平均主义。在社会主义市场经济条件下，政府必须重视公平的实现，不能让平均主义抬头，更不能用政府的强制力搞平均主义。这样做会造成社会缺乏发展的推动力，我们不能够忘记邓小平同志"发展才是硬道理"的教导。

（六）高效性

对政府来讲，效率具有永久的魅力，因此各国政府为不断提高政府的效率煞费苦心。现代各国政府仍然是以效率为中心的政府。效率就是要求政府投入成本低，获得成果多。其实，各国政府都为了提高行政效率进行了长期的改革。效率问题在21世纪更为突出，世界各国的竞争是政府与政府之间的效率竞争。领导者的素质有高低之分，决策有"差之毫厘，失之千里"之虞，执行有坐失良机之忧，应变有灵敏与迟钝之高下，这就是政府效率之比。行政效率是非常复杂的，将在第十五章专门论述。

02 第二节 公共行政学的产生与发展

一、科学管理时期（19世纪末至20世纪30年代）

科学管理时期的公共行政学产生于19世纪末20世纪初的美国。公共行政学的奠基人托马斯·伍德罗·威尔逊曾任美国普林斯顿大学教授和校长，也曾任新泽西州州长和美国第28任总统。他于1887年在美国哥伦比亚大学的《政治科学季刊》上发表了公共行政学的开山之作《行政之研究》，标志着公共行政学的产生。1900年，弗兰克·古德诺发表《政治与行政》，对公共行政学的发展起到了重要的作用。这个时期对公共行政学影响最大的是科学管理理论、官僚制组织理论和一般行政管理理论三个学派。弗雷德里克·泰勒（Frederick Taylor）、亨利·法约尔和马克斯·韦伯（Max Weber）在行政管理的原则、方法和组织方面都做出了较大的贡献。他们的理论是以效率为中心的理论，可以满足政府对提高效率的需要。

托马斯·伍德罗·威尔逊与弗兰克·古德诺提出了政治与行政分离，奠定了公共行政学的理论基础，使公共行政学成为一个独立的学科。

托马斯·伍德罗·威尔逊认为，公共行政学研究的是政府如何能够适当并成功地进行工作，研究政府怎样才能高效地以及花费尽可能少的费用或资源完成这些适当的工作。公共行政领域是一种事务性的领域，它与政治领域的混乱和冲突相距甚远，它要把政治与法律同行政区别开来。政治是在重大而且带有普遍性的事项方面的国家活动，行政则是国家在个别和细微事项方面的活动。托马斯·伍德罗·威尔逊提出了政治与行政分离，认为政治与行政之间的区别是宪法与行政之间的区别，执行宪法比制定宪法更加困难。政治是政治家的特殊活动领域，而行政则是技术性的工作。政治如果没有行政管理的帮助则一事无成，但不意味着行政管理便是政治。公共行政就是公法的系统的执行活动，只有当一个国家的行政机关与人民的政治生活相隔离时，官僚制组织才能够生存。政府必须有权威，巨大的权力和不受限制的自由处置权限是政府承担责任不可缺少的条件。同时，他主张集权。

弗兰克·古德诺认为政府体制有两个主要的基本职能，即国家意志表达职能和国家意志执行职能。这两种职能分别是政治与行政。政治是国家意志的表达，行政是国家意志的执行。政治与指导、影响政府政策相关，而行政与政策执行相关。政治是通过公民中的政党组织指导和影响政府政策的行为或职能。行政是公共服务的主体，服务于国家意志的执行和普遍利益规则的实施。它既不是立法的，也不是司法的。为了防止政治影响行政，用法律将两者分开，政治对行政的控制必须在法律许可范围之内进行。这种控制便在政党体制中得到了发展，政党体制保证政治职能和行政职能之间的协调。行政的标准是技术标准，是效率，与政治无涉。

马克斯·韦伯是德国著名的政治学家、社会学家、经济学家和宗教学家。官僚制组织理论是他对公共行政学的组织理论发展做出的最重要的贡献，因此他被称为"组织理论之父"。他认为合法性的权力有三种：传统权力、魅力权力和法理权力。资本主义通过合理化、效率和稳定促进发展。工业资本主义的竞争最终是世俗的合理的官僚制的竞争。国家随着资本主义、帝国主义的扩张和官僚制秩序的合理化而加强。马克斯·韦伯认为官僚制是一种理想的组织类型，它对于效率和现代文明的理性基础发展是必要的。官僚制是一种工具，哪里彻底实现了行政的官僚化，哪里所确立的权力关系实际上是不可摧毁的。官僚制是用法律来规定固定的或官方的权限的理论原则。官方以固定的方式分派政府机构的日常工作，官员有为完成工作而发号施令的权力，要招聘那些有资格的人来完成工作任务。马克斯·韦伯认为在合法的政府中，这三个要素构成了一个管理制的行政机关。官僚制实行层级节制原则、职业化原则、专业化原则、法治原则、固定薪金原则、非人格化原则、档案管理原则、公私分开原则等。

马克斯·韦伯的官僚制组织理论是现代公共行政的基础之一，也是公共行政学的理论基础之一。

弗雷德里克·泰勒、亨利·法约尔、卢瑟·古利克（Luther Gulick）和其他科学管理学派学者的主要理论贡献可简述如下：

弗雷德里克·泰勒是美国著名的管理学家，是科学管理学派的领袖，被称为"科学管理之父"。他从工厂的微观管理入手，研究如何才能提高工作效率，从对工厂的具体管理研究过程中抽象出一些管理的普遍性原则。他认为利用这些原则可以大幅度地提高工作效率，并且适用于各种组织。他强调职能分工，主张建立合理的组织结构，强调命令统一原则，制定严格的规章制度，加强监督，实行例外原则，讲究工作方法等，目的是提高工作效率。

法国管理学家亨利·法约尔是行政管理学派的代表人物，被称为"行政管理之父"。亨利·法约尔从宏观层次研究管理。他对工厂、政府部门、军队等各种组织的管理进行过研究。他不仅善于提炼管理要素，抽象管理原则，而且还赋予这些管理要素和管理原则普遍意义。他提出了5项管理职能和14条管理原则。这5项管理职能是：计划、组织、指挥、协调、控制。14条管理原则是：分工原则、权责相符原则、纪律原则、统一领导原则、统一指挥原则、个别利益服从整体利益原则、报酬原则、集权原则、等级系列原则、秩序原则、公平原则、人员稳定原则、首创精神原则、团结精神原则。

美国行政学家卢瑟·古利克和英国行政学家林德尔·厄威克（Lyndall Urwick）继承并发展了弗雷德里克·泰勒和亨利·法约尔的理论，并且把管理理论系统化。卢瑟·古利克提出了著名的 POSDCORB，即 7 项管理职能：计划、组织、人事、指挥、协调、报告、预算。这 7 项管理职能被认为是 20 世纪传统行政管理的基础，它涵盖了公共行政的基本内容。卢瑟·古利克主要研究政府上层部门扮演的角色，他的主张遭到以赫伯特·西蒙为首的当代行为学派学者的批评，他们认为卢瑟·古利克提出的一些管理原则不能自圆其说。

公共行政学学科体系的建立是由伦纳德·怀特、威廉·魏劳毕（William Willoughby）和约翰·费富纳（John Pfiffner）完成的。美国芝加哥大学教授、美国文官委员会主席伦纳德·怀特于 1926 年出版了世界上第一部大学公共行政学教科书《行政学导论》。伦纳德·怀特坚持政治与行政二分法，用理论研究的方法，对政府、行政现象和行政行为进行了深入的研究，在学科研究体系和逻辑体系等方面都颇有建树。他将公共行政学的研究对象界定为四个方面：组织原理、人事行政、财务行政、行政法规。《行政学导论》是公共行政学发展的里程碑之作，对公共行政学的发展产生了十分重要的影响。

威廉·魏劳毕也是美国享有盛名的政治学家和行政学家。他是塔夫特经济与效率委员会的成员，是布鲁金斯学会的第一届主席。他于 1927 年出版了一部公共行政学巨著《行政学原理》，他试图建立行政管理的基本原则，着重研究政府的财政、预算和物资管理等方面。

约翰·费富纳是著名的行政学家、南加利福尼亚大学教授。他于 1930 年出版了《行政学》。他从科学管理的角度，用理论的研究方法，试图从各种纷繁复杂的行政现象和行政行为中抽象出一些行政原则和行政方法。

伦纳德·怀特、威廉·魏劳毕和约翰·费富纳的三部公共行政学著作为公共行政学学科体系的形成做出了不可磨灭的贡献，为公共行政学的发展打下了基础。

科学管理时期的公共行政学过分强调组织结构，强调规章制度和效率，忽视了人的因素。

二、行为科学时期（20 世纪 30 年代至 60 年代）

行为科学时期公共行政学的研究特点是用动物学和心理学的方法，研究人类行政行为的心理和行为特点。这个时期的管理学家和心理学家对个体行为、团体行政、组织行为、领导行为和决策行为的研究颇有建树，丰富了公共行政学的内容，拓宽了公共行政学的研究领域。

（一）乔治·埃尔顿·梅奥和切斯特·巴纳德的社会人理论推动了公共行政学的发展

乔治·埃尔顿·梅奥（George Elton Mayo）是人际关系学派的代表人物。通过霍桑实验，他提出了"社会人假设"，弥补了科学管理学派"经济人假设"的不足。他认为人并不是唯利是图的经济动物，人除有物质需要外，还有社会需要和心理需要。在正式组织里无法满足的社会需要，可以在非正式组织里得到满足。非正式组织是客观存在的，它可以弥补正式组织对组织成员漠视和缺乏尊重的不足。

切斯特·巴纳德（Chester Barnard）独立进行研究，提出了社会人理论、非正式组织理论。1938年，他发表了《非正式组织以及它们与正式组织之间的关系》，他认为非正式组织可以使组织成员之间保持联络和沟通，可以保持组织的凝聚力，保持组织内个人尊重、真正、自尊与独立选择的感情需要。

心理学家亚伯拉罕·马斯洛（Abraham Maslow）提出了著名的人类需要层次理论。他认为人有生存需要、安全需要、感情需要、成就需要和自我实现需要五个层次的需要。其他的心理学家从人的动机、需要、目标、行为等方面提出了不同的需要理论、期望理论、激励理论等。道格拉斯·麦格雷戈（Douglas Mcgregor）提出了X理论—Y理论。这些理论都为公共行政学研究提供了新的方法和新的视角。

（二）赫伯特·西蒙、德怀特·沃尔多从行为的角度对公共行政的研究

赫伯特·西蒙用行为科学的方法研究公共行政，1947年出版的《行政行为》是公共行政学发展史上划时代的著作。他严厉抨击，卢瑟·古利克和林德尔·厄威克提出的"行政原则是行政谚语"这一论断是缺乏科学依据的。赫伯特·西蒙认为应该将价值与事实分开，并提出了有限理性的观点。从人的认知行为上讲，人的理性不可能是无限的，只能是有限的，决策只能是有限理性决策。因此，决策只能遵循"满意原则"，而不是"最优原则"。

1948年，被称为公共行政学哲学家、史学家的德怀特·沃尔多（Dwight Waldo）出版了《行政国家》一书。他着重研究民主价值、行政哲学和公共行政的发展问题。该书是对20世纪30年代以来传统公共行政和卢瑟·古利克的POSDCORB的全面抨击。德怀特·沃尔多在书中探讨了谁来统治，政府如何进行组织，权力的划分，集权与分权以及政策制定的标准等问题。

行为科学时期公共行政学研究的最大贡献是确立了以人为本的管理思想，但是最大的弱点是太重视人际关系，不重视效率。

三、新公共行政学时期（20世纪60年代至70年代）

新公共行政学是相对于传统公共行政学而言的，但是，它也只是在某些价值理念

上与传统公共行政学有所区别，无法根本改变官僚制的管理体制。

20世纪60年代末70年代初，美国严峻的社会现实需要从理论上予以解释。德怀特·沃尔多感到公共行政学鼎新时代已经来临。1968年在锡拉丘兹大学明诺布鲁克会议中心召开青年行政学者会议，会议成果则反映在1971年出版的由弗兰克·马诺力（Frank Marini）主编的《迈向新公共行政：明诺布鲁克观点》中。德怀特·沃尔多的《处于动荡时期的公共行政学》、乔治·弗雷德里克森（George Frederickson）的《新公共行政学》等是新公共行政学的代表作。1988年又召开了第二次青年行政学者会议，会议回顾与展望了公共行政的发展。

新公共行政学力图摒弃传统行政的权威主义和以效率为中心的取向，试图建立以公平为中心的民主行政。新公共行政学向传统行政学理论基础——政治与行政二分法提出了挑战。新公共行政学认为应当研究与动荡不安的时代、公众的日常生活和公共行政管理者实践相关的议题。它强调政治与行政的连续性，将道德价值概念注入行政过程，将社会公平注入传统的经济与效率目标；强调政府服务的公平，对公众负责而不是对公共机构负责，以及公共项目应当对决策和执行负责；强调公民参与、政策制定、相关控制、分权授权、组织发展、顾客至上和民主工作环境。新公共行政学倡导的价值观，如社会公平、代表制、回应性、参与和社会责任等，推动了公共行政学的发展，在某些方面它为新公共管理的产生做了理论准备。

四、新公共管理时期（20世纪70年代至2000年）

新公共管理运动的产生绝非偶然，它是西方发达国家政治、经济、文化的必然产物。20世纪70年代发生的石油危机强烈地冲击了西方发达国家。西方发达国家产生了政府信任危机、财政危机和经济危机。学者和社会团体强烈地批评政府，迫使各国政府采取因应之策，于是产生了新公共管理运动。它并不是一个统一的运动，也没有统一的理论，也可以讲没有统一的概念。各国的情况不同，它们选择的理论基础也有差别。尽管如此，我们仍然可以把公共选择理论、新制度经济学和新保守主义作为其理论基础。公共物品、交易成本、委托代理人、学习型组织等新理念对新公共管理产生了较大的影响。其实，新公共管理是管理主义在20世纪七八十年代的复归，它主要发生在欧洲，尤其是北欧的一些国家，以及澳大利亚、新西兰和拉丁美洲的一些国家，而在美国主要是政府再造。新公共管理学是对传统公共行政学的扬弃。公共行政学本来就是多学科交叉的边缘学科，而不是只有新公共管理学才是如此，我们更不能认为社会问题不是传统公共行政学的研究对象。新公共管理"新"在管理方法和技术的实践性和具体化上，这是它与传统公共行政学所不同的。新公共管理运动进行得最彻底的是英国、澳大利亚和新西兰等国家；而美国、德国、法国、荷兰、瑞典的新公共管理运动的改革是渐进式的；意大利、西班牙、希腊的行政改革也只是部分地引进管理主义。管理主义的新公共管理是以绩效为导向的。

新公共管理运动主张市场至上，将市场机制引入政府管理；主张企业家型政府；主张将一些公共部门私有化，或公共部门与私营部门合作，认为只有这样才能解决公共部门效率低下问题；主张权力下放，加强低层官员的决策权和自主权，提高效率和服务质量；同时，还主张引入竞争机制，提倡顾客至上等；强调结果而不是过程等。总之，新公共管理仍然是以效率为中心的改革。它十分尖锐地批评传统的官僚制组织，认为官僚制组织效率低下，不能满足公众的需要，不负责任，主张组织结构扁平化。大多数国家的新公共管理运动是在没有触及官僚制的情况下进行的。

新公共管理时期过分地强调绩效，而对如何实现社会公平和摆正政治与行政的关系等问题关注不足。

五、新公共服务时期（2000年迄今）

2000年，美国学者珍妮特·登哈特（Janet Denhardt）和罗伯特·登哈特（Robert Denhardt）夫妇发表了论文《新公共服务：服务，而不是掌舵》，提出了既有别于新公共行政，又有别于新公共管理的新的公共行政理论。2003年，登哈特夫妇将论文扩展成书，对新公共服务理论进行了全面系统的阐述。

新公共服务是建立在新公共行政的理论基础之上的，它批判地吸取了新公共管理的某些主张，是倾向于新公共行政的公共行政理论。

新公共服务的理论基础主要有四个：民主的公民权理论，社区的公民社会理论，组织的人本主义和新公共行政，后现代公共行政。

新公共服务理论主张服务于公民，而非顾客；追求公共利益；重视公民权而不是公民资格；主张战略思考，民主行动；强调服务而非掌舵；重视人，而不仅仅是效率。

六、我国公共行政学的研究与发展

我国最早提出学习行政学的是梁启超，他于1876年在《论译书》中提出"我国公卿要学习行政学"。孙中山先生提出了立法、司法、行政、考试、监察五权分立思想，并且建立了五院分立制度。19世纪末20世纪初，我国有识之士翻译了一些西方的行政学著作。1935年，张金鉴出版了《行政学的理论与实际》，这是我国第一部行政学著作。1936年，江康黎出版了《行政学原理》，这也是颇有影响的著作。1943年，中国行政学会成立，出版了《行政学季刊》。

中华人民共和国成立以后，在1952年院系调整时，公共行政学作为伪科学被砍掉，十分严重地影响了我国公共行政学研究和公共行政管理现代化。1979年3月30日，邓小平同志在理论工作务虚会上提出："政治学、法学、社会学以及世界政治的研究，我们过去多年忽视了，现在也需要赶快补课。"此后，各大学成立了行政学系，各省、自治区、直辖市成立了行政学院，1988年成立了中国行政管理学会。

第三节 公共行政学概述

一、公共行政学的含义

美国学者德怀特·沃尔多在讨论什么是公共行政时曾提出两种典型的定义：第一种定义是，公共行政是为了达到政府目的而对人与物质的组织和管理；第二种定义是，公共行政是管理国家事务的艺术与科学。关于公共行政是科学还是艺术的大量的争论，没有取得一致的定论。它到底是一门科学还是一种艺术？显而易见，在公共行政的系统研究基础上很容易找出它作为科学的例证来，而在公共行政的实践基础上又很容易找出它作为艺术的例证来。

行政管理的对象是千变万化的，面对不同的情况必须应用不同的管理方法，即使相同的管理对象，在不同时间、地点，管理方法也不同。科学必须有理论上的抽象，必须有共同的规律可循。学者们为此付出了不懈的努力。行政生态学的产生就是因为学者们不赞同美国狂妄地认为其公共行政是科学的，在哪个国家实行都会有效的观点。事实证明，美国那套公共行政在发展中国家并没有取得他们预期的效果。公共行政学只是对行政现象内在的科学化、效率化和规范化的规律性研究和探讨，因此，没有不变的规律。

但是，公共行政也不是纯方法和运作的问题。它有一些管理原则不可违背，是必须遵循的。谁违背它，谁就不可能搞好行政管理。管理学、政治学和法学是行政学的基础学科，但管理学、政治学和法学的原则并不能算作公共行政学的原则。公共行政学是交叉学科和边缘学科，它吸取了其他许多学科的原则和原理。也许公共行政学可以自成体系的理论是马克斯·韦伯的官僚制组织理论。

公共行政学是研究公共组织依法处理政务的有效性、公平性、民主性的规律的交叉性与综合性学科。在这里公共组织主要是指政府，公共行政就是政府行政。

二、公共行政学的特点

（一）公共行政学是一门交叉学科和边缘学科

公共行政学是政治学、管理学、法学、经济学、社会学、心理学和人类文化学等学科的交叉学科和边缘学科。它有自己的研究领域，但也吸收了诸学科的方法和原则。虽然它有自己的学科体系，却是集诸学科之长为己所有。它借鉴并利用诸学科的一些原则、方法以及视角进行研究。

（二）公共行政学是应用性的学科

公共行政学研究的是政府和公共组织的实际管理工作，它的价值在于能够解决实际问题，为政府的实际管理工作服务。公共行政是对公共行政事务进行管理，如市场、环保、社会保障、公共设施的建设和维护、社会秩序的维护和国防等，都是实际的管理。公共行政学涉及许多管理方法和管理技术问题，因此，它是应用性、操作性很强的学科。公共行政学与政治学、哲学等纯理论性学科截然不同，它的生命力就在于能够解决实际问题。如果公共行政学不能开拓出独特的研究领域和独特的研究方法，不能为政府解决实际问题，它就不可能被政府接受。

（三）公共行政学是政治性较强的学科

虽然公共行政学是应用性学科，但它不是纯管理、纯技术的学科。公共行政学的研究对象是政府，政府的政治性特点决定了它不能脱离政治而进行纯管理、纯技术的研究，而是以确保政府的合法性作为其研究的重点。在许多问题上，公共行政学并不是研究纯行政技术和方法，而是必须借诸政治学理论对政府的一些管理问题进行研究。这是十分重要的研究内容和研究方法。虽然管理主义对公共行政学有重要作用，但也不能认为公共行政学是脱离政治的纯管理的学科。

（四）公共行政学的研究具有广泛性

公共行政学是一门内容丰富、涵盖面广的学科。公共行政不仅适用于政府、立法机关、司法机关、政党、军队、企业、学校、医院等各种社会组织，也适用于社会秩序、公共设施、各种资源、科学技术、文化教育、环境、国有资产、市场等，甚至包括国防和外交事务的管理。公共行政的广泛性决定了公共行政学研究的广泛性。公共行政学的研究范围十分广泛，除对行政管理要素，如行政体制、公共组织、政府职能、行政领导、人事行政、机关行政、行政决策、行政方法、行政效率、行政改革等进行研究外，还对专业行政，如农业行政、工业行政、交通行政、民政行政、金融行政、公安行政、国家安全行政、国防行政、外交行政、贸易行政、工商行政、邮电行政、卫生行政等进行研究。总之，那些专业行政部门都是公共行政学的研究领域。此外，省、自治区、直辖市等地方政府、县政府、乡镇政府和市政管理也是公共行政学的重要研究领域。

（五）公共行政学具有发展性

公共行政学的研究必须随着时代的发展而发展。公共行政理论不是永久不变的，它必须随着时代的变化而变化。公共行政是上层建筑的管理，它必须适应经济基础的需要，为经济基础服务。政府必须随着社会发展而进行卓有成效的改革，公共行政学也必须与之相适应。改革开放以来，我国经济基础发生了巨大变化，行政管理也随之发生巨变，公共行政学必须随着这种变化而变化。面对知识经济和信息社会，经济基础必然发生巨大变化，公共行政学也必须研究在知识经济条件下的行政管理的变化。公共行政学就是在这种发展变化中不断发展和完善的。

三、公共行政学的研究对象

公共行政学研究政府能够管什么、政府应该管什么、政府管理由谁来管、政府管理怎么管、政府管理为什么管。

（一）公共行政学研究政府能够管什么

政府能够管什么是指公共行政环境对政府行为的限制和约束，也就是指在一定的公共行政环境的约束下，政府能够做什么。政府虽然掌握行政权，但是它并不能凭借手中的权力随心所欲，什么都能做，什么都能管。政府职能和行政权力受公共行政环境的制约。公共行政环境为政府管理提供了历史舞台，并从根本上决定政府能够做什么，能够管什么。政治环境、经济环境、文化环境和社会环境制约着政府行为。公共行政环境允许政府做什么、管什么，政府才能做什么、管什么。政府管理不能超越历史环境所提供的可能性和活动空间。

（二）公共行政学研究政府应该管什么

政府应该管什么是指政府职能，这是公共行政学研究的重要方面。公共行政环境为政府提供了管理各种社会事务的可能性，但是，政府不能满足所有的社会管理需求，必须把自己的管理职能限制在一定的范围之内，也就是政府应该管什么。公共行政学围绕政府职能大小、强弱，政府与立法机关、司法机关的权力划分，政府与社会、市场、社会组织和公民的作用等问题展开研究。这是公共行政学发端以来一直争论不休的问题，这些问题决定了政府职能及其管理方式。

（三）公共行政学研究政府管理由谁来管

政府管理由谁来管是指政府管理的主体是谁。政府管理是由政府的各类各级行政部门和被授予行政权的社会组织（也就是公共组织）进行管理。公共组织有一定的机构、权力划分和运行机制，形成一定的关系和制度，也就是行政体制。政府必须由各级各类的行政机关和行政机构组成，并且有一定的行政权力和管理范围，担负一定的管理职能。同时，政府管理必须由人组成政府并进行管理。对政府的各级各类行政人员的管理，就是人事行政。政府管理由行政领导者推动，讲究领导方法和领导艺术，也就是行政领导。

（四）公共行政学研究政府管理怎么管

政府管理怎么管，首先是政府管理的过程，它包括行政决策、行政执行、行政协调、行政监督。其次是政府管理的依据，它涉及人治与法治。现代行政的依据是法律，政府管理必须依法行政。政府管理还必须讲究管理方法，利用一定的财政资源。

（五）公共行政学研究政府管理为什么管

政府管理为什么管，也就是管理的目的。政府管理有两个目的，一个是效率，另一个是公平。效率不仅指政府本身的行政效率，也指国家与社会的发展效率。公平是政府对社会的管理责任，政府通过各种手段确保每个公民在政治、经济、文化和社会各个方面的公平地位。

四、公共行政学的研究取向和研究方法

（一）公共行政学的研究取向

"就公共行政理论的范畴而言，至少可以指出三个取向。①公共行政理论被看作政府过程的一部分，因而是政治学研究的一个分支。根据这一观点，公共组织理论就是政治理论的一部分。②公共组织被看作与私人组织差不多。根据这一观点，公共行政理论只是组织理论的一部分。③公共行政被认为是一个专业领域，就像专业性极强的医学和法学一样，它吸收了不同的理论观点以解决实际问题。"[1]

1. 管理取向

公共行政学研究的第一种取向就是管理取向，也就是企业管理取向。企业管理取向可以分为传统管理取向和新公共管理取向。传统管理取向是公共行政学产生的基础，主张政治与行政分离，政府事务中具有商业性质的部分应当以完全企业化的模式运作。公共行政是一个职业领域，与政治无涉。因此，要求政府"非政治化"，公务员中立，不能有党派政治观点，即公共行政脱离政党政治。公共行政追求的是效率、效能和经济利益最大化。传统管理取向主张公共组织采取官僚制的组织结构和非人格化管理，以确保权威和效率。新公共管理取向是20世纪70年代以后西方发达国家为提高政府绩效而进行改革所采用的。它对传统的官僚化的公共行政进行批判，重结果而不是程序，强调运用市场机制，强调顾客导向和民营化；强调政府是"导航者"而不是"划桨

---

[1] 登哈特. 公共组织理论. 扶松茂, 译. 北京: 中国人民大学出版社, 2003.

者"（奥斯本等语）；强调政府要放松管制，组织结构要扁平化，要有弹性，要授权给下级和每个公共行政人员。

2. 政治取向

公共行政学研究的第二种取向是政治取向。它产生于美国罗斯福新政和第二次世界大战期间对公共行政脱离政治的批判。政治取向强调的价值观是"代表性""政治回应"和"责任"等。它强调这些价值观不仅是建立宪政的重要元素，也是公共行政的重要元素；强调公众参与，认为公务员是各种利益阶层与集团的代表；质疑效率。它实际是公共行政的多元主义。组织结构的多元主义，造成组织矛盾和冲突，使组织混乱。

3. 法律取向

公共行政学研究的第三种取向是法律取向。法律取向的产生有三个源头：一是行政法。它主要是指管制一般公共行政过程的法律和法规。二是公共行政司法化的发展。为了确保公民个人权益不受侵犯，将行政运作程序当作司法程序。三是宪法。法律取向重视法治，强调公正、正当的法律程序，强调政府对公民的平等保护和公平。它不追求公共行政的成本和效率。

（二）公共行政学的研究方法

1. 理论联系实际的方法

公共行政学是一个应用型学科，具有很强的实践性和操作性。它的生命力在于能够解释并解决公共行政的实际问题。理论与实践相结合是公共行政学研究的最基本的方法。

理论与实践相结合，首先要求以马克思列宁主义、毛泽东思想、邓小平理论、"三个代表"重要思想、科学发展观、习近平新时代中国特色社会主义思想为指导思想，引进西方公共行政理论，并且对它们进行扬弃，既反对对西方公共行政理论采取一概排斥、妄自尊大的态度，又反对把西方公共行政理论神化、图腾化，"言必称希腊"。管理有共性，公共行政也有共性。但是管理毕竟是个性的管理，行政管理也不例外。我们研究西方公共行政理论，必须取其精华，为我所用，不能囫囵吞枣、照抄照搬。

理论与实践相结合必须结合我国国情。我们研究公共行政学不是为了研究而研究，而是为了解决我国公共行政的实际问题。公共行政的原则和方法必须符合我国的实际。我国是一个历史悠久、幅员辽阔、人口众多、民族众多、资源有限的国家，虽然改革开放以来，我国的综合国力已经大幅度提高，但是与西方发达国家相比仍然有差距，与一些发展中国家相比，人均国内生产总值也有较大差距，这是基本国情。天上有我国的人造卫星在围绕地球转，但是中原大地还有非常原始的牛车在行驶；互联网和手机在城市已经广为使用，但是在某些偏僻的农村仍然没有普及。而且我国56个民族的社会经济发展状况不一样，东部和西部的社会经济发展也有很大的差别。所以，公共行政研究不仅要结合我国的实际，而且要结合不同地区、不同民族的实际。俗话说，一把钥匙开一把锁。不同地区、不同民族的公共行政也有区别。公共行政学研究就是要研究出符合它们特点的行政管理政策和方法。因此，公共行政学研究不是照搬照抄西方的理论，玩弄辞藻，故作高深，而是必须使公共行政学本土化，洋为中用。

理论与实践相结合还要求必须发掘我国古代行政管理的优秀文化遗产。我们不能对我国古代丰富的行政管理的文化遗产采取历史虚无主义的态度，而必须用辩证分析的方法古为今用、推陈出新。把我国古代优秀的行政思想和管理经验与现实结合起来，与现代公共行政理论结合起来，与中国共产党的理论和社会主义革命及社会主义建设的实践结合起来，形成具有中国特色的公共行政学。这是公共行政学本土化的必由之路。

2. 哲学研究方法

哲学研究方法就是利用辩证唯物主义和历史唯物主义对公共行政的理论和实践进行研究，也运用系统论、控制论、信息论、耗散理论、博弈论和熵理论等进行研究，是形而上的研究方法，其目的是试图从纷繁复杂的行政管理活动和管理现象中，从各种公共行政理论中，抽象出一些规律性的东西，建立行政哲学，以对行政管理进行宏观指导。

3. 跨学科的研究方法

跨学科的研究方法包括政治学研究方法、管理学研究方法、法学研究方法、经济学研究方法、社会学研究方法、心理学研究方法、数学研究方法、文化学研究方法，以及多学科综合研究方法等。这些研究方法从多角度、多侧面对行政管理进行研究，并且取得了丰硕的成果，丰富了公共行政学的内容和研究领域。这些研究方法对行政学的发展起到了很大的推动作用。

4. 实证研究方法

实证研究方法包括实际调查研究方法、模拟实验方法、个案研究方法等。它往往对某个具体的行政管理问题进行个案调查研究，或者进行模拟实验，以取得具体的数据或成果，并将其作为宏观指导的依据。其中，个案研究方法是经常用的实证研究方法，通过个案研究得出具体的结论，不仅增加理性认识，而且增加感性认识，可以尽快提高国家公务员的行政理论水平和实际工作能力，是一种行之有效的研究方法。

5. 比较研究方法

比较研究方法是将一个国家的行政管理或某方面的行政管理情况与其他国家的行政管理或某方面的行政管理情况进行比较研究，臧否得失，取他人之长，补己之短，目的是改善和提高行政管理水平。

本章小结

公共行政是公共组织对公共事务的管理。公共行政有管理取向、政治取向和法律取向三个研究取向。不同的研究取向从不同的角度对公共行政进行研究。公共行政往往有公司化或司法化的倾向。公共行政学的发展是围绕效率展开的，官僚制组织结构是确保公共组织效率最好的组织结构，尽管现在受到批评，但是目前它仍然是公共组织的主要组织形式。然而，我们应该注意信息社会公共组织结构的发展和变化。这也是值得我们深入研究的课题。

第二章 行政环境

内容要点

行政环境即公共行政环境，是指直接或间接影响公共行政的各种内外部因素的总和。它具有复杂性、约束性、特殊性和不稳定性的特点。公共行政环境与公共行政是辩证的关系，公共行政必须适应公共行政环境，公共行政环境制约、决定公共行政；公共行政对公共行政环境有改造作用。虽然一般公共行政环境即自然地理、政治、经济、文化和国际环境对公共行政的作用是十分重要的，但是，具体公共行政环境的作用也不容忽视。组织环境和组织文化对公共组织形成团体凝聚力有十分重要的作用。

第一节 公共行政环境概述

一、公共行政环境的含义

公共行政环境是产生、形成和发展公共行政的自然的、社会的和历史的条件，也是公共行政的约束力量。因此，任何国家的公共行政都是在其特定的公共行政环境中产生、形成和发展的，并形成有各自特点的公共行政模式。公共行政的有效性就在于符合其赖以生存的公共行政环境。公共行政环境是指直接或间接地作用或影响公共组织、行政心理、行政行为和管理方法与技术的行政系统内部和外部的各种要素的总和。

对公共行政环境有不同的分类方法，这里将公共行政环境分为一般公共行政环境和具体公共行政环境。

二、公共行政环境的特点

（一）复杂性

公共行政环境是多种多样的，是多层次、多结构的，是非常复杂的。环境有自然地理环境、政治环境、经济环境、文化环境和社会环境；有物质环境，也有精神环境。这些环境构成要素也是多层次、多结构的，也是错综复杂的。公共行政环境有系统的宏观环境，也有中观环境和微观环境；有国际环境和国内环境；有地区环境和组织环境。如果公共行政环境的多结构性和多层次性再加上人为的因素，就使公共行政环境更加复杂，更加难以确定。只有认识了公共行政环境的复杂性特点，才能认识公共行政的复杂性和艰巨性。

（二）约束性

公共行政是公共行政环境的产物，那么，公共行政环境必然对公共行政有限制作用和约束作用。公共行政受到公共行政环境的约束，只能在公共行政环境所提供的空间和条件下进行，不能超越公共行政环境的各种限制条件。公共行政环境有历史性的限制条件，这是由于历史和社会发展的不同阶段所决定的，是经济基础决定上层建筑的必然结果，公共行政无法超越历史条件（历史环境）的约束。公共行政环境有社会、政治和经济发展的不同形态的决定和约束条件。我国是社会主义国家，社会主义的政治和社会主义市场经济决定了我国的公共行政不同于资本主义国家的公共行政。公共行政环境还有意识形态提供的价值和行为的约束条件，它对公共行政的指导和影响也是必然的。除此之外，公共行政环境还有传统文化提供的约束条件，它对公共行政的潜移默化的约束也是无法摆脱的。公共行政环境的约束性，对政府能够做什么有决定作用。政府只有在公共行政环境所提供的各种有利和不利的条件下，科学地选择自己的目标，才能履行其职能。

（三）特殊性

首先，公共行政环境的特殊性表现在各种公共行政环境之间的差异性上。各种公共行政环境之间有自然地理、政治制度、经济制度、意识形态、文化传统、宗教信仰和风俗习惯的差别，有的差别是巨大的。就是在同一种政治制度、经济制度和文化传统的前提下，公共行政环境也有区别。这些差别形成了不同的公共行政环境的特殊性。这种公共行政环境的特殊性是我们认识各个国家公共行政的出发点。

其次，公共行政环境的特殊性还表现在一个国家不同地区的公共行政环境的差别上。认识这些差别对认识不同地区的公共行政有指导作用。认识到公共行政环境的特殊性，就会认识到公共行政的个性，没有个性就没有管理。一个国家的公共行政如果没有自己的特点，就不可能进行有效的管理。

（四）不稳定性

如果公共行政环境的变化幅度比较小，公共行政环境比较稳定，是渐变的，可以称之为稳态环境；如果公共行政环境的变化幅度比较大，可以称之为动态环境。动态环境的特点是它的不稳定性。一般来讲，公共行政环境是比较稳定的，但是，公共行政环境有时也是不稳定的。公共行政环境的不稳定性可以分解为两个维度：复杂程度和变化程度，以及不可预测的突变性特点。公共行政环境的不稳定性的另一种表现就是它的突变性。突变性就是不可预测性，如突然发生政治动乱、政府危机、内阁倒台、经济危机、自然灾害和国际突发事件等。可以预料，在未来的国际事务和国家事务中，这类突发事件会越来越多。认识到公共行政环境的突变性，就应加强政府的反应能力和应变能力，加强政府危机管理。处理突发事件的能力是政府适应环境的重要能力。

三、公共行政环境的作用

公共行政环境的作用主要表现在其与公共行政之间的相互关系上。它们之间是相互适应、相互作用的关系，是输出与输入的关系。公共行政环境决定、限制与制约公共行政。但是，公共行政也不是完全被动的，它对公共行政环境有反作用，可以改善、创造公共行政环境，也可以使公共行政环境恶化。

首先，公共行政环境决定、限制与制约公共行政。自然地理、政治制度、经济制度、意识形态、传统、人文环境都对公共行政有很大的影响，有的甚至起决定作用。尤其是政治制度和经济制度更为重要，有什么样的政治制度和经济制度，就决定了有什么样的行政体制和行政管理。公共行政环境决定、限制与制约行政体制、行政职能、行政目标、公共政策和行政权力的运行方式，以及官员的行为方式、思想观念与行政经费等。

其次，公共行政必须适应公共行政环境。如果公共行政不适应公共行政环境，也就是政府没有适应环境的能力，它就无法进行有效的行政管理。如果不适应公共行政环境，即使再先进的公共行政也不可能有管理成效。民族文化和传统观念对公共行政的影响至深，任何公共行政模式和管理方法，如果不符合民族文化和传统观念，就很难推行。

再次，公共行政环境的发展变化必然导致公共行政的发展变化。由于社会革命或社会变迁，公共行政环境发生了变化，公共行政必须适应这种变化。且不说一种社会制度代替另一种社会制度，公共行政必然发生质变，就是在同一种社会制度下的不同时期，由于发生了较大的社会变迁，公共行政也是不同的。改革开放40多年来，我国公共行政也发生了巨大的变化。我国从计划经济逐步转变为社会主义市场经济，与计划经济相适应的高度集权的全能政府，经过多次政府机构改革，已经逐步向相对集权的分权化的有限政府转变，以适应社会主义市场经济发展的需要。

最后，公共行政对公共行政环境有反作用。公共行政的能动作用是研究公共行政环境的重要原因之一。公共行政可以利用公共行政环境提供的实际条件和要求，选择切合实际的公共行政目标，确立科学的行政关系，通过达成行政目标而达到改善公共行政环境的目的。公共行政就是为了公共利益而改造客观世界，就是改变环境。

第二节 公共行政环境与公共行政

一、一般公共行政环境与公共行政

一般公共行政环境是指公共行政的宏观环境，不仅包括一个国家的公共行政所赖以生存和发展的自然地理环境，还包括政治环境、经济环境、文化环境、国际环境等社会环境。

（一）自然地理环境与公共行政

自然地理环境是指一个国家所处的地理位置和自然状况。自然状况包括地形、土壤、山林、水系、气候、矿物、动植物分布及所能够提供的各种资源。大自然是孕育人类的摇篮。在不同的自然地理条件下，不仅产生了不同种族，而且产生了不同的语言文化、不同的宗教信仰、不同的政治体制、不同的生活方式和不同的风俗习惯等。民族文化和民族传统是产生民族政治的土壤和基础，同时也就产生了民族的国家制度和行政体制。民族文化和民族传统造就了不同的权力观念和国家制度。这种影响和作用是根深蒂固的，是潜移默化的。如果公共行政没有民族特色，就不可能是高效的。

自然地理环境不仅对民族的形成和政府的塑造有重要影响，而且还能为公共行政提供物资资源，它对确立公共行政目标和进行行政决策有很大的影响，有时甚至有决定性的影响。自然地理条件和资源决定并限制了政府的决策和行政目标的选择。我国虽然地大物博，但是因为人口众多，人均资源相对较少。我国现在经济发展突飞猛进，固然可喜可贺，但是自然资源缺乏的问题越来越突出，势必影响我国经济的发展；同时，也将影响我国政府制定经济发展战略和外交政策。

公共行政也能够破坏自然地理环境。一个国家的经济发展政策决定了对本国自然资源的利用。如果采取可持续发展政策，科学合理地开发和利用自然资源，那么，既可以保护生态平衡，又可以充分地开发和利用自然资源以发展经济。但是，工业社会从工业生产到人的吃穿住行，都是靠疯狂地开发利用大自然的资源来维持的。从英国工业革命到现在，人为地破坏环境，污染环境，已经危及人类自身的生存和发展。时至今日，人类并没有从根本上改变靠开发、浪费和破坏资源和环境来获得发展的模式。温室效应、沙漠化、水资源短缺、物种灭绝等问题仍然十分严重。另外，各国政府也可以制定恢复和保护生态环境的发展经济政策，可以通过制定政策改造环境，使沙漠变良田、荒山披绿装，使天变蓝，使水变清，保证可持续发展。政府必须制定保护自然资源和自然环境的法律和政策，以实现人类的可持续发展。所以，现代公共行政必须注入绿色行政理念。

（二）社会环境与公共行政

1. 政治环境与公共行政

一个国家的政治制度、政党制度、阶级状况、法律制度、政治文化等构成了这个国家公共行政的政治环境。政治环境决定并制约公共行政。政治体制决定行政体制，决定政治与行政两者的关系，决定权力的制衡关系，决定行政权力的划分与运行方式。下面仅就政治制度、政党制度、法律制度与公共行政的关系展开讨论。

一个国家实行专制制度还是民主制度，决定了公共行政在这个国家所处的地位和所起的作用。在专制制度下，公共行政、法律制度、司法制度都没有独立性，公共行政往往会成为政治寡头实现个人野心或小集团利益的工具。在民主制度下，公民参政议政，监督政府行为。公共行政有独立的地位，能独立发挥作用，以实现公共利益为目标。

政党制度是政治体制的重要组成部分。政党是阶级的政党，是代表不同社会集团利益的政党。因此，政党制度对公共行政有巨大的影响，不同的政党制度对公共行政的影响也不同。在发达资本主义国家，因为其政党制度比较成熟，政党政治对公共行政的影响是通过选举和舆论来实现的。但是，在政党制度不成熟的发展中国家，两党制或多党制给国家带来了不稳定和动荡。因为政党众多，社会分裂，政党之间斗来斗去，执政党上台不久，反对党就进行大规模的反政府活动，政府本身不稳定，执政党也可能执政不久甚至几个月就下台，政策没有连续性，所以政府不能有效地管理国家的公共事务。尽管许多国家通过法律将政党政治排除在公共行政系统之外，国家公务员不能有党派之见，即所谓的国家公务员"政治中立"，在西方发达国家这是不可能的，在发展中国家更是行不通的。我国的政治环境决定了我国的公共行政必须在中国共产党的领导之下，政府必须执行党的路线、方针与政策，没有什么"政治中立"。

法律制度比较完备并且有法律传统的国家，一般能够做到依法行政。公共行政是非人格化的法治行政；而那些人治传统十分悠久的国家，即使制定了法律，也要经过漫长的时间，才能变人治为法治。家长制，领导者言出法随、权大于法仍然是一些发展中国家的实际情况。在这种情况下，公共行政不可能规范。那些掌握大权的人不愿意用自己制定的法律来约束自己，而且因为没有强有力的权力制衡，他们的权力行使没有明确的界限，产生了不受监督的权力，这样必然产生腐败。

2. 经济环境与公共行政

经济环境是由社会生产力和生产关系的状况构成的。具体地说，它包括社会生产力的性质、发展水平，生产资料所有制的形式、性质和成熟程度。科学技术是生产力，是生产力各种组成要素中的重要因素。由于世界各国的科学技术水平有很大差异，生产力水平也有很大不同，因此公共行政环境必然有很大差别。

经济环境对公共行政有决定性的影响。经济基础决定上层建筑，作为上层建筑重要组成部分的政府必然由经济基础决定，从而决定了公共行政的性质、目标、原则、行为和方法。公共行政，尤其是政府职能的确定和行政目标的选择不可能超越经济环境所提出的要求和所提供的各种条件。市场经济和计划经济是两种截然不同的经济制度和经济环境，这决定了公共行政职能、公共组织规模和管理范围的不同。不同国家的市场经济也是有差别的，公共行政对市场的监管和干预程度是不一样的。可见，在公共行政与经济环境的关系上，经济环境的决定作用是最根本的、首要的。但是，公共行政对经济的反作用也是很大的，一旦行政体制适应经济体制，就能够强有力地推动经济发展。我国在从计划经济转变为社会主义市场经济的过程中，政府起到了很大的作用，推动了我国经济的长足发展。

3. 文化环境与公共行政

文化环境是意识形态、道德伦理、价值观念、社会心理、教育、科学、文学艺术等要素的总和。文化因素渗透到社会系统的各个领域，对行政体制、政府职能、行政行为、行政心理等产生的影响是广泛且深远的。文化环境为公共行政提供智力支持和精神动力，提供行政价值观和行为规范。有什么样的文化环境就塑造出什么样的公共行政。世界各国的文化环境不同，对公共行政的影响也不一样，因此各国的行政体制和行政风格千差万别。文化落后必然给公共行政带来消极影响。文化环境直接影响政治与行政的关系、行政体制的形成、政府职能的定位、行政权力的适用、行政人员的素质、行政法治的建设、行政决策和方法手段的科学化程度。适应文化环境的公共行政反过来能够改善文化环境。

以科学、民主为核心的现代文化是现代公共行政文化环境的重要内容。它为公共行政提供了新的环境和新的基础，注入了新的理念和新的方法，使公共行政向科学行政、民主行政、绿色行政和数字政府的方向转变。这是不可阻挡的历史潮流，各个国家或早或晚都会向这个方向发展。

应当特别指出的是，意识形态对公共行政有指导作用和强制作用。任何国家都是统治阶级的意识形态占统治地位，因此，其意识形态对政府和国家公务员的行政行为和行政文化的形成不仅有指导作用，而且有强制作用。意识形态塑造公共行政的价值和国家公务员的政治人格和组织人格。这种政治人格和组织人格决定公共行政风格，决定行政人员与公民之间的关系，决定政府和国家公务员的价值观，决定为什么人服务，决定公共行政的性质、目标和方向。

4. 国际环境与公共行政

国际环境是指一个国家同其他各国、各地区之间的政治、经济、文化和自然地理等方面的关系。现在公共行政向地区化和全球化方向发展，所以，国家关系对公共行政来说就显得更为重要。尽管全球治理理论已经崛起，但是，目前民族国家仍然是各个国家的管理主体。国家关系仍然构成公共行政的外部环境，即国际环境。国际环境对公共行政的影响有时也是决定性的。国家关系最重要的是政治关系和经济关系。国际环境是和平稳定还是紧张对立，对一个国家的社会发展和经济发展有至关重要的影响。战争是政治的继续，战争对国家和人民的生命财产有无法估量的破坏作用，这是最紧张的国家关系。在战争状态下，公共行政只能为战争服务。国家关系的基础是经济关系，政治关系是经济关系的集中体现。所以，有的发达国家出于政治和经济考虑，对发展中国家搞技术封锁、经济制裁等，企图在科学技术上卡死发展中国家。在相当长的历史时期内，以美国为首的西方国家对我国进行政治和经济封锁，在这样的国际环境下，我国政府只能采取自力更生的发展方针。这种国际环境严重地影响了我国的国策。毛泽东同志就是不怕国际反华势力的包围和封锁，做出了自力更生的决策。1978年以后，中国已经和世界上大多数国家恢复了外交关系，邓小平同志审时度势，做出了改革开放的决策，彻底改变了中国"一穷二白"的面貌。毛泽东和邓小平两位伟人的英明决策都是从当时中国所处的国际环境出发做出的。可以看出，国际环境对公共行政决策和行政目标的确立的影响是很大的。

二、具体公共行政环境与组织文化

（一）具体公共行政环境的概念与内容

具体公共行政环境也称组织环境，是指具体而直接地影响和作用于公共组织、行政行为和组织凝聚力的公共组织的内部与外部环境的总和。它包括组织文化、组织结构、组织的规章制度、组织的凝聚力、管理对象等。

组织环境一般是比较稳定、比较确定的。公共组织的机构、职权、职能、人员、规章制度和组织文化等一旦形成，就处于比较稳定的状态，不会轻易改变，如果要改变也是十分困难的。这些管理要素的稳定性保证了公共行政的有序性。这些管理要素的功能也是比较确定的，这些功能是为了适应环境的需要而确定的。官僚制组织在理论上是一种理性组织，它是以能够应对并处理各种公共事务的理性假设为前提建构的。这种确定性保证了组织工作的确定性和效率。如果没有确定性，组织就无法应对和处理大量的日常工作，工作会变得杂乱无章。

组织环境的影响和作用涉及组织的效率和工作人员的士气。组织环境是由组织的各种要素构成的，它们之间关系的协调和配合程度是否达到最佳状态，是能否解决正熵值递增的关键。组织要素达到最佳协调和配合状态，正熵值及其他组织污染递减，负熵值增加，工作人员的士气高，组织的效率自然也高。高效的组织环境对提高工作效率十分有利，没有高效的组织环境，不可能造就高效的工作人员。同样，一个高效的工作人员在一个低效的组织环境中，也不可能高效率地工作。

组织环境虽然受一般环境的影响，但是一旦组织环境形成自身的特点，就能够抵御一般环境的压力，保持组织环境的特性。组织环境的这个特点，是优点，也是缺点。如果组织环境是发扬正风正气，工作人员士气高昂，组织的效率很高，一般环境的歪风邪气无法改变这种组织气氛，那么它是优点；如果组织环境是正不压邪，拉帮结派，用人唯亲，用人唯庸，一般环境的正风正气对它也不起作用，那么它是缺点。一些单位之所以搞不好，上级也束手无策，问题就在于此。组织环境的这种难以改变的特点对领导者来说是个难题，如果不更换领导者，组织环境很难改变。

组织环境是一种约束力量和整合力量。组织环境是一种没有形成规章制度的"规章制度"，是一种没有制度化的"制度"。它是一种无形的组织规则和组织压力。它要求每个组织成员都必须按这种无形的组织规则处理事务和人际关系，否则就会有各种组织压力袭来，有的组织压力不为组织和组织成员所接受，甚至不为所容。这种约束力量也是一种整合力量，它要求组织成员必须融于组织之中，与组织和其他组织成员成为一体，价值观念、行为方式、思维方式也必须和组织与其他组织成员相同。

（二）组织文化

1. 组织文化的含义

组织文化是指组织在一定的环境中逐步形成的全体公共组织成员所共同信奉和遵守的价值观，支配组织成员的思维方式和行为准则。组织文化在政府中被称为行政文化，在企业中则被称为企业文化。组织文化包括组织观念，如人才观念、竞争观念、风险观念、效率观念等，还包括法律意识、道德感情和价值观等。

价值观是组织文化的核心。由于人们同周围的事务处于一种价值关系中，或是有价值的肯定关系，或是无价值的否定关系，因而任何人都会对客观的价值做出评价，形成自己的价值观。价值观是指人们价值生活的知识和经验在头脑中的积淀，表示人们对什么是真善美，什么是假恶丑，或好或坏的根本看法。价值观具有创价性、评价性和价值导向性。在公共组织之中，价值观起着十分重要的作用。以价值观为核心的组织文化是形成组织规范、工作准则、思维方式、行为方式和人际关系准则的源泉。

公共组织的组织文化来源于统治阶级的意识形态和传统文化。在我国，为人民服务是公共组织文化的核心价值观，这是由马克思列宁主义的意识形态决定的。同时，我国传统中也有"民为本，社稷次之，君为轻"的民本思想。当然，传统文化有其局限性，必须对它进行去粗取精、去伪存真、推陈出新。

组织文化是领导者营造的，尤其是组织的创始者及其继任者，他们的倾向性和主导思想起着决定性的作用。组织的第一批成员在组织活动和交往中所体验和领悟的东西也逐步演变为组织的各种规范和准则，并且作为一种组织文化保留下来。组织文化有强文化和弱文化。凡是能够明确组织和组织成员应该干什么，不应该干什么的组织文化就是强文化；凡是分不清应该干什么和不应该干什么的组织文化就是弱文化。

2. 组织文化的作用

（1）组织文化具有价值导向作用。组织文化是不见诸文字的无形文化，但是它所起的作用是一般的规章制度所不能比拟的。组织文化往往向其成员默示在组织中应该怎样对待领导，应该怎样对待工作，应该怎样处理人际关系，应该怎样处理个人利益与集体利益，应该怎样处理冲突和矛盾，应该怎样对待晋升和奖惩等。如果不这样做，组织文化就不为组织和组织成员所容。组织文化是一种严格的行为准则，谁违背了这些准则，谁就处于孤立状态。组织文化的这种价值导向作用会约束组织成员的思维方式和行为方式，使组织成员的思维方式和行为方式趋于同一性。只要是强文化的组织，不管这种组织文化是正是邪，都是如此。我国军队非常重视组织文化建设，出现了许多优秀组织文化代代相传的英雄集体。在这样的组织中，树正风正气，邪不压正。要改变公共组织的组织文化是十分困难的，领导者应该精心营造良好的组织文化。

（2）组织文化是管理的基础，是管理的灵魂。行政管理活动是有目标、有意识的活动。因此，它必然是在一定的价值观指导下进行的。行政管理过程也是一个价值判断过程，任何的价值偏好都会影响管理过程和管理效果。由于人的价值观不同而有不同的选择，结果效率也不同。组织文化以无形的方式管理和约束公共组织成员的思想和行为，指导组织和组织成员在行政管理过程中的各种价值选择和行为选择。它凝聚组织，凝聚人心，指向目标，是组织管理的基础，是管理的灵魂。

（3）组织文化代表了组织的个性。组织文化是组织成员对组织的认知和认同。它使这个组织同其他组织区别开来，表现为组织的个性。所以，认识和理解组织文化是认识和了解一个组织的钥匙。组织个性就是组织风格，是一个组织的重要组成部分。只有认识了组织文化，才能进行有效的管理。

（4）组织文化为组织和组织成员提供精神动力。组织文化在行政管理中的作用，还表现在它为组织和组织成员提供取得成功的精神动力。在管理工作中，每个成员都有成就需要，都希望通过努力达成目标。这种管理实践的目的必然表现为组织成员对成就需要的价值追求，所以价值追求不仅是行政管理实践活动的目的，而且是行政管理实践活动的发展动力。

（5）组织文化的稳定性。组织文化一旦形成，就具有稳定性的特点。这种稳定性表现为组织的一种行为模式，成为一种组织风格。在人际交往中，人们往往从对方的举止、言谈、着装、表情就可以判断其职业、权力和地位。这是因为组织文化造就了组织成员的个性。这种已经模式化的组织文化形成以后，就处于比较稳定的状态。组织文化的模式化使组织成员在工作和处理各种关系时了解什么是组织所提倡的，什么是组织所不容许的。但是，组织文化长期不创新就会变为僵化而落后的模式。所以，组织文化可能成为变革和组织多样化的障碍。组织文化的活力和生命力在于创新，在于不断突破自我。

3. 组织文化的特征

目前，对组织文化的评价还没有一种可以量化的标准，仅能通过一个组织所具有的如下特征予以识别。

（1）组织成员的同一性程度。这里所说的同一性不仅指组织成员在专业领域的共同之处，而且包括思维方式、行为方式、价值观、追求、信仰、理念、道德和感情等方面的同一性。同一性是任何人类共同体的基础。公共组织的同一性主要表现在为公众提供优质服务的价值追求上。

（2）重视团队精神。重视团队而不是重视个人，工作是围绕团队展开而不是围绕个人展开的，这样组织才有向心力和凝聚力。组织成员以组织为荣，愿意为组织利益牺牲个人利益。这是一切组织成功的基础。公共组织更应该讲团队精神，因为行政管理活动需要工作人员齐心协力才能完成。

（3）组织对人的关心程度。领导者关心人的程度是组织文化的重要方面。领导者在管理上以人为本，关心爱护组织成员，组织能够满足组织成员的需要，是激发组织成员工作积极性和创造性的重要因素。

（4）组织的一体化程度。公共组织的各个部门之间协作、协调与合作的程度越高，一体化的程度越高，组织效率就越高。

（5）组织的风险承受程度。组织应该鼓励组织成员勇于革新，敢于创新，不怕冒风险。风险承受程度较高的组织，才能有创新精神。敢于创新的组织才是有活力的组织，才能在竞争中立于不败之地。

（6）组织的民主程度。组织应该鼓励组织成员互相争论、批评、建议、参与、评议和管理。民主程度越高，组织的效率就越高，凝聚力和向心力也就越强。

（7）报酬标准。组织主要依据绩效，而不是依据组织成员的年资、领导者的偏爱或其他非业绩因素支付报酬。以绩效为依据给予报酬可以大幅度地提高组织成员的工作热情。

（8）重视结果和成果。管理更加重视结果和成果，而不是取得这些结果和成果的技术或过程。这种管理方法可以充分发挥组织成员的聪明才智和创造精神，提高工作效率。

（9）控制程度。控制程度是指用规章制度进行直接控制和组织成员自我控制的程度。规章制度的直接控制程度越高，组织效率越低；组织成员自我控制的程度越高，组织越有效率。

本章小结

公共行政必须适应公共行政环境，公共行政是公共行政环境的产物。公共行政环境为公共行政提供了生存和发展的客观条件。公共行政环境的特点决定了公共行政必须能够应对突发事件。政治环境决定了公共行政体制、组织结构和运行方式，经济环境决定了公共行政管理的有限性，文化环境为公共组织提供了价值和行为规范。组织文化是没有文字的规章制度，是公共组织管理的基础和灵魂，是公共组织的行为规范和行为准则。

第三章 政府职能

内容要点

本章着重论述政府职能的含义、特点和类型。政府职能是指政府在社会中所扮演的角色和所起的作用。政府职能有普遍性、强制性、系统性、不可替代性和服务性等特点。本章论述了市场在外部经济、提供公共物品、社会公平等方面作用的失效；阐明了政府在资源配置方面作用的失效，以及政府干预的限度；划分了政府职能的类型；论述了政府的基本职能内容，即政治职能、经济职能、文化职能和社会职能的内容。

01 第一节 政府职能概述

一、政府职能的含义

政府职能即公共行政职能，是公共行政学研究的核心问题，公共行政学就是围绕这个问题从不同的研究途径构建不同的理论的。政府职能是指政府在国家和社会中所扮演的角色以及所起的作用。换句话说，政府职能是指政府在国家和社会中行使行政权力的范围、程度和方式。这也是政府职能要解决的主要问题。作为公共组织和拥有行政权力和强制力的政府，要处理与社会、市场、企业和其他私营组织以及公民的关系，即政府应当管什么，不应当管什么。也就是说，政府对社会、市场、企业和其他私营组织以及公民，应该有所管而有所不管，应该有所为而又有所不为。政府与其他任何社会组织不同，它具有普遍性和强制性。科学地界定政府职能，是关系到政府如何在国家和社会中行使行政权力,如何在国家和社会中发挥作用的问题,是关系到国家和社会快速发展的大问题。对政府职能认识上的任何偏颇,都会导致行政权力行使的偏离,都会关系到社会的发展和公共行政的民主性质,关系到公民权利和财产。

西方国家在不同的历史时期对政府职能的界定不同。在自由资本主义时期,政府只是充当"守夜人"的角色,也就是"夜警察"的角色。深受封建专制之害的新兴资产阶级鼓吹政府不干预的自由放任理论,目的是确保资本主义的自由发展,免于重蹈封建专制的覆辙。资产阶级通过宪法确定的政府职能是十分有限的,只有国防、外交、财政和维持社会秩序等少量的职能。国民经济完全靠"看不见的手"来调节,那时人们认为最好的政府是管得最少的政府。

18 世纪中期的英国经济学家亚当·斯密(Adam Smith)吸取了封建地主阶级专制的教训,将政府职能减少到最低限度,政府职能仅分为三种:保卫国家和社会的安全,使之不受其他独立社会的侵略和暴行;保护公民,使每个公民不受社会上其他公民的压迫和欺侮;建立和维持某些公共机关和公共工程。

19 世纪中期,美国民主党仍然主张政府的职能仅限于维持人与人之间和国与国之间的正义,政府的任务就是镇压国内外的歹徒。总之,在自由资本主义时期,政府为了发展政治、经济和文化,为了确保公民的权利和自由,限制国家权力的行使,把政府干预限制在最小范围之内,实行避免行政干预的原则。

资产阶级自由主义时期是以个人主义和自由主义为基础的,政府以最低限度干预作为原则,使公民权利和自由思想得到了保证。但是物极必反,过分的自由放任酿成了社会悲剧,导致贫富悬殊,失业人数剧增,游行示威和罢工乃至暴力冲突不断发生。"看不见的手"不仅无法规范市场经济,甚至还掏空了穷人的钱包。资本主义国家的周期性经济危机使政府不得不伸出"看得见的手"进行强制干预。尤其是 20 世纪 30 年代资本主义世界性经济危机发生之后,约翰·梅纳德·凯恩斯(John Maynard Keynes)干预主义便大行其道。另外,随着科学技术的高速发展,工业社会更趋向于社会分工和专业化、集权化,公民的各个方面更依赖于政府。大城市的居民用水,不能像农业社会和农村的居民那样可以自由地到江河和井里提取,因为在城市里河水已不能饮用,必须建立自来水水厂和城市的供水系统。公民个人无法解决诸如此类的问题,需要政府帮助解决他们靠自己的力量无法解决的各种生活问题和社会问题。由于这种需要越来越多,政府的职能也越来越大。第二次世界大战以后,社会矛盾尖锐和社会冲突屡屡发生,使资本主义社会出现十分动荡的局面。这迫使西方发达国家实行福利政策,有的甚至实行"从摇篮到坟墓"的福利政策。政府的职能进一步扩大,出现了无所不管的全能政府,即赫伯特·马尔库塞(Herbert Marcuse)所谓的"一元社会"和片冈宽光所说的"行政国家"。20 世纪 70 年代以来,弗里德里希·冯·哈耶克(Friedrich August von Hayek)、米尔顿·弗里德曼(Milton Friedman)和戴维·弗里德曼(David

Friedman)、詹姆斯·布坎南（James Buchanan）等对全能政府提出了批评，又主张回归自由主义，把政府的职能限制在最小范围之内，主张"最低限度政府"。更有甚者，罗伯特·诺齐克（Robert Nozick）公然主张无政府。总之，又出现了政府不干预社会或少干预社会的思潮。

要正确地界定政府职能，必须正确地处理政府与社会、政府与市场、政府与社会组织、政府与公民的关系，同时必须考虑社会的发展程度和政治民主的发展水平。如果不能够正确地界定政府职能，必然阻碍社会发展和经济发展，甚至使社会停滞或者处于无政府的混乱状态。正确地确定政府的作用是社会发展和经济发展及稳定的必要条件。

二、政府职能的特点

政府在社会中处于至高无上的地位，是行政权力的掌握者和行使者，是社会公共事务的管理者。虽然我们并不赞成全能政府，但是也不能否认政府在社会中起的决定性作用。政府作为社会的重要组成部分，因为有其特殊的作用，所以也有其独有的特点。

（一）普遍性

政府职能具有普遍性的特点。每个社会成员从出生到死亡，时时离不开政府。他可能在国有医院里出生，在国有学校里接受初等教育和中等教育，也可能在国有大学里接受高等教育。政府管理社会各个方面的事务，没有政府，社会就不可能自发地形成秩序，市场也不可能进行正常的竞争，社会组织也不可能自发地规范自己的行为。没有政府，公路坏了没有人修，路灯坏了也没有人管。没有政府，就没有人保护环境；失业人员和没有能力保护自己的社会成员就没有人救助。没有政府，国家和社会的发展就处于无秩序的无政府状态。总之，政府无处不在，谁也离不开政府，政府是普遍存在的。"9·11"事件以后，美国政府加强了政府职能，向来咒骂政府的美国学者也都悄然无声，因为他们的安全也需要政府保护。政府的作用无处不在、无处不有，政府职能已经浸透到我们每个人的生活当中。政府职能的这种普遍性是当代社会的重要特点之一。

（二）强制性

政府职能具有强制性的特点。政府掌握和行使行政权力，并且由国家赋予一定的强制性权力。这是其他任何社会组织都不具备的特点。例如，政府有向工厂和企业征税的权力，如果工厂和企业不缴税，政府就可以强制征收。而其他任何社会组织都没有强制性权力，一个工厂不能向另一个工厂实行强制，即使一个工厂欠了另一个工厂巨额债务，后者也不能向前者实行强制。政府职能的实现以强制力为后盾，这是其重要的特点。政府往往以法律作为实现职能的手段，而且其强制性权力也是法律赋予的。这种强制性权力也是政府的合法权力之一。政府必须依法行使强制权，不能滥用。

（三）系统性

政府职能具有系统性的特点。政府系统是一个管理系统，也是一个职能目标系统。这个十分庞大的政府管理、目标系统具有完整性的特点，也就是说，任何一个分系统，甚至任何一个分系统的子系统，都具备完整的政府职能，不会出现上级政府要求下级政府处理事务，下级政府却没有相应的政府职能，不能去处理的现象。政府职能目标系统还有层次性、结构性和相关性的特点。政府职能的系统性特点，保证政府管理的有效、井然有序和公平。

（四）不可替代性

政府职能具有不可替代性的特点。这里所说的不可替代性，是指政府职能只有由政府来行使才有效，任何其他社会组织或者不能替代政府，或者即使能够替代政府，它也不可能管理好。在现代社会，政府职能的界定与以下方面有关。首先，政府必须具备管理职能，这些管理职能只能由政府承担，其他社会组织不能承担或不被容许承担。如国防、外交、税收，建立并维护社会秩序和市场秩序等，这些职能只能由政府承担。其次，有些职能其他社会组织也能够承担，但是这些组织不能很好地实现这些职能。例如环境保护，社会组织本应该自觉地维护环境，但是做不到。因此，政府必须承担环境保护的职能。政府职能的确定以不可替代性为原则，如果政府不管也能被管好的事务，政府就不要管。如果政府管理成本太高，而民间组织管理的成本低，并且能够管理好，政府就实行管理外部化，以降低成本，减轻负担。

（五）服务性

政府职能具有服务性的特点。尽管政府职能的具体内容较多，管理的社会公共事务也比较广泛，但是政府各种职能的共同特点之一，就是其服务性。政府为公众服务，首先表现在其非营利性上。政府为公众提供高质量的服务，为公众提供高质量的公共产品，这是政府应尽的义务；而公众要求政府为他们提供优质服务，这是他们的消费权。那些名目繁多的收费服务是政府有关部门受利益驱动的结果。政府部门不能作为理性经济人，利用其把持的权力为本部门谋利益，这样就扭曲了政府职能，败坏了政府形象，违背了政府为公众服务的宗旨。政府职能的服务性并不排斥政府管制，管理和管制是相辅相成的。如果没有药品管制，患者就有可能吃到假药；如果没有食品管制，消费者就有可能吃到变质或被污染的食品。所以，行政管制是行政管理的重要组成部分。管制既是管理，又是服务，管制也体现了政府的服务性。政府职能的服务性是至关重要的，它直接关系到政府的合法性问题。

三、政府职能的类型

对政府职能的划分，从不同角度分析有不同的看法。我们认为政府职能可以分为政府的基本职能和政府的运行职能。

（一）政府的基本职能

马克思认为政府的基本职能有两种，即政治统治职能和社会管理职能。在阶级社会中，毫无疑问，政府存在的目的是维护阶级统治，这是任何政府的首要职能。社会管理职能是政治统治职能的基础。从现代社会和各国政府行政实践来看，政府的基本职能可以分为政治职能、经济职能、文化职能和社会职能。政府的基本职能是指政府管理的范围，即指政府介入和干预社会的程度。无论什么类型的政府，想不介入和不干预社会各种事务是不可能的。但是，政府介入和干预社会的程度决定了政府应该管什么。政府介入和干预社会的程度是由政治制度决定的，是由一个国家的政治、经济、文化和传统决定的。

（二）政府的运行职能

政府的运行职能是指政府管理社会公共事务的程序、方式和方法，即政府在管理过程中所起的作用。不同的学者对此看法也不同。亨利·法约尔曾提出管理的五项职能，卢瑟·古利克也曾提出管理的七项职能。

政府的基本职能和政府的运行职能是相辅相成的，前者界定了政府管理的对象，即管理的客体；后者则是指政府怎么管理这些客体。前者回答政府管什么的问题，后者回答政府怎么管的问题。总之，两者都回答了政府究竟做什么的问题。但是，政府的基本职能比运行职能更重要。这是因为政府的基本职能决定了政府在社会中究竟扮演什么角色，究竟起什么作用，从宏观上决定了政府的规模，即政府管理社会公共事务的范围。它涉及政府与其他社会构成要素的权力的划分，决定了政府是一个全能政府还是一个有限责任政府。所以，政府的基本职能决定了政府的性质，也决定一个国家的宏观发展，即政府效率。它制约整个社会的效率。政府的运行职能更多地涉及政府的办事程序，即处理社会公共事务的过程和步骤。它表现为对社会的预测，对社会发展的规划及其组织实施与控制，它决定了政府的工作效率。我们在这里主要论述政府的基本职能，政府的运行职能不进行论述。

第二节 市场失效、政府失效与政府干预

一、市场失效

（一）市场体制与市场失效

市场体制是指不经过中央指令而凭借交易方式的相互作用，实现在全社会范围内对人的行为进行协调的一种制度。

市场体制和市场是有区别的。尽管有些国家没有建立市场体制，但是市场仍然在那里起作用，人们利用市场进行交换。我国在计划经济的时代，仍然有市场存在，否则人们没有办法维持日常的生活。市场体制对社会活动的组织与协调，不是通过政府计划实现的，而是通过交易双方的等价交换来完成的。简单的人与人之间的买卖活动，并不能建立起市场体制，它建立的必要条件是不经过政府统一计划的销售与采购来完成人与人之间的协调。一些学者认为，市场体制可以优化资源配置的效率。市场体制产生了效率价格，而效率价格又是由市场决定的。这是市场体制的核心要求。

市场不是万能的，它在某些方面也是失效的，即市场表现得无效率。市场失效是指因为市场局限性和缺陷而导致资源配置的低效率或无效率，并且不能解决外部性问题及社会公平问题。

（二）市场失效的原因

1. 外部性问题

外部性问题指溢出和搭便车，它们是市场经济的主要无效率问题。尽管效率要求无论在什么样的情况下都应该权衡成本与收益，但是，市场参与者，无论是个人还是企业，它们所考虑的只是降低自己的成本，增加自己的收益，即追求自己的利益最大化，这样就造成溢出。一个企业产生的噪声、废弃物或废水等污染了环境，这是最典型的溢出，是最典型的市场无效率。这个企业因为生产造成溢出负担，由于对社会的影响大，因此治理的成本巨大。例如沙漠化是过度垦殖造成的，其后果十分严重，必须花费大量成本进行长期的、持之以恒的治理，才能改变面貌。考虑到溢出负担的普遍性，以及溢出给人们提供的服务或物品难以与人们失去的价值相比，溢出的无效率是显而易见的。另外一个问题就是搭便车。搭便车是指企业的一项经济活动，使那些没有参与这项经济活动的个人或社会组织得到了好处或效益。

2. 市场垄断和专制价格

作为市场体制的无效率的根源之一，垄断所造成的无效与溢出所引起的环境污染和市场萎缩同样是非常严重的。尽管市场经济的效率主要是通过市场确定市场价格，但是，在实际的市场运行中价格的确定往往有随意性和武断性，这就降低了市场经济对效率的高要求。市场垄断必然导致出现专制价格。企业在与竞争对手竞争时，专制价格可以为企业提供安全保障，并且会给它们较高的回报。但是，它扭曲了价格，浪费了资源，使市场变得无效率。

3. 公共物品的提供

市场经济在提供公共物品方面是无效率或低效率的。一方面，基础设施、交通、煤气、水电等的供给，投资巨大，回报慢，不可能有立竿见影的收益，或者收益微不足道；或者公共物品投资巨大，企业负担不起，这些都使市场在提供公共物品方面失效。另一方面，国家安全、国防、外交和公共安全与社会秩序的维护，是市场根本无法起作用的，其失效是显而易见的。

4. 无知和非理性

市场经济体制不会使人们更聪明，成本计算和效率价格也不会使卖方和买方都变得更了解生产什么最经济，买什么更合算。市场不完整和信息不对称，使卖方和买方都不可能按照成本计算和效率价格进行生产或消费。生产者往往面对市场的需求和波动，对于应该生产什么了解较少而进行非理性的盲目生产；消费者往往面对各种各样的商品和真假难辨的广告手足无措，对要购买的商品了解较少而进行非理性的盲目消费。在各种情况下，决策的无效率都是存在的。无知和非理性会造成资源配置的无效率，会使市场波动。

5. 社会不公平问题

市场经济体制最大的问题是它必然造成社会财富分配不平等，拉大人们的贫富差距，如果听之任之，一定会造成贫富悬殊。这是市场经济体制下的必然现象，是靠市场经济体制本身无法解决的问题，因此，市场经济体制在平等问题上是失效的。

市场失效是政府干预的基础，如果不出现市场失效，政府进行干预是不必要的。

二、政府失效

造成政府失效的原因主要有以下几种：

（1）政府成本过高。政府的经济基础是国家供给的财政，而其行政成本很难量化，很难计算。因为政府大多数行政目标是模糊不清的，只能定性而不能定量。这样就使政府的成本和效益都很难计算。而且政府活动的涉及面广，行政目标的变量多，比较复杂，需要的成本具有很大的弹性。政府往往希望多办事情，扩张权力，扩大管理范围，由此扩大财政预算，效益却无法确定。正因为成本与效益分离，往往会出现行政成本过高的现象，造成浪费。

（2）政府的低效率。根据帕金森定律，政府机构庞大，人员过多，成本高，效率低是一种必然趋势。政府由于受到各种因素，如政治因素、等级制和官僚制、部门利益、地方利益和利益集团等的影响，从而制定出低质量的公共政策。政府部门人员素质不高，公共政策执行部门执行不力，没有达到政策的预期效果等，这些都是造成政府低效率的主要原因。

（3）资源配置的低效率。在资源配置领域，因为信息不完全，政府的配置效率比市场低，所以，一般来讲，资源配置由市场完成，而不是由政府进行低效率的配置。但是，在发展中国家，由于市场经济体制不健全，政府在一定领域仍然承担资源配置的职能，随着市场体制的不断完善，政府将逐步减少资源配置。

（4）寻租。在政府干预经济的条件下，企业即寻租者为了从政府那里得到某些资源或某领域经营的特许权或开发权甚至垄断权而向行政权力的拥有者支付报酬。寻租活动不是经营活动，是寻租者花费大量的金钱、时间和精力进行寻租，浪费了大量的资源。寻租者在政府的庇护下获取高额利润，消费者付出了高昂的代价，政府付出了政治成本，社会付出了道德成本。

（5）造成另一种不公平。市场经济必然造成社会财富分配不平等，政府进行再分配，以使社会相对公平。但是，政府通过强制力进行再分配也可能造成另一种不公平，就是政府将富人的财富转移到穷人的手中，或者将穷人的财富集中到强势集团的手中。

政府失效也是经常出现的，不能让一个失效的政府去管一个失效的市场。

三、政府干预

对政府干预经济的看法历来有很大的分歧，新自由主义学派认为政府不应该干预社会，更不应该干预经济。新自由主义学派认为，在历史的大部分时间里，国家并没有为经济增长提供一个很好的结构。在过去，与其说国家是一个为公共利益服务的机构，不如说它的性质更像"黑手党"。但是，实践证明市场失效是市场本身无法解决的，政府必须进行必要的干预。然而，政府干预必须限定在一定的范围之内，过度干预的弊端是十分严重的，它必然使经济发展停滞。计划经济就是政府干预的极端形式，历史已经证明其经济效率是较低的。

政府干预应该注意以下问题：

（1）政府和市场两者的功能有很大的区别，它们不能互相代替。虽然西方国家的政府改革有市场化倾向，但是，政府不能由市场来代替，政府是行使公共权力的机关，它不能处于市场的交易状态。同样，市场是按照经济规律和价值规律运行的，不能用政府的强制力干预市场运行，违背经济规律和价值规律，扭曲价格，这对经济发展有百害而无一利。因此，凡是市场起作用的领域，政府不应该强行干预；凡是政府起作用的领域，虽然可以引进市场机制，但是不能完全用市场机制来解决，而且有些领域根本不能引进市场机制。当我们打破了政府万能的观念之后，千万不能落入市场万能的陷阱，两者都是不可取的。在资源配置方面，市场是高效的，资源配置主要应该由市场完成；在解决市场本身的一些问题，如宏观经济问题方面，应该主要由政府来解决。两者的功能是不能相互代替的，而是互补的。

（2）政府干预经济仅限定在弥补和防止市场失效的范围之内。虽然市场体制在资源配置方面有效，但是，市场失效具有普遍性。在市场失效的领域内，政府制定政策，规范、管理和管制市场行为，使市场避免出现垄断、波动、欺诈、溢出、不平等等问题。这些是靠市场无法解决的问题。但是，政府干预应该是有限度的，过度干预会产生新的问题，如经济停滞、资源配置失效等。

（3）政府干预必须讲究成本与收益。政府对市场失效进行干预是必要的，但是，如果政府对市场干预的成本远远高于其收益，政府是否应该进行干预就值得研究。如果出现这种情况，一般来讲政府就不应该进行干预。政府干预也是经济活动，经济活动就应该考虑成本与收益。那种不计成本与收益的干预就是劳民伤财，弊大于利。

第三节　政府的基本职能

一、政府的政治职能

政府的政治职能是指政府在国家和社会中所起的政治作用。政府的政治职能包括政治统治职能、保卫国家主权的职能和民主职能。

（一）政治统治职能

政治统治职能是政府最基本的职能。毫无疑问，政府是阶级社会的必然产物，政府存在的首要目标是维护阶级统治。对此，西方学者没有疑义。"政治中立""政府中立"，只不过是欺人之谈。美国学者弗兰克·古德诺所主张的"政治中立"，并不是指政府脱离政治，而是针对当时美国的政党分赃制提出来的，主张用立法的形式把政党政治排除在政府之外，政党通过议会和所掌握的社会舆论工具发挥作用。实际上，政党政治不可能有政治真空，政治色彩十分浓厚的政党政治更是如此。政府要维护其统治就必然贯彻执行统治阶级的意志，这是天经地义的，从古至今，都是如此。因此，政府把加强统治的合法性作为其首要目标。从一定意义上说，政府的其他职能都是为加强政府的合法性服务的。在我国历史上，"其兴也勃焉，其亡也忽焉"的封建王朝并不少，究其原因，都是政府的合法性出了问题。

第二次世界大战以后，发展中国家的一些政党通过各种途径掌握了政权，但是并没有认识到要巩固政权，必须加强政府的统治职能。虽然有的政党认识到了这个问题，制定了维护统治的各种法律和政策，但是没有认识到维护统治必须加强政府的合法性，而他们制定的法律和政策往往削弱了政府的合法性。"水能载舟，亦能覆舟"，人民的认同和拥护是政府合法性的核心内容。一个人民不认同、不拥护的政府，是无法维护其合法统治的。

（二）保卫国家主权的职能

保卫国家主权是政府的基本职能之一。虽然随着科学技术的飞速发展，国与国之间的距离越来越近，在这个"坐地日行八万里，巡天遥看一千河"的时代，地球村已经不再是幻想，政治经济一体化已经实现，但是主权国家仍然必须捍卫国家的领土完整和国家主权。这个世界并不太平，从海湾战争、美国对前南斯拉夫的轰炸和占领伊拉克来看，将高科技应用于战争使战争变得更为残酷，更有破坏性，对国家领土完整和国家主权的威胁更大。"庆父不死，鲁难未已"，超级大国称霸世界的野心不死，发展中国家的主权和领土完整将不断受到威胁。

没有主权的国家是不能保护人民的，人民也不可能有最起码的人权。从1840年起，西方列强侵略、瓜分中国和日本帝国主义侵略中国的历史证明，保卫国家主权是一个政府的重要职责。国无强兵，主权安在？因此，政府必须重视国防建设，用科学技术建设军队，要有把握打赢高科技战争，包括电子战、信息战。同时，要开展积极的外交活动，捍卫国家主权和国家尊严，多交朋友，广交朋友，争取大多数国家的支持。孙子称"上兵伐谋，其次伐交，其次伐兵，其下攻城"，用兵是出于不得已。我们应当看到，和平与发展仍然是当今世界的主流，但是，政府必须做好两手准备，要加强国防建设，积极开展外交活动，这样才能立于不败之地。

（三）民主职能

发展和完善社会主义民主是我国政府的重要职能。一个现代化的国家必然是民主国家。没有民主就没有社会主义。社会主义社会的优越性表现为它比资本主义社会有更多的民主。这不是标语口号，也不是为了宣传，而是由我国社会主义国家性质所决定的。民主职能首先应该确保公民的政治民主权利。在政治上，每个公民都应该享有同样的权利，不能有特权存在。发展民主首先要保证公民有参政议政的权利。任何组织和个人都不能高踞人民之上，也不能剥夺公民应该享有的各种民主权利。其次，必须建立稳定的民主政治秩序。民主是有秩序的民主，没有秩序就没有民主。建立稳定的民主政治秩序是确保公民民主权利的必要条件。所谓稳定的民主政治秩序，要求必须有保证公民行使政治民主权利的制度和行使民主权利的渠道，要建立公民参与制度和监督制度。这些制度必须是稳定的，不能朝令夕改。为人民服务和人民当家作主，是我国立国之本，也是社会主义民主的精髓。那种以种种借口剥夺公民民主权利的做法，都是与民主精神背道而驰的。21世纪是人的权利回归的世纪，是一个公平和民主广泛普及的世纪，因此，发展和完善社会主义民主是重要的政府职能。

二、政府的经济职能

政府的经济职能内容十分广泛。政府如何为自己在国家经济活动中定位，除政府本身的因素外，还有政治因素和社会因素在起作用。政府毕竟是执行政治的部门，必须体现人民意志和人民利益。同时，不同社会的发展程度对政府管理经济的要求也不一样。发展程度越低的国家，政府管理的经济事务越多。著名经济学家保罗·萨缪尔森（Paul Samuelson）在其《经济学》中提出，政府的经济职能主要有四项：提高经济效率，改善收入分配，通过宏观经济政策稳定经济，执行国际经济政策。我们认为，从我国的实际情况出发，在市场经济条件下，政府应该有如下经济职能：规范和稳定市场秩序，确保自由竞争的职能；对经济进行宏观调控，确保国民经济平衡发展的职能；直接生产和提供公共物品，弥补市场不足的职能；管理国有资产的职能。

（一）规范和稳定市场秩序，确保自由竞争的职能

完全市场只不过是一种理想主义，不完全市场才是市场的常态。不完全市场限制了自由竞争，政府必须利用各种手段规范和稳定市场，确保自由竞争。政府要制定法律，规范市场行为。自由竞争必须在公平、平等和公正的条件下才能进行。制定法律就是为公平、平等和公正地进行自由竞争提供法律保障的。政府必须制定有关反对垄断、反对暴利、反对欺骗等的法律和政策，给予参与市场经济活动的每个人完全平等的地位。政府还应制定各种法律和政策，确保投资者的合法权益。政府也要扮演解决经济纠纷的仲裁人的角色，公平合理地解决各种经济纠纷。同时，政府有责任和义务保护消费者的权益，反对市场欺诈行为。

管理市场经济必须符合市场经济规律，政府要用法律规范市场，用价值规律引导市场，而不能进行强制性的行政干预。历史经验证明，强制性的行政干预必然使市场窒息，最后导致市场失效，尤其不能让一个失效的政府去管理一个失效的市场。总之，政府对市场的行政干预越少越好。

（二）对经济进行宏观调控，确保国民经济平衡发展的职能

政府对整个国民经济的发展进行总量控制、宏观调控，是使国民经济有序、健康发展的必要途径。对市场经济的调控，只能由政府进行，其他任何组织都不可能代替政府。政府的调控手段主要是制定各种政策，如税收政策、投资政策、货币政策、产

业政策、信贷政策和外贸政策等。政府通过制定政策引导市场，保持社会总供给量与总需求的平衡，保持利益均衡；优化产业结构和经济发展布局，优先发展一些产业部门，扶持一些产业部门。例如，为了发展高新技术，我国政府制定了一系列优惠政策予以鼓励；为了使中西部经济发展起来，政府也出台了一系列优惠政策，鼓励东部地区和世界各国到中西部投资。这样，利用政策的倾斜与引导，不仅会使我国的工业布局逐步趋于合理，还会逐步缩小中西部与东部地区经济发展的差距。但是应该指出的是，只有中央政府才有宏观调控的权力。

（三）直接生产和提供公共物品，弥补市场不足的职能

在市场经济活动中，利润是市场运行的基础。企业和商品生产者的生产和销售是以营利为目的的，它们不愿意生产那些不盈利或亏本的产品，尤其是公共物品。公共物品可以被看作正外部性的极端情况。公共物品的消费是非竞争性的，即增加一个人消费，并不导致成本的增加。公共物品还是非排他性的，即排除任何人的消费都必须耗费巨大的成本。在经济领域，基础设施、道路、交通、电信等都是公共物品，都必须由政府建设。此外，政府还直接生产那些企业因不盈利或利润微薄而不愿生产的公共产品，以满足市场的需求和顾客的需要。有时，在经济不景气的条件下，或出于特殊需要，政府进行直接投资建设基础设施和比较大的建设项目，以拉动经济增长。但是，在市场经济条件下，政府作为商品直接生产者的角色是十分有限的。政府只是提供市场不愿提供和不能提供的消费产品和公共物品。

（四）管理国有资产的职能

任何国家，包括西方发达国家在内，都有大量的国有资产。尽管法国、美国、日本、英国等从20世纪70年代后都进行了私有化，但是仍然有大量的国有资产存在。政府必须对这些国有资产进行管理。尤其是我国实行以社会主义公有制为主体的经济体制，国有资产数额巨大。如何使国有资产不流失，并且保值增值，使国有企业进入社会主义市场经济，这是一个十分重要的课题。我国从改革开放以来，已有大量的国有资产流失。所以，我国政府管理国有资产的任务比西方发达国家更为繁重。

三、政府的文化职能

文化职能包括意识形态职能、发展科学技术和教育职能、发展文学艺术和体育卫生职能、加强社会主义道德建设的职能，以及清除那些不仅没有社会价值反而有害的文化产品的职能。

（一）意识形态职能

马克思主义认为，任何社会占统治地位的意识形态都是统治阶级的意识形态。统

治阶级利用一切传媒手段宣传和强化其意识形态，其目的是加强统治的合法性，论证政府行使行政权力管理国家是合理合法的。西方发达国家利用民主、自由、人权等口号进行巧妙的包装，在全世界范围内大肆贩卖和推销其意识形态。其目的，对内是加强政府的合法性；对外是推行价值观，干涉他国内政。我国是社会主义国家，马克思列宁主义、毛泽东思想是在我国占主导地位的意识形态。我国政府必须强化无产阶级的意识形态，用马克思列宁主义、毛泽东思想论证无产阶级掌握政权的合法性和社会主义的必然性；论证建设中国特色社会主义的必然性和社会主义制度的优越性。政府的意识形态职能是统治阶级价值观的集中体现，是立国之本。政府所主张的意识形态是政府的灵魂，是政府的行为指南。意识形态也为国家的发展指明了方向，它是发展的动力而不是阻力。正如马克斯·韦伯认为新教是资本主义的发展动力一样，马克思主义的意识形态是社会主义的发展动力。中国共产党第十八次全国代表大会以来，以习近平同志为核心的党中央深刻认识到意识形态工作的极端重要性，全面加强党的意识形态建设工作，牢牢掌握意识形态工作的领导权和主动权，使我国社会主义意识形态建设取得了巨大成就。

（二）发展科学技术和教育职能

科学技术和教育是文化的重要组成部分。当今世界国与国之间的竞争，从一定意义上讲是各国科学技术的竞争。邓小平同志曾明确指出，科学技术是第一生产力，这是十分英明的论断。历史证明，一个国家科学技术落后就必然贫穷落后，必然受帝国主义和霸权主义的气，就会挨打。从1840年到1949年，中国百年屈辱的历史证明了这一点。发展科学技术是政府的重要职能，没有现代科学技术就没有现代工业和现代农业，就不能实现国防现代化。发展科学技术的基础是发展教育。没有教育就不可能培养出大批有用的人才，没有人才就不可能发展科学技术。政府发展科学技术和教育应该有计划，要增加投入资金，不仅要重视应用性研究，而且要重视基础研究。中华人民共和国成立以来，特别是改革开放后，我国政府非常重视发展科学技术和教育，投入了大量的资金。尤其当今世界，科学技术的发展突飞猛进，日新月异。一个国家如果科学技术落后，不仅在政治和经济上被挤被压，而且无国防可言，无主权可言。如今，以信息技术为代表的新技术已经彻底改变了这个世界的面貌。网络战争和电子战争，甚至使用常规武器进行的战争，都是高科技战争。科学技术的重要性超过了以往任何时代。所以，大力发展科学技术和教育是政府一项十分重要的职能。

（三）发展文学艺术和体育卫生职能

文学艺术和体育卫生是关系到国民的精神文明和身体健康的大问题。繁荣文学艺术，大力发展体育卫生事业，可以提高国民的文化素质和身体素质。文学艺术为国民提供精神食粮，可以陶冶情操，净化灵魂，使人举止文明。发展体育卫生则使国民有好体魄，讲清洁，还可以美化环境，这也是文明国家的重要标准。虽然我国已经甩掉"东亚病夫"的帽子，但是，我们还必须努力发展体育卫生事业，更进一步提高国民的身体素质。

（四）加强社会主义道德建设的职能

在社会主义市场经济条件下，尤其应该重视社会主义道德建设。我国社会主义市场经济的发展，绝不能以社会主义道德和传统美德的沦丧为代价。世界上经济发展但道德水平下降的教训也不少，我们必须引以为戒。没有社会主义道德，就无法建立正常的社会主义社会秩序和经济秩序，也无法享受社会主义建设所取得的精神成果和物质成果。因此，不能把社会主义道德建设看成可有可无的无关宏旨的事情，必须当大事来抓。社会主义道德必须以社会主义、爱国主义和集体主义为核心，提倡大公无私、克己奉公、先人后己等美德。但是，目前有的领域个人主义十分严重，投机取巧，营私舞弊，损人利己。这些已严重地毒化了社会风气和社会道德。所以，社会主义道德建设是目前十分紧迫的任务。政府不仅有建设全社会道德的任务，而且其行政道德建设任务也十分严峻。政风即道德之风，没有政风正而天下道德风不正者，也没有政风不正而天下道德之风正者。己不正者，何以正人；表里不一，何以服人；口是心非，何以育人；以己之昏昏，怎能使人昭昭？

（五）清除那些不仅没有社会价值反而有害的文化产品的职能

任何社会都会有一些不仅没有社会价值反而有害的文化产品存在，这毫不奇怪。在巨额利益的驱动下，敢于冒险者或心存侥幸者大有人在。他们不惜以身试法，从事色情行业，出版各种淫秽书刊、音像制品等，危害他人和社会。目前全球已有 3 800 多万名艾滋病病毒携带者，如果政府能够制止卖淫和吸毒，那么艾滋病并不可怕。可怕的是政府抓而不紧，或时紧时松，这样就无法防范艾滋病。因此，政府应该加强清除那些不仅没有社会价值反而有害的文化产品。

四、政府的社会职能

社会职能有广义和狭义之分。广义的社会职能是指除政治职能外的所有社会管理职能，狭义的社会职能是指政府除政治、经济和文化职能外的社会管理职能。这里所说的是狭义的社会职能。政府的社会职能比较广泛，主要有：维持社会秩序，保证人身安全和私人财产安全的职能；确保社会公平分配的职能；环境保护的职能；社会保障的职能。

（一）维持社会秩序，保证人身安全和私人财产安全的职能

社会秩序本质上是一种公共物品，维持社会秩序是政府最古老、最基本的职能之

一。政府必须保证公民的人身安全和私人财产安全，这是政府最起码的责任。社会上犯罪分子的存在是不可避免的，在各种不正常、不健康的动机驱使下出现的各种犯罪现象危及人身安全和财产安全，市场经济条件更容易引发这种犯罪。目前又出现了利用高科技手段犯罪的活动。面对这种新形势，政府维持社会秩序的任务就更加艰巨了。没有良好的社会秩序，公民就不能正常地工作和生活，社会就会出现人人自危的混乱局面。这样，经济就无法发展，政府的合法性就会受到怀疑。只有政府向社会和公众提供良好的公共秩序，人民才能安居乐业，经济才能快速发展，市场才能繁荣。它事关国计民生，政府不能不重视，不能不下大力气维持好社会秩序。

（二）确保社会公平分配的职能

社会主义市场经济可以有效地配置资源，可以大幅度地提高劳动生产率。固然，"看不见的手"可以优化资源配置，但是，这只"看不见的手"也可以把公民的钱包掏空，可以造成分配差距悬殊的现象。一些具有稀有性和有价值技能的人，根据市场的供求规律，能够得到较高的收入。而另一些技能较低并且没有专长的人，则收入较低。又由于市场按照规律运转，对劳动力的供求经常发生变化，必然会导致一部分人失业，他们的生活就没有保障。应当承认，在社会主义市场经济条件下，分配不公平依然存在。市场是不可能进行公平分配的，只有政府才能进行公平分配，以弥补市场所造成的欠缺。因此，政府必须进行收入再分配。政府利用税收政策和福利政策以及建立社会保障制度对分配悬殊进行调节，以使分配公平，维持社会稳定。

（三）环境保护的职能

市场经济是以利润为基础的，在利润的驱动下，企业会开展各种各样的生产活动。但是，市场经济在环境保护方面是失效的。市场经济只能造成环境污染，而不能自发地去治理污染。环境保护问题是一个全球性的问题，是关系到人类生存和可持续发展的问题。因此，政府必须弥补市场的不足和欠缺，承担起保护环境的重任。目前，环境污染问题非常严重。大气污染、水污染、沙漠化、温室效应、噪声污染等对人类的生存造成了严重的威胁。资源枯竭、水质恶化、可耕地面积急剧减少、草场沙漠化等严重地阻碍了经济发展。环境保护不仅关系到国民健康，也关系到国民经济的可持续发展。政府要制定各种政策法规，采取各种措施治理环境。同时，政府必须规范市场行为，有意识地引导企业发展绿色产业，引入市场机制进行环境保护。

（四）社会保障的职能

社会保障是确保公民维持稳定生活的一项重要制度，是社会的稳定机制。社会保障的第一个方面是政府要建立各种社会保险体系，如基本养老保险、基本医疗保险、失业保险、工伤保险、生育保险等，以解决公民面临的其自身无法解决，经济上又无法负担的各种社会、家庭问题。社会保障的第二个方面就是建立和健全社会福利制度。对残疾人、弃儿、没有生活能力又没有人赡养和照顾的孤独老人，政府必须照顾。随着"白色浪潮"的出现和我国曾经的独生子女政策所造成的一对年轻夫妇无法照顾两对老人的问题，一些老人愿意自费住养老院。这些问题都要靠政府建立社会福利制度来解决。此外，政府还必须保证那些低收入者的生活，对那些工资难以维持正常生活的家庭或个人给予必要的生活补助。当然，各国情况不一样，有的国家发放失业补助或物价补贴等。政府还要进行社会救济。对我国来说，防灾救灾是每年都进行的工作。我国是一个多自然灾害的国家，水灾、旱灾、火灾、风灾、雪灾、泥石流、虫灾、沙尘暴、雹灾、海啸和地震等，给人民群众造成巨大的生命和财产损失。我国政府每年都花大力气进行防灾救灾。我国政府已经有了一个比较完备的防灾救灾体系。总之，社会保障是政府一项不可替代的职能，搞好社会保障就更能体现社会主义制度的优越性。

本章小结

在社会主义市场经济条件下，政府职能必须彻底转变，要从计划经济条件下的全能政府转变为社会主义市场经济条件下的有限政府。有限政府的政府职能是有限的，管理范围是有限的。政府不能过多地直接干预经济。在政府失效的领域，市场效率是高的；在市场失效的领域，必须由政府进行管理。政府干预应该慎重，要有限度。政府的基本职能包括政治职能、经济职能、文化职能和社会职能。

第四章 行政体制

内容要点

行政体制就是政府体制。它具有鲜明的政治性、较强的稳定性、严格的系统性、相对的滞后性和历史的继承性的特点。行政体制可以分为中央政府体制、地方政府体制和行政区划体制。

第一节 行政体制概述

一、行政体制的含义

行政体制是指政府系统内部行政权力的划分、政府机构的设置及运行等各种关系和制度的总和。我们可以从以下几个方面理解行政体制:

(1) 经济体制决定并制约行政体制,行政体制也影响和制约经济发展。行政体制作为政治体制的重要组成部分,也是上层建筑的重要组成部分。经济基础决定上层建筑,有什么样的经济体制,就有与之相适应的政治体制,也就有什么样的行政体制。行政体制必须随着经济体制的变化而变化,随着经济体制的发展而发展。同时,行政体制也影响和制约经济体制。如果行政体制相对滞后,必然影响和制约经济发展。因此,行政体制不仅要适应经济体制,还必须不断地进行调整和改革,以适应和促进经济发展。

(2) 政治体制决定行政体制,行政体制是政治体制的重要组成部分。行政体制的性质,公共行政的宗旨和运行方向,政府职能,集权与分权,权力体系的结构,政府与社会、市场、社会组织和公民的关系等，这些都是由政治体制决定的。因此，行政体制必须适应政治体制的要求，并随着政治体制的发展变化而发展变化。然而，行政体制不是完全被动的，它对政治体制也有较大的影响，行政体制的发展变化必然影响和促进政治体制的发展变化。但是，如果政治体制不进行根本性的变革，行政体制就不可能实现根本变革。

（3）行政体制的核心问题是行政权的划分和行政组织设置，以及对政府系统的各级各类政府部门职权的配置。它涉及中央政府的权力划分与配置，政府集权与分权的程度，政府组织的纵向结构和横向结构的权力划分与配置。行政权力和公共行政职能必须分配给各级各类公共组织。行政组织是行政体制的重要组成部分，是行政体制的实体结构，是行政权力和政府职能的载体。行政体制通过行政组织起作用。

（4）科学技术推动行政体制的变革。现代科学技术的广泛应用，信息技术的飞速发展，虚拟社会和数字政府的出现，强烈地冲击着公共行政和行政体制。科学技术的应用大幅度地提高了行政效率，它不仅可以减少工作人员，更为重要的是，它可以减少公共行政的组织层级并加强组织的横向沟通，而且它为民主行政创造了十分重要的条件，为公民参与政府决策和监督政府提供了一个虚拟平台。科学技术的应用使公共行政发生的这些变化，必然导致行政体制的变化。科学技术的发展必然推动公共行政的组织结构的变化，使公共行政走向数字政府和民主行政，这必然会引起行政体制的变革。

（5）文化对行政体制的重要价值和作用。行政体制的内核是文化价值体系，它为政府提供了行为规范和施政方向，为政府官员提供了价值观、权力观和思维方式。文化对公共行政既有引导作用，又有约束作用。优秀的现代文化和传统文化把公共行政引向科学、规范、民主、法治化，但是落后的、腐朽的文化往往破坏公共行政规则，扭曲政府官员的价值观和职务行为，甚至制约行政体制。以高度集权、道德行政、大一统和家长制为核心的我国传统行政文化所形成的一些"潜规则"，今天仍然起作用。从我国传统文化出发，我们就不难理解我国行政改革是一个长期而复杂的过程。我们只有认识到文化对公共行政的重要作用，才能自觉地用科学的、现代的和有价值的文化改造公共行政体制，并时时警惕腐朽的、没落的文化对公共行政的侵蚀。

二、行政体制的特点

（一）鲜明的政治性

行政体制是政治体制的组成部分。首先，行政体制必须体现政治和政治体制的要求，它是实现政治统治目标、加强政府合法性功能的体制性和强制性的工具。其次，国家意志和公共利益必须通过行政系统贯彻才能实现。执政党只有通过政府贯彻执行其政策，才能实现其政策目标。最后，行政体制是以各级各类行政组织有效地管理社会公共事务为价值的。政府公平、高效地处理社会公共事务，满足广大公众的要求，就扩大了政治统治基础。那种认为公共行政是纯事务性的管理的观点是不符合实际的。

（二）较强的稳定性

行政体制具有较强的稳定性。首先，行政体制的稳定性是由政治体制的稳定性决定的，一个国家的政治体制一般是不会轻易变动的，因为它涉及政治统治和社会稳定的大问题，所以，作为政治体制重要组成部分的行政体制也必然具有稳定性。其次，一种行政体制一旦形成，便不会经常变动。它不仅可以确保公共行政的有序性，也可以确保社会稳定。现代社会，政府是稳定社会和推动社会发展的主要动力，行政体制不可能随着社会发展的微小演变而进行变革。行政体制频繁变动，不仅会造成公共行政混乱，而且会造成社会混乱。行政体制必须在社会变迁积累到一定程度之后才能进行与社会环境相适应的行政改革。因此，行政体制是一个比较封闭的组织系统。

（三）严格的系统性

行政体制具有严格的系统性。行政体制本身是一个比较封闭的系统，它是由行政组织子系统、行政权力子系统、行政职能子系统和行政规范子系统组成的。它具有一般系统的整体性、结构性、层次性、相关性和有序性。行政系统的各级各类行政组织在行政体制的整合下才能成为一个整体，才能各自发挥作用而又互相协调配合。行政系统有纵向结构和横向结构，纵向结构又有层级结构，这些不同结构之间具有相关性和有序性，从而使行政体制发挥整体作用。

（四）相对的滞后性

行政体制具有相对的滞后性，也就是行政体制的惰性。行政体制一旦形成，就有一定的稳定性。它的变革或变化往往发生在社会变化之后。行政体制的滞后性是由其稳定性演变而来的。行政体制不可能对社会每时每刻发生的变化都及时做出反应而改变体制，那样不仅会造成公共行政混乱，而且会造成社会混乱。各种社会构成要素是十分活跃的，时时刻刻都在发生变化。而行政体制除在社会变迁发生质的飞跃，即发生社会革命或变革时必须及时进行变革外，一般的社会演变不可能使行政体制随之改变。但是，当社会演变积累到一定程度，即量变发展到质变的时候，行政体制必须对这些变化做出反应，即进行行政改革。我们充分认识了行政体制的滞后性，就能更加深刻地认识到既保持行政体制的稳定性，又克服其滞后性的重要性。

（五）历史的继承性

一个国家的行政体制是对一个国家传统的行政体制的继承，而不是割裂或抛弃历史传统。每个国家的行政体制的形成和发展都有其历史的继承性。我国从实行 2 000 多年的分权制的分封制到秦汉实行集权的郡县制是行政体制的大变革，此后的各个朝代基本沿袭集权的行政体制。行政体制的形成和变化是由于一个国家历史上的政治、经济、文化和社会发展与变化，是传统的行政权力构成和运行体制，不是随意可以改变的。因此，各个国家的行政体制无不继承其传统的体制。但是，有些历史传统是落后的，是不符合市场经济要求的，必须进行变革。

第二节 行政体制的类型

根据不同的划分方法，行政体制可以划分为不同类型。例如，按照社会制度划分，行政体制可分为奴隶社会的行政体制、封建社会的行政体制、资本主义社会的行政体制和社会主义社会的行政体制。这里以行政权力为标准进行分类，我们把行政体制分为中央政府体制、地方政府体制和行政区划体制。

一、中央政府体制

所谓中央政府体制，是指一个国家的最高国家行政权力和政府职能的划分、政府的组织形式和活动方式等制度的总称。中央政府体制可分为内阁制、总统制、半总统制、委员会制、部长会议体制和国务院体制。对极少数国家实行的行政体制，这里不予介绍。

（一）内阁制

内阁制起源于18世纪的英国，后来为许多西方国家所采用，并逐步在亚洲、非洲、拉丁美洲国家流行，成为一种颇具影响的政府体制。内阁制有如下特点：

（1）实行内阁制的国家以议会为国家最高权力机关。议会拥有立法权和监督内阁的权力，是国家政治活动的中心。国家元首一般是世袭的国王、天皇或由公民选举产生的总统担任。国家元首代表国家，但不是政府首脑。内阁由在议会中占有多数席位的一个政党或几个政党组成政党联盟的领袖，经国家元首任命组成。在议会中占有多数席位的政党的领袖，经国家元首提名并经议会同意，才能成为内阁首相或总理。内阁成员也是议会议员。内阁首相或总理是国家最高行政首长，是政府首脑，但不是国家元首。国家元首发布的命令和法律必须由内阁首相或总理及有关阁员的副署才能够发生效力。

（2）内阁首相或总理是国家的实际权力中心。内阁首相或总理不仅是政党领袖、政府首脑，也是议会领袖。内阁首相或总理决定内阁人选，组织内阁，主持内阁会议，总揽一切行政权力。内阁首相或总理领导和管理全国各级各类政府机关，制定施政方针，任免高级官员。同时，内阁首相或总理也有军事指挥权和宣布国家处于紧急状态的权力。

（3）内阁是国家的决策中心。内阁成员由内阁首相或总理在执政党内挑选，并任命他们担任政府各个部门的重要职务，授予他们相应的权力。内阁决策以内阁首相或总理的决定为准，不进行投票表决，也不实行少数服从多数的原则。如果有不同意见的内阁成员固执己见，或者他主动提出辞职，或者内阁首相或总理将其罢免。

（4）内阁不向国家元首负责，但必须向议会负责，接受议员的质询，解释政府的政策和决定。议会有罢免内阁首相或总理的权力。如果议会通过了对内阁的不信任案或否决了对内阁的信任案，则或者内阁提出辞职，或者由内阁首相或总理提请国家元首解散议会，提前举行大选，由新议会决定内阁的去留。

实行内阁制的国家有：亚洲的印度、日本、泰国、新加坡等，欧洲的英国、荷兰、比利时、德国、丹麦等，北美洲的加拿大等。

（二）总统制

总统制起源于18世纪末的美国，它是一种总统既是国家元首，又是政府首脑的中央政府组织形式。总统制政府实行立法、司法和行政三权分立，与内阁制有很大不同。总统制有如下特点：

（1）总统由全国选民直接选举产生，不需要议会批准。总统既是国家元首，又是政府首脑。总统对全国选民负责，不对议会负责。政府由总统组阁，不需要得到议会大多数的支持。议会中的政党对总统没有直接的决定性影响，总统所在的政党并不一定是议会中的多数党。

（2）总统是国家的权力中心和决策中心。总统总揽行政权，有任免政府部长和其他高级官员的权力，有代表国家同其他国家缔结条约和签订协定的权力。同时，总统也是国家最高军事统帅，有指挥军队的权力。而且，总统也有部分立法权。

（3）总统组织和领导内阁，各部部长是内阁成员。内阁成员不能兼任议会议员。总统不定期召开内阁会议，内阁会议是总统的集体顾问和办事机构。总统独自进行决策，不需要争取内阁成员的同意。固执己见的内阁成员或主动辞职，或被总统免职。

（4）总统没有向议会提出法案的权力，但对议会通过的法案有签署权，并且有否决权。但是，议会也可以以三分之二的多数选票推翻总统的否决，该法案就可以立即成为法律生效。议会没有对总统投不信任票或迫使总统辞职的权力，但可以对总统违法违宪的行为进行弹劾。总统也无权解散议会。

实行总统制的国家有：亚洲的巴基斯坦、印度尼西亚、伊朗等，非洲的埃及、南非、津巴布韦等，拉丁美洲的墨西哥、巴西、危地马拉、阿根廷、委内瑞拉、智利等。

（三）半总统制

半总统制是介于总统制和内阁制之间的一种中央政府体制。它兼具总统制和内阁制的特点。半总统制是总统制在法国的变形，是由《法国第五共和国宪法》所确立的一种体制。半总统制有如下特点：

（1）经全民投票当选的总统是国家元首，总统掌握行政权，总理是名义上的政府首脑。宪法规定行政权属于总统和总理。这样，政府实际上有两个行政首长。总理领导政府，对议会负责，而不对总统负责。

（2）总统是实际的权力中心，总统不对任何机关负责，但是总统有很大的权力。总统有召集议会特别会议、签署法令、发布命令、公布法律等权力，总统还负责制定外交政策。总统有权任命总理和各部部长，主持内阁会议，发布总统咨文。

（3）议会通过谴责案即对政府不信任投票案或对政府的政策进行否决时，总理必须向总统提出总辞职。总统有解散议会的权力，也有否决议会通过的法案以及将重要法案提交全民公决的权力。同时，总统又是国家军队的最高统帅，有指挥军队的权力。

实行半总统制的国家有：法国、奥地利、芬兰、冰岛、葡萄牙、斯里兰卡、爱尔兰、赞比亚、坦桑尼亚和苏联解体后的俄罗斯联邦。

（四）委员会制

委员会制又称合议制，起源于19世纪中期的瑞士。委员会制是指国家最高行政权不是集中掌握在总统或总理的手中，而是由议会产生的委员会集体行使的政府体制。它兼具总统制和内阁制的特点，其主要组织形式如下：

（1）国家的最高行政机关是由联邦议会选举产生的联邦委员会，联邦委员会是联邦议会的执行机关。它必须服从并执行联邦议会所做出的决定和制定的政策，无权否决联邦议会所通过的法律和决议，也无权解散联邦议会；联邦议会也无权迫使联邦委员会辞职。当联邦议会否决联邦委员会的提案，并表示对委员会不信任时，委员会不必辞职。

（2）联邦委员会的组成人员由政党推荐，通过议会选举产生，但其本人并不一定是该政党的领袖或成员。委员会委员一旦当选，不对其所属政党负责，而只对委员会集体负责。委员会委员不一定是议员，如果是议员，则必须放弃议员资格。

（3）联邦委员会采取合议制，包括总统、副总统或主席、副主席在内的委员会的委员地位完全平等，职权完全相同，政府的一切决策都由委员会集体讨论，以少数服从多数的原则予以通过。委员会设正、副主席或正、副总统各一人，由联邦议会从七人委员会中选出，任期一年，不得连任。联邦主席或总统对外代表国家，地位与其他委员完全相同。

（五）部长会议体制

部长会议体制是苏联于1946年建立的一种中央政府的组织形式，后来一些社会主义国家和发展中国家也相继采用，是一种有一定影响力的中央政府体制。部长会议体制有如下特点：

（1）部长会议由国家最高权力机关选举产生，是国家最高权力机关的执行机关。它对国家最高权力机关负责，并服从它的决定，无权与它抗衡，也无权将它解散。

（2）部长会议由部长会议主席、第一副主席、副主席、各部部长、各国家委员会主席和其他有关人员组成。它有权按照宪法来领导和管理国家一切政务。

（3）部长会议主席团是其常设机构，由部长会议主席、第一副主席和副主席组成，人数较少。部长会议主席团集体掌握国家行政权力，集体决策，实行会议制，不实行政府首脑负责制。

（六）国务院体制

我国的国务院体制是在总结我党革命根据地政权建设经验的基础之上，借鉴了苏联的部长会议体制，于1954年形成的。国务院由全国人民代表大会决定人选，由总理、副总理、各部部长、各委员会主任、秘书长组成。从1982年起，我国的国务院体制又有了新的发展，虽然仍采取部长会议体制，但也吸取了委员会制的一些长处。国务院体制有如下特点：

（1）中华人民共和国国务院是我国最高国家行政机关，由每届全国人民代表大会第一次会议产生，是我国最高国家权力机关的执行机关。国务院对全国人民代表大会及其常务委员会负责并报告工作。

（2）国务院组成人员包括总理、副总理、国务委员、各部部长、各委员会主任、审计长、秘书长。国务院总理由中共中央按法定程序推荐，由国家主席提名，经全国人民代表大会全体代表过半数通过，由国家主席任命。国务院其他组成人员均由中共中央推荐，总理提名，经全国人民代表大会全体代表过半数通过，由国家主席任命。

（3）国务院实行总理负责制，总理领导国务院，副总理和国务委员协助其工作。总理召集和主持国务院全体会议和国务院常务会议。国务院工作中的重大问题，必须经过全体会议和常务会议讨论。国务院向全国人民代表大会及其常务委员会提出的提案，任免的人员，发布的决定、命令和行政法规，都必须由总理签署。

国务院各部、各委员会实行部长、主任负责制。

二、地方政府体制

地方政府体制是地方政府按照一定的法律或标准划分的政府组织形式。因各国的历史传统和公共行政环境不同，地方政府体制也有差异。地方政府体制可以分为自治体地方政府、行政体地方政府、民主集中制地方政府三种类型。

（一）自治体地方政府

英国地方自治的观念和历史传统都非常悠久，英国的自治体地方政府体制定型于19世纪的下半叶。自治体地方政府有如下特点：

（1）地方自治政府具有"权力合一"的特点，行政与立法分权比较模糊，没有一个十分确定的强有力的地方行政首长。

（2）地方政府是以由议员们选举产生的地方议会为中心，由地方议会和各委员会组成的。地方议会的各委员会是实际处理各种地方议会事务的机构。地方议会任命各种常任官员组成执行部门，处理日常行政事务。

（3）地方政府具有独立地位和法人地位，这种地位一般由议会立法授予或法律授予。地方政府的职责、权限由议会立法确定，在法定范围内地方政府有充分的自治权，中央政府不予干预。

（4）中央政府与地方政府在法律上是一种伙伴关系，但实际上中央政府也对地方政府进行立法监督、行政监督和财政监督。同时，各级地方政府没有隶属关系。

除英国外，美国和一些前英属殖民地国家也实行这种地方自治体制。

（二）行政体地方政府

德国地方政府是典型的行政体地方政府。德国地方政府体制的形成受康德和黑格尔思想的影响较大。行政体地方政府有如下特点：

（1）德国地方政府实行公共行政的隶属原则，是建立在"地区整体从属"的基础之上的。各级政府部门对本级政府负责，下级政府整体上对上级政府负责。

（2）联邦政府负责制定政策、法律和规章，但大部分由州政府负责执行。县、乡镇政府负责承担大量的联邦政府和州政府委托处理的社会公共事务以及地方社会公共事务。因此，地方政府具有地方自治单位和下级行政机关的双重属性。中央政府与地方政府的隶属关系比较明显。

（3）上级政府仅履行那些下级政府不能履行的社会管理职能。联邦政府负责制定全国性的法律、政策，除国防、外交、铁路和邮政等涉及主权和全国性的事务外，其他事务委托给州政府负责管理，州政府把这些行政职能分配给州政府的职能部门和地方各级政府。

（4）联邦政府、州政府和地方政府由有关的法律确保它们的法律地位，法律上和理论上它们是一种平等的关系，是一种互相辅助的关系，而实际上是一种隶属的不平等关系。

德国的地方政府体制对奥地利、瑞士、荷兰、比利时和斯堪的纳维亚半岛国家的地方政府体制现在还有决定性的影响。

（三）民主集中制地方政府

我国地方政府是以民主集中制为原则的政府形式。它以马克思列宁主义、毛泽东思想为指导思想，总结了我党革命根据地时期政权建设的历史经验，吸取了其他社会主义国家政权建设的经验教训，结合我国的历史传统，形成了具有中国特色的地方政府体制。民主集中制地方政府有如下特点：

（1）我国地方政府是中央人民政府的下级执行机关，下级政府是上级政府的执行机关。省、自治区、直辖市是中央政府的下级机关，设区的市是省、自治区的下级机关，不设区的市或县是设区的市的下级机关，乡、镇是不设区的市或县的下级机关。它们统一受中央政府的领导。各级行政机关之间有明确的隶属关系。中央政府没有设主管地方政府的部门。依照有关法律规定，地方政府的职能部门必须受中央政府的职能部门的领导和指导，它们之间也是上下级关系。

（2）各级地方政府由各级人民代表大会选举产生，是各级人民代表大会的执行机关。地方政府必须执行同级人民代表大会制定的决策和行政规章。地方各级人民代表大会及其常务委员会有权撤销同级地方政府违背宪法和有关法律的政策和决定。

（3）各省、直辖市有一定的自主权，自治区有自治权，香港特别行政区和澳门特别行政区有高度自治权。

（4）各级地方政府必须接受上级和同级的中国共产党委员会的领导，执行党的常务委员会和委员会所做的决定和制定的政策。政府的主要领导成员是党的常务委员会成员。

三、行政区划体制

所谓行政区划体制，是指根据一定的原则将全国领土划分为若干部分和若干层次的管理区域，并设置相应的行政机关的组织体制。

（一）行政区划体制的原则

1. 政治原则

一个国家在进行行政区划分时，首先必须考虑的是政治原则，要考虑行政区的划分必须有利于国家领土完整和国家主权的完整统一。因此，划分行政区必须能够有效地防范国家分裂，确保国家主权和领土完整。同时，国家也可能随着社会政治发展的需要，或因为强调集权而缩小行政区划，或因为强调民主而扩大行政区划。

2. 尊重历史传统原则

每个国家都有一些行政区域具有悠久的历史，有的有上千年，甚至更久远。因此，行政区域的划分也应该遵循并尊重历史传统。我国有的县的行政区划可以上溯到秦的郡县制，就其所辖区域来讲，可以上溯到商周时期的诸侯国。这些行政区域一般按照历史的传统进行划分。

3. 有利于发展原则

行政区域的划分必须有利于社会进步和经济发展。行政区划虽然不是社会进步和经济发展的决定性因素，但也有一定的制约作用或促进作用。传统类型的行政区划有时会限制社会进步和经济发展。大工业生产以后发展起来的城市，是发展型的行政区划，具有人才密集、知识密集、资源密集和信息密集的特点，它更有利于社会进步和经济发展。

4. 有效管理原则

行政区域的划分应该有利于高效、统一的管理。行政区域单位是行政权力的载体，是为了高效达成某种政府职能而设置的。行政区划必须将有效管理作为其重要的原则之一。因此，行政区划和行政建制应该充分考虑有效管理这个要素。管理幅度不要过宽，也就是行政区域不要太大，管理层次不要太多，这样才有利于高效管理。

5. 民族自治原则

在一个多民族的国家，各民族的人口多少差异很大，风俗习惯和历史传统也有很大的不同，经济发展水平参差不齐，社会情况也不一样，所分布的地理空间大小也有区别，因此，有必要实行民族自治。尤其是在一个民族的人口占大多数，占据地理空间较大的国家，更应该实行民族自治。这不仅是为了确保民族平等，也是为了保证和促进少数民族地区的政治、经济和社会的全面发展。

（二）行政区划的类型

行政区划可以分为传统型、发展型和特殊型。

传统型行政区划依据历史行政区域的建制来进行行政区域的划分，这是世界上大多数国家行政区划所遵循的原则。由一些村形成的乡、镇，由一些乡、镇形成的县、市，由一些县、市形成的省，都有悠久的历史，而且这些历史上形成的行政区域比较稳定，历经沧桑变化而没有多大改变。因此，在进行行政区域的划分时，必须照顾和考虑历史的继承性。

发展型行政区划是现代大工业的产物，是现代社会发展和城市化的必然产物。它是以城市为主要代表的发展型行政区划类型。城市是人才密集、知识密集和资源密集的区域，是推动社会进步和经济发展的中心地带，是产生新思想、新科学和新技术的摇篮，是向全社会输出新思想、新科学和新技术的源头。评判一个国家工业化与现代化程度的高低，城市化的程度是一个重要标准。在当今的信息社会，城市化显得更加重要。市的行政区划建制是带动周围地区发展的一种理想的区划建制。目前，我国正在实行市管县的行政区划改革，其目的就是以城市为依托，带动和促进周围落后农村地区的发展。我国大多数省、自治区、直辖市都实现了市管县的行政建制。

特殊型行政区划是由于政治需要、经济发展需要或社会发展需要，或者由于管理需要和某种特殊需要，或者由于顾及历史因素以及其他复杂因素而设置的特殊行政区域。对于一般的省、市、县、乡而言，实行民族自治的自治区、自治州、自治县、自治乡就是特殊型的行政区域。同样，为了贯彻"一国两制"原则，回归后的香港和澳门分别成立了高度自治的香港特别行政区和澳门特别行政区；为了经济发展，我国成立了深圳和其他经济特区，以及开发区、免税区等；为了保护环境和保护生态而成立了自然保护区。

行政区划的区域不宜过大，过大则不容易管理；层次不宜过多，过多则不利于提高行政效率。我国的行政区划第一个层次是省、自治区、直辖市；第二个层次是设区的市；第三个层次是县和不设区的市；第四个层次是乡、镇。这是一般的行政区划建制。此外，还有一些特区市、省会所在地的市等。我国行政区划一般幅度较大，管理人口较多，层次也较多，建制不够规范，不利于发展，应该逐步予以改革。

本章小结

行政体制必须适应经济基础，并且政治体制决定行政体制。行政体制的核心问题是集权与分权，它决定政府效率和国家发展。行政区划应该根据政治原则、尊重历史传统的原则、有利于发展的原则、有效管理的原则、民族自治原则来进行划分。

第五章 公共组织

内容要点

本章论述公共组织的含义，并指出其具有政治性、社会性、服务性、权威性、法治性和系统性的特点。本章还论述了公共组织的类型、结构。公共组织理论分为科学管理时期的组织理论、行为科学时期的组织理论、新公共行政学时期的组织理论和新公共管理时期的组织理论。同时，本章对非营利组织和学习型组织的产生和发展进行了全面评述。

第一节 公共组织概述

一、公共组织的含义

公共组织是人类社会各种各样的组织形式之一。广义的公共组织不仅指政府及其执行部门，而且包括立法机关、司法机关、学校、医院、教会、军队、政党等社会组织和社会团体的管理公共事务的非营利的机构。狭义的公共组织是指政府及其执行部门，以及具有行政授权的社会组织。我们这里所指的是狭义的公共组织。我国传统上将公共组织称为行政组织，但是，国际学术界一般称之为公共组织。因此，这里用公共组织这个概念来代替行政组织。

二、公共组织的特点

公共组织是公共权力的载体，其特点主要包括政治性、社会性、服务性、权威性、法治性、系统性。

（一）政治性

政府是国家最重要的组成部分，是国家进行政治统治的主要机关，是管理各种公共事务的主体。政府的一切行为都是为其政治统治的合法性服务的，超政治的政府是不存在的。公共行政必须执行国家的政治意志、政治决策，不可能是中立的。

（二）社会性

无论任何性质的国家的公共组织，都具有管理公共事务的职能。公共组织在行使管理公共事务的职能时，都是为全社会服务的。例如，其对经济、科技、文教、卫生、交通、电信、社会保障、环境保护、防灾救灾等公共事务的管理，都具有实现公共利益的属性。公共组织的这种社会属性，是由公共组织稳定社会秩序、维护政治统治的合法性的目的所决定的。公共组织的社会性是其政治性的基础。

（三）服务性

任何国家的公共组织，从管理公共事务的角度讲，都要为全社会提供公共物品。它不仅要保证公共秩序，维护社会稳定，而且要为社会发展和经济发展服务。它要制定和执行推动社会发展和经济发展的规划和政策；它要组织和协调生产与流通，建立市场规则，确立发展方向，稳定经济秩序，进行宏观调控等。政府还要为社会的政治、经济、文化等事业的全面发展服务。政府提供服务以低投入、高产出、高效实现行政目标为目的，提供的是无偿的、非营利性的公共服务。

（四）权威性

任何组织都必须有权威性，没有权威性就不能进行管理。政府在整个社会中有至高无上的地位和权威性，起着其他任何组织无法起到的作用。这种权威性是政府进行公共事务管理的必要条件。政府凭借行政权力，对国家的政治、经济、文化等公共事务进行广泛的干预和管理。它的权力覆盖面涉及每个组织和公民，其政策、法律、法令、法规和命令等，在其管辖范围内的每个组织和公民都必须遵守和执行。政府的权威性还表现在对组织内部管理的强制性上。以官僚制为组织结构的政府机关是以命令与服从为组织原则的，层级节制是上下级之间的基本关系。政府的规制松弛是其权威缺损的结果，一个软弱无力的缺乏权威性的政府必然导致腐败。

（五）法治性

公共组织是依法代表国家行使公共权力的机关，有很强的法治性。公共组织的法治性主要表现在依法设置机构和依法行政上。公共组织具有明确的法律地位，组织机构的设置及其宗旨、目标、运作程序、人员编制、行为规范、管理方式、财政预算等都由宪法和有关法律决定。公共组织必须依据法律规定行使职权，在处理社会公共事务时，公共组织应当运用法律手段或按法律规定采取行政手段、经济手段和其他各种手段。我国各级人民政府必须根据《中华人民共和国宪法》（以下简称《宪法》）、《中华人民共和国国务院组织法》（以下简称《国务院组织法》）和《中华人民共和国地方各级人民代表大会和地方各级人民政府组织法》（以下简称《政府组织法》），以及有关的编制管理条例等法律规定进行设置。在处理社会公共事务时，公共组织必须严格贯彻执行宪法和有关法律以及有关规定、条例、命令、规章与办法等，并且不得随意变更和曲解这些法律规定。公共组织的法治性也就是它的规范性，换言之，公共组织从组织机构的设置到动态行为都必须用法律予以规范。

（六）系统性

公共组织是一个比较稳定的巨系统，也是相对封闭的系统。在行政系统内，公共组织的权力关系和结构方式都层次分明、统分有据、纵横相连、浑然一体。它确保行政系统内统一领导、统一指挥、命令统一、政令畅通。这就是它的系统性特点。行政系统是一个巨系统，在系统内部可分为省级次系统和市、县级子系统，表现为系统的层次性。行政巨系统与其次系统和子系统之间有机联系，使整个行政巨系统的每个组成部分都发挥其功能。这就是它的相关性特点。行政系统具有系统性、结构性、层次性和相关性，因此，它具有任何系统都必须具备的各种功能。它与环境处于输入输出状态，可以通过对系统自身的调节适应环境。

三、公共组织的作用

（一）政府是国家各种公共事务的组织者与管理者

政府的重要责任之一就是组织与管理国家的各种公共事务。政治、经济、文化、社会、国防、外交、公共设施等关系到国计民生的重要公共事务，由政府组织与管理。社区建设、扶贫救困、减灾救灾、环境保护、医疗保健、食品和药品的安全、社会保险等，没有政府的组织和管理也是不行的。政府作为国家各种公共事务的组织者与管理者，其扮演的角色是十分重要的。

（二）政府是人民生命财产的保护者，是社会秩序的维护者

政府为公众提供的另一种公共物品是保护人民的生命与财产安全和维护社会秩序。这是政府最基本的作用。生存权和财产权是人最基本的权利，不容被违法剥夺。政府执行有关法律，制定公共政策，打击那些以各种手段非法威胁或剥夺他人生命和私有

财产的不法行为，使最基本的人权得到保障。因此，政府必须建立良好的社会秩序，以便使人民在安全、稳定的社会环境中生活。

（三）政府是国家主权和领土完整的捍卫者

尽管政治经济全球化和一体化发展很快，但是，具有主权的国家依然存在。人们应该清醒地认识到，尽管人类已经进入知识经济时代，信息高速公路可以通到世界的每个角落，但是，战争的威胁也没有消弭，国家主权和领土完整依然受到威胁。因此，政府作为国家主权和领土完整的捍卫者的角色丝毫没有减弱。政府必须加强国防建设，做好反侵略战争的准备。

（四）政府是国民经济发展政策的制定者与协调者

政府是国民经济的发动机，它为国民经济的发展制定目标，进行规划，制定政策予以规范和引导，进行宏观调控。政府也可以进行必要的资源配置，以弥补市场的不足。同时，政府也是国家经济活动的协调者和仲裁者，维护市场正常的经济秩序，为公平与自由竞争提供保障。

（五）政府是社会公平的维护者

市场经济追求的是利润最大化和新技术与高效率。这样必然使财富集中在那些有头脑、有技术的人的手中，而一些缺乏技能的人，处于不利地位。他们或者因为技能低收入少，或者因为工作岗位少而失业。为了保证在市场经济条件下失业者、不能靠劳动维持生活者或丧失劳动能力群体的生活，政府应当对他们进行必要的补助，以帮助他们维持基本的生活。维护社会公平是政府的重要责任。如果没有社会公平就不可能有社会稳定，没有社会稳定也就不可能有发展。许多发展中国家的历史证明了社会公平对发展的重要性。

02 第二节 公共组织的类型

一、集权制与分权制

（一）集权制

集权制是指行政权力集中在上级政府或行政首长手中，上级政府或行政首长有决策、指挥、监督的权力，下级处于服从命令、听从指挥的被动地位，一切要按照上级政府或行政首长的指令来行动，集权制是自主权很少的公共组织类型。

1. 集权制公共组织的优点

（1）政令统一，便于统一领导、统一指挥。

（2）因为权力集中，行政首长反应灵活，决策及时，效率较高。

（3）具有协调配合的全局观念，有利于调动和集中各种资源，可以对关系到国计民生的公共事务进行统筹安排和管理；有利于克服地方主义和本位主义，也有利于克服各自为政、权力分散的弊端。

（4）统一意志，统一行动，有集体观念，能够增强团体凝聚力，具有较强的动员能力、组织能力和应变能力。

2. 集权制公共组织的缺陷

（1）组织结构比较僵化，下级缺少必要的自主权，因此缺乏工作的主动性和积极性，不能充分发挥其聪明才智，从而引起消极情绪，使组织缺乏活力和创造性。

（2）由于决策权掌握在上级手中，容易产生官僚主义、主观主义，从而造成决策失误，也容易出现文山会海、公文旅行等现象，浪费时间和资源。

（3）由于层级过多，信息传递迟缓，对外部环境反应较慢，不利于处理突发事件。

（4）集权制易于走向高度集权，高度集权易于走向家长制或一言堂，甚至走向专制或独裁。这有损于民主、公平的社会目标。

（二）分权制

分权制是指上级行政机关或行政首长给予下级充分的自主权，下级可以独自进行决策和管理，上级不予干涉的公共组织类型。

1. 分权制公共组织的优点

（1）独立自主，可以结合本部门、本地区的实际情况，因地制宜地确定行政目标，进行决策和管理。

（2）分层授权，分级管理，有利于调动下级的积极性和主动性。

（3）反应灵活，不需要层层请示汇报，信息传递较快，对外部环境反应也较快，宜于近点决策处理突发事件，效率较高。

（4）职能分工明确，有利于专业化管理。

2. 分权制公共组织的缺陷

（1）分权会造成权力分散，不易形成统一意志，不易进行统一领导和统一指挥。

（2）分权不易于集中资源，不利于统筹全面发展。

（3）过度分权容易导致各自为政，形成地方主义和本位主义。

二、完整制与分离制

（一）完整制

完整制又称一元统属制，是指公共组织的同一层级或同一组织内部的各个部门，完全接受一个公共组织或同一位行政首长的领导、指挥和监督的公共组织类型。

1. 完整制公共组织的优点
（1）有利于公共组织或公共部门的统一领导、统一指挥。
（2）政令统一，权力集中。
（3）高度自主，有独立的决策权，有利于调动本地区或本部门的积极性。
（4）可以因地制宜地确定行政目标，制定政策，反应灵活。

2. 完整制公共组织的缺陷
（1）资源有限，不宜办大事；上级也不能进行统筹安排。
（2）高度自主，容易出现各自为政的现象。
（3）缺乏全局观念，只顾局部利益。

（二）分离制

分离制又称多元领导制，是指一个公共组织的同一层级的各个组织部门或同一组织部门，受两个或两个以上公共组织或行政首长领导、指挥和监督的公共组织类型。

1. 分离制公共组织的优点
（1）有利于整个公共行政系统的资源整合，团结协作，统筹兼顾。
（2）有利于整个公共行政系统的统一领导和统一指挥。
（3）有利于专业化管理，强调部门职能。
（4）有分有合，集中了集权制与分权制的优点。

2. 分离制公共组织的缺陷
（1）多元领导有可能造成下级无所适从。
（2）人与事分离，不利于对公务员的领导。
（3）较难协调，容易出现文山会海的现象。

三、首长制与委员会制

（一）首长制

首长制又称独立制、一长制或首长负责制，是指行政首长独自掌握决策权和指挥权，对其管辖的公共事务进行统一领导、统一指挥并完全负责的公共组织类型。

1. 首长制公共组织的优点

（1）权力集中，责任明确，可以避免推诿扯皮，减少冲突和矛盾，效率较高。

（2）由于行政首长独自掌握决策权，决策灵活快捷，对外部环境反应快。

（3）统一领导、统一指挥，有利于动员和集中力量办大事。

2. 首长制公共组织的缺陷

（1）行政首长的知识、智慧的有限性，决定了行政首长个人决策有可能失误，那样就会造成损失。

（2）行政首长独揽大权，缺乏民主参与，不利于调动下级的积极性。

（3）由于缺乏权力制衡，首长制容易演变为家长制，权力不受监督，这样就可能导致滥用职权，产生腐败。

（二）委员会制

委员会制是指在公共组织中，由两个人以上掌握决策权和指挥权，按照多数原则进行决策的公共组织类型。

1. 委员会制公共组织的优点

（1）集思广益，民主决策，可以广泛地听取各方面的意见，集中集体智慧进行决策，提高决策质量和可行性。

（2）既有分工，又有合作，这样可以减轻负担，有利于专业化管理。

（3）互相监督，权力制衡，可以防止专断独行、家长制和营私舞弊。

2. 委员会制公共组织的缺陷

（1）事权分散，难以集中统一；行动迟缓，容易贻误时机。

（2）决策成本高，容易出现议而不决、决而不行、行而不果等拖拉扯皮的现象，效率低下。

（3）互相推诿，责任不明确，容易出现大家都负责、大家又都不负责的现象。

四、层级制与机能制

（一）层级制

层级制又称分级制，是指公共组织在纵向上按照等级划分为不同的上下节制的层级组织结构，不同等级的职能目标和工作性质相同，但管理范围和管理权限随着等级降低而逐渐变小的公共组织类型。

1. 层级制公共组织的优点

（1）层级节制，一级管一级，权力关系清楚，有利于领导和指挥，有利于提高效率。

(2) 责任明确，有利于监督。

(3) 行政目标统一，有利于对公务员的绩效进行考评。

(4) 有利于推行决策。

2. 层级制公共组织的缺陷

(1) 如果层级过多，信息传递缓慢或失真，会造成决策失误。

(2) 节制严格，不利于调动下级的积极性。

(3) 容易出现家长制和依附性上下级关系。

（二）机能制

机能制又称职能制，是指公共组织在横向上按照不同职能目标划分为不同职能部门的公共组织类型。

1. 机能制公共组织的优点

(1) 可以扩大公共组织的管理职能。

(2) 专业分工，有利于专业化管理，提高效率。

(3) 分权管理，有利于调动专业人员的工作积极性。

2. 机能制公共组织的缺陷

(1) 职能分化过多，会造成政府机构过多，对社会和经济的干涉过多，不利于市场经济的发展。

(2) 分工过细，会造成权力交叉，影响行政效率。

第三节 公共组织结构

公共组织结构是指公共组织各要素的排列组合方式，是由法律所确认的各种正式关系的模式。一般来说，公共组织结构方式包括纵向结构和横向结构。

一、公共组织的纵向结构

公共组织的纵向结构，即层级化，是指公共组织内部按上下层级关系形成的有序构成形式。组织设计的等级原则要求职位、职权和职责等级垂直分布，形成等级结构。纵向结构以上下级关系为重点，以命令与服从为原则，职位、职权和职责从最高层向最低层沿直线分布。每一层级都有自己的管辖范围，有自己的职责和权力。层级越高，管辖范围越大，其职责和权力也越大。层级化要求下级必须服从上级，听从上级的领导、指挥与命令。信息沟通是通过逐级传递的方式来实现的，无论公共组织的层级多低，一般都具备上级公共组织的管理职能，其行政目标必须与上级行政目标保持一致。

公共组织结构层级化的优点是权力沿直线分布，权力链清楚，有利于统一领导、统一指挥，有利于政令统一。权力集中、层层节制和层层隶属的上下级关系，有利于信息传递和进行监督。层级化不仅能使行政目标明确，而且能使分工和工作程序十分明确，使每个行政机构和每个行政工作人员的职责清晰。公共组织的纵向结构是以效率为中心设计的组织结构，是公共行政管理效率化的基础。然而，纵向结构的弊端也是显而易见的：信息层层传递，造成信息流失，反而影响了效率。

二、公共组织的横向结构

公共组织的横向结构，亦称分部化、部门化或职能化，是指行政同级部门之间平衡分工的构成形式。一级政府，除领导决策机关外，按照行政目标、权力与责任、专业性质或管辖区域的不同，还可以划分成若干个平行的职能部门。这种划分既是对行政职能目标的分解，又是为了扩大行政的管理职能和进行行政分权。

公共组织结构部门化是为了适应社会公共事务日益增长的客观需要。现代国家社会公共事务包罗万象，十分复杂，而且随着社会发展和科学技术的进步，社会分工越来越细，社会越来越复杂，社会问题越来越多，专业性越来越强，从而管理社会公共事务的公众需求也越来越多。但应当指出，并不是有社会管理的需求就一定设置行政机构，不设行政机构并不代表政府置之不管。对一些社会公共事务，政府必须直接进行管理，这样行政职能必然扩大，横向职能部门必然增加。公共组织结构部门化是公众需求因社会发展而不断增长的必然结果。

公共组织部门划分的标准有多种，一般按下列三种标准划分。

（1）按照管理职能和职能目标来划分行政部门。每个行政部门的地位是平等的，没有上下级的隶属关系和领导与被领导的关系。各个行政部门都有自成体系的行政职能、业务范围和权力与责任。这些行政部门是一级具有领导、决策职能的政府职能部门和行政部门。行政部门只是经过领导机关授权分管某些社会公共事务。

（2）按照地区来划分行政部门。行政管理必须在一定的地域空间里进行。但是，如果管理地域空间太大，必须把过大的地域划分为若干个规模较小的公共行政区域。所以，地区也可以作为划分横向行政部门的标准。例如我国按地区划分为省、自治区、直辖市等；省又划分为若干个市、县；县又划分为若干个乡或镇等；交通、林业、统计等部门又按地区划分为若干个局等。

（3）按照行政管理的不同环节来划分行政部门，例如把行政管理划分为决策、执行、协调、信息、监督等部门，各部门分工清楚，各司其职，职责明确。虽然公共组织很少采用这种划分部门的方法，但其科学性是不可低估的。

公共组织结构部门化的作用是很大的，它是公共组织层级化的基础。一般来说，只有当上级职能部门确立之后，下面才能层层建立公共组织。例如，只有在确立了商务部的地位之后，才能在商务部内设置局、处等层级的公共组织。公共组织结构的部门化能够适应扩大政府管理职能的需要。随着行政管理事务的增加，必须建立相应的管理部门，这样才能及时灵活地处理行政事务。它有利于结合实际，整体协调，能够突出行政管理的专业特点和密切联系地区的管理需求。尤其对那些技术性、专业性较强的管理对象，它可以实行专业化和规范化管理。它自成体系，有较大的自主权和自决权。它对公共行政环境反应灵敏，信息流通快，应变能力强，有利于调动下级的积极性和创造性，可以扩大行政管理职能，提高行政效率。但是，如果处理不好政府管理与社会自主管理之间的关系，那么势必会造成部门林立、权力交叉、职责不清、机构臃肿、效率低下等问题。

三、管理层次与管理幅度

公共组织结构层级化和分部化的基本问题是处理好以效率为中心的层级隶属的程度与部门设置的限度，也就是处理好管理层次与管理层级之间的关系。这是公共组织结构的关键问题。

管理层次是指公共组织内部划分管理层级的数额。任何国家的政府组织都是按照层级化原则设计的，无论是联邦制国家还是单一制国家，都是如此。不仅政府必须按层级化原则设置，而且任何大型组织，包括政党、军队、教会、企业、工厂和学校等社会组织也不例外。政府从行政区划上设置省、市、县、乡等层级；在职能机关内部，则设置部、司（局）、处等；地方政府的职能机关，则设置厅、处、科等。

管理层次的划分必须适当，必须以提高行政效率为准则，管理层次不宜过多，也不宜过少。管理层次过少，会造成分工不明确，职责和权力不清，管理过于僵化，权力过于集中，不利于调动下属的积极性，不利于提高行政效率。管理层次过多，则会造成信息流通不畅，程序复杂，公文履行力、政策执行力不足，难以监督和控制，滋生官僚主义等弊端。更有甚者，会出现各自为政的现象。

管理幅度是指领导机关或领导者直接领导下级的部门或人员的数额，如国务院下设多少个部委和直属机构，每个部委下设多少个司（局），每个司（局）下设多少个处等；同时，管理幅度也指各级行政首长管多少个部门或人员。

管理幅度的划分是行政目标的分解，是行政管理职能的扩大，也是一种行政分权。它的目的是管理专业化和规范化，扩大管理职能，使管理更加有效率。但是，管理幅度过宽，部门或人员过多，管不过来，则会造成难以应付的局面，甚至会出现本位主义、各自为政、机构臃肿、权力交叉、互相牵制、责任不清等问题。在社会主义市场经济条件下，管理幅度过宽也会造成市场垄断与地方经济割据等问题，不利于建立社会主义市场经济，无法实行市场准入原则和国民待遇原则。管理幅度过窄，则会造成上级对下级干涉过多，上级事无巨细都要过问，下级则无法自主地开展工作。

管理层次与管理幅度必须适当。一般来说，管理幅度和管理层次成反比，管理幅度越大，则管理层次越少；管理幅度越小，则管理层次越多。但管理幅度与管理层次之间的关系是很复杂的，是由许多相关因素决定的，如由工作性质、人员素质、领导能力和技术手段等。一般来说，公共组织的层级化应控制管理层次，尽量减少信息传递的中间环节，各级政府和各级领导应当明白，管理层次过多，则会增加信息的流失率和政策的执行阻力，会造成弄虚作假、阳奉阴违。领导层和执行层缩短行政距离，便于领导和沟通，宜于监督和考察。

第四节 公共组织理论

一、科学管理时期的组织理论

科学管理时期主要形成了三个有深远影响的组织理论学派：弗雷德里克·泰勒的科学管理组织理论学派，马克斯·韦伯的官僚制组织理论学派和亨利·法约尔的行政管理组织理论学派。这个时期的管理学家对公共组织的研究和对企业组织的研究是相互渗透的，而且对公共组织的研究往往要参考对企业组织的研究。因此，尽管科学管理时期这三个学派对公共组织和企业组织研究的侧重点有所不同，研究的方法和手段也不一样，但他们对这个时期的组织理论的形成都做出了应有的贡献。

美国管理学家弗雷德里克·泰勒是科学管理学派的代表人物，是现代管理的开拓者和现代管理理论的奠基人之一。弗雷德里克·泰勒始终以车间和工厂作为研究对象，注重从技术分析和效率的角度来研究工作人员的工作方式、工作程序和工作协作，试图通过合理有效的组织配合提高工作效率。弗雷德里克·泰勒认为，组织的核心问题是效率问题。要解决效率问题必须建立严格的规章制度，工作人员必须掌握标准化的工作方法。因此，他明确地提出在工厂管理上划分计划职能和执行职能，变经验工作方法为科学工作方法，第一次将管理从工厂沿袭已久的传统的职能不分的工作中分离出来。职能分工是弗雷德里克·泰勒的科学管理原则之一。从职能分工出发，弗雷德里克·泰勒又提出了命令统一原则和例外原则。命令统一原则的核心是一个工作人员只听从一个上级的命令，避免出现政出多门、多头指挥、工作人员无所适从的现象。例外原则是指高级管理者授权给下级管理人员承担日常的例行管理事务，而自己则保留处理重要事务或例外事务的决策权和监督权。弗雷德里克·泰勒的研究是从微观走向宏观的，他提出的这些管理原则不仅适用于工厂和企业，而且适用于包括政府在内的各种社会组织。此后，弗雷德里克·泰勒的追随者们明确提出了"效率第一"的口号，以他们的理论和实践丰富并发展了弗雷德里克·泰勒的科学管理思想。

法国管理学家亨利·法约尔与弗雷德里克·泰勒恰恰相反，他从宏观的角度来研究一般的行政管理。他虽然身为企业的高层领导者，但他的研究领域十分广泛，深入政府部门和军队。他认为管理理论是管理实践的灯塔，因此他十分注重管理理论的抽象，创立了一般行政管理体系。亨利·法约尔的重要贡献是他提出了管理五要素和14项管理原则。管理五要素即计划、组织、指挥、协调、控制。14项管理原则的具体内容包括：工作分工，以提高工作效率；权责相符，管理者应该有职有权，权力和责任必须相符；工作人员必须尊重和遵守纪律；统一命令，要求组织活动要在一位领导者领导下或一个计划指导下进行；统一指挥，要求一个工作人员只听从一个上级的命令；个人利益服从整体利益；对工作人员必须给予公平合理的报酬；要正确地处理集权与分权；等级制度原则；秩序原则；公平原则；人员稳定原则；首创精神原则；团结原则。同时，亨利·法约尔提出要与过多的官僚主义、形式主义和文牍主义做斗争。

马克斯·韦伯从纯理论研究出发，试图建立一种普遍适用的理想组织模型，即官僚制。马克斯·韦伯所使用的官僚一词在德文中并无贬义，与我们使用的"官僚"一词并不相同，它仅指一种组织结构或组织形态。在这里用官僚科层制这个概念。马克斯·韦伯的官僚科层制主张专业化原则、层级节制原则、职业化原则、法制原则、固定薪金原则、正式选拔任用原则、制度化而非人格化原则、奖惩原则和建立档案制度原则。

马克斯·韦伯认为，权力有三种，即传统的权力、魅力的权力和合理合法的权力。合理合法的权力才是官僚科层制的基础。官僚科层制这种组织理论和组织形式是权威主义行政的基础。尽管这种组织形式是为了提高效率而设计的，它本身却造成了组织效率的降低。马克斯·韦伯早已看到了官僚科层制的弊端，在知识经济快速发展的今天，信息技术的广泛使用和信息网络的建立对官僚科层制有较大的冲击，使它逐步有所改变，但目前仍然没有一种组织形式能够代替它。

科学管理时期的组织理论提出的统一命令、统一指挥、例外原则、职权相符、管理幅度与管理层次相适应、层级节制、职业化和法治化等对行政管理都有重大的影响。它强调规章制度和组织结构，强调组织的封闭性和静态研究。这些基本原则是以效率为中心的权威主义行政的基础。

二、行为科学时期的组织理论

行为主义学者把组织看作开放的社会性模式，把人当作社会人，重视人的社会心理需要，发展了科学管理时期的组织理论。这一时期的代表人物有乔治·埃尔顿·梅奥、切斯特·巴纳德和赫伯特·西蒙等。

（一）乔治·埃尔顿·梅奥的组织理论

乔治·埃尔顿·梅奥是澳大利亚籍美国心理学家和管理学家，是人际关系学派的创始人。他作为工程师和大学教授，为了提高工人的工作效率，曾进行了多年的实验，即著名的霍桑实验。通过实验，他逐步认识到科学管理时期组织理论的不足，在总结霍桑实验结果的基础上，他提出了三项组织理论。

1. 社会人理论

乔治·埃尔顿·梅奥指出，人并不是天生好逸恶劳的，人也不是经济人或经济动物，单纯为了追求金钱而活着。人除有金钱等物质需要外，还有社会方面和心理方面的需要，也就是说，人也是社会人。人要追求人与人之间的友谊，要有归属感、安全感和受到尊重等。因此，传统的科学管理和仅用金钱刺激并不能从根本上调动人的工作积极性、提高工作效率，只有满足人的社会需要和心理需要，才能从根本上解决工人出工不出力的问题。

2. 非正式组织理论

乔治·埃尔顿·梅奥指出，在企业中除了正式组织外还有非正式组织的存在。非正式组织没有正式的组织结构和规章制度，而是正式组织中的成员在长期的工作中，因有共同的爱好、习惯和感情自然而然逐步形成的非正式组织。这种非正式组织有自然形成的带头人和行为规范。非正式组织的每个成员必须服从领导并遵守约定俗成的规章制度，否则将受到不同方式的惩处。乔治·埃尔顿·梅奥指出，如果这种非正式组织的目标与正式组织的目标一致，就可以大幅度地提高正式组织的工作效率；如果非正式组织的目标与正式组织的目标相反，就会出现消极怠工现象，就会使正式组织缺乏效率。乔治·埃尔顿·梅奥指出，正确地对待和引导非正式组织是提高工作效率的重要保证。

3. 新型领导能力理论

领导者要通过满足人的社会需要和感情需要来激发下属的工作积极性，提高工作效率，这就需要领导者有成为新型领导者的能力。这种能力包括处理好人际关系的能力，满足组织成员社会需要和感情需要的能力。

（二）切斯特·巴纳德的组织理论

切斯特·巴纳德是美国著名的管理学家，曾任美国新泽西贝尔电话公司总经理。他不仅是行为科学时期的组织理论代表人物之一，也是系统科学时期社会系统学派的代表人物之一。他在行为科学时期提出了三项主要组织理论。

1. 权威接受理论

切斯特·巴纳德认为组织的权力是建立在下属愿意接受的基础之上的。领导者的权力的大小不是由领导者的职位高低决定的，而是由下属愿意接受领导权力程度的高低决定的。领导者的命令只有在被领导者愿意服从并愿意接受的条件下才是有效的，否则，领导者的权力再大，下属不愿意接受，领导者也等于没有权力。

2. 组织平衡理论

组织的外部平衡，取决于组织是否能实现组织目标，是否有效率，即个人的意愿能否得到满足。而组织的内部平衡取决于组织成员的贡献与个人需要的满足是否一致。如果组织不能满足个人的需要，个人就会停止做贡献。这样的组织是没有效率的。

3. 非正式组织理论

切斯特·巴纳德通过研究也发现了在正式组织中存在非正式组织的现象。他认为非正式组织是正式组织不可缺少的组成部分。非正式组织能够促进组织成员之间的意见交流，调节协作意愿，维护正式组织的团结，维护个人品德和自尊心；能够提高组织的效率与活力。

（三）赫伯特·西蒙的组织理论

赫伯特·西蒙在早期研究工作中，提出了组织是其成员层层决策、人人决策活动的分配与组合。他认为组织的所有活动都是决策活动，组织是扩大了的个人，是由有感情、有欲望的人组成的。组织的生存和发展，必须以组织对其成员的激励和诱因为条件。赫伯特·西蒙也是系统科学时期决策理论学派的代表人物之一。

行为科学时期的管理学家虽然以静态的组织作为研究对象，但是他们注意到了社会环境和心理因素对人和人的行为的影响，把人当作社会人予以研究，从而提出了人的需要受社会需要和心理需要的影响的理论，大大丰富了科学管理时期的组织理论。行为科学时期的组织理论是以人为中心的组织理论，它弥补了科学管理时期的组织理论过分强调组织结构和规章制度而不重视人的不足，但是它又过分强调搞好人际关系，把搞好人际关系作为组织的唯一目的，片面地强调满足人的社会需要和心理需要，从而忽视了组织结构和规章制度的重要作用，降低了专业化的要求，严重影响了工作效率。

三、新公共行政学时期的组织理论

新公共行政学时期的组织理论认为，传统的政治与行政二分法的任何痕迹都应该消灭掉，官僚体系并非仅仅在体系内部决定重要政策，公共组织还应该引导公众注意力，并在设定公共事务的议程方面扮演重要角色，同时帮助树立社会价值观。

新公共行政学认为传统的公共行政学有依附于效率原则的技术主义倾向，甚至把效率原则当作基本价值观。新公共行政学提出了许多替代与补充理论，其中社会公平是核心的概念。公平包括平等感和正义感，具体地说，公平的重点就是纠正社会价值和政治价值分配的不公正。

新公共行政学主张参与行政。一是主张公民参与。公民参与公共组织的政策制定过程，在追求能够代表各方面利益的政策和政策制定的过程中，机关工作人员与当事人团体的互动是非常重要的。二是主张在组织决策过程中，下层机关工作人员积极参与。从这个意义上说，新公共行政学具有民主行政的价值取向。

四、新公共管理时期的组织理论

新公共管理认为传统的公共行政机构过于庞大，人员过多，成本与收益分离，造成巨大的浪费。因此，新公共管理主张用企业管理方法和市场机制改造政府，主张建立能够精打细算、目光远大又敢于冒险的企业家政府。

首先，引入市场机制，主张进行竞争，以顾客为导向，建立提供公共服务的部门，让公众选择，提高公共服务质量。因此，必须进行分权，使组织结构呈扁平化，并对工作人员进行绩效管理。

其次，打破政府垄断公共服务的现象，采取民营化措施，弥补政府提供公共服务能力的不足。

最后，政府利用非营利组织的社会管理作用，弥补政府公共管理能力的不足。

第五节 西方公共组织理论的新发展

一、非营利组织

（一）非营利组织概述

1. 非营利组织的含义及分类

关于非营利组织的含义，学者们分歧较多，有的学者甚至认为非营利组织在发达国家和发展中国家有区别，也有共同点。非营利组织是指组织的设立和经营不是以营利为目的且净盈余不得分配，由志愿人员组成的实行自我管理的独立的公共或民间性质的组织团体。一般非营利组织又称"志愿组织""慈善组织""独立部门""非政府组织""基金会""民间组织""第三部门"和"非营利部门"等。

非营利组织有不同的分类，联合国将其分为三大类，即教育、健康与社会工作、其他社会与个人服务活动；欧盟将其分为五大类，即教育、研究发展、医疗健康、娱乐文化和其他公共服务。

2. 非营利组织的特点

非营利组织的特点包括组织性、非政府性、非营利性、自治性和志愿性。

（1）组织性。非营利组织有正式的组织机构，有明确的规章制度，有固定的工作人员，得到法律认可，具有法人资格。那种没有组织机构、没有规章制度、临时的民间组织，不能称为非营利组织。

（2）非政府性。非营利组织必须是民间志愿组织，它不是政府组建的，不是政府的组成部分，也不从属于政府部门，政府官员也不能出任非营利组织的领导者。

（3）非营利性。非营利组织必须不以营利为目的，经营所得不得进行分红和利润分配，应该用于实现非营利组织目标。

（4）自治性。非营利组织是独立自主管理的组织，它按照组织内部的规章制度自我管理，同时，有独立的决策权和执行权。

（5）志愿性。非营利组织的成员必须有一批志愿者，他们不是被迫提供服务的，而是自愿的。

（二）非营利组织在提供公共服务中的作用

非营利组织在提供公共服务中有如下作用：

（1）在制度建设方面有倡导作用。非营利组织不能制定法律和政策，但是它们可以推动和促进法律和政策的制定，可以及时反映广大公众的意见或建议，有利于政策制定的合理性。

（2）监督市场。非营利组织是由志愿者和民间人士组成的，因此它对市场的监督就更广泛、更有效，更能够代表广大消费者的利益，能更有力地维护消费者的利益。

（3）中介作用。非营利组织在经济领域起很大作用，可以在政府与市场之间进行协调，起中介作用。例如，行业协会的作用就是很大的，它能进行行业自律、维护竞争和行业管理等，而不是由政府进行直接管理。

（4）维护良好的社会价值。许多非营利组织都以社会弱势群体和边缘群体作为服务对象，恰恰能够弥补政府在这方面能力的不足，可以增进社会福利，促进社会公平，维护良好的社会价值。

（5）监督政府。非营利组织可以监督政府的公正、廉洁、效率和民主，监督政府官员的行政行为，监督政府的决策等。

（三）非营利组织对公共行政的作用

非营利组织对公共行政有如下作用：

（1）非营利组织是公共行政的外延与扩大，它可以弥补政府管理能力的不足。政府的能力毕竟是有限的，人力、财力、时间和政策供给的不足，使政府不可能对社会各个方面的事务进行有效的管理。非营利组织恰恰可以在这些方面弥补政府的不足。

（2）非营利组织重视公共价值，尤其是公平、民主、效能、廉洁和公共利益等公共价值。这些公共价值有时会被政府忽视，而非营利组织能够维护这些公共价值。

（3）非营利组织更强调公共服务，而不像传统的公共组织那样强调管理与管制。

（4）非营利组织更民主、更开放。非营利组织的特点是信息共享，组织分权化而非集权化，强调参与和对话、合作、创新。

（5）非营利组织参与机制的建立。

（四）政府对非营利组织的作用

政府对非营利组织有如下作用：

（1）补助。政府制定政策，对非营利组织给予一定的经费补助。

（2）减免税收。政府采取减税或免税的政策，鼓励企业向非营利组织捐款，如政府可以减免企业向非营利组织捐款的同等税额等。

（3）委托公共事务。政府向非营利组织委托一定的公共事务，以减轻政府的负担。

（4）法律管制。政府制定法律规范非营利组织的行为，加强管理。

（5）引导和监督。政府负责引导和监督非营利组织的行为，确保它的非营利性质。

非营利组织的缺陷是，它的民间性质限制了其不能提供某些公共物品和公共服务，如国家安全、公共安全和法律执行等；非营利组织也可能失效，造成公益不足。

二、学习型组织

（一）学习型组织的含义与特点

1. 学习型组织的含义

自从 1992 年美国麻省理工学院著名管理学家彼得·圣吉（Peter Senge）出版《第五项修炼——学习型组织的艺术与实践》以来，学习型组织已经风靡世界。不仅企业要建学习型企业，而且各行各业都在争相组建学习型组织，如学习型政府、学习型社区、学习型社会和学习型城市等。学习型组织的管理理念是 20 世纪 90 年代以来，在管理理论和管理实践中发展起来的崭新的管理理论，是符合 21 世纪发展特点和知识经济时代的组织模式。

学习型组织是指组织通过个体学习、团体学习和组织学习，结合工作不断学习、不断改变观念和不断创新的过程。

2. 学习型组织的特点

（1）学习型组织的首要目标是培养学习能力，使组织成员有接受新观念的开放性。在知识经济时代，公共组织必须通过不断学习来提升其知识基础和组织能力。

（2）学习型组织成员有共同愿景。组织的共同愿景来源于个人愿景但又高于个人愿景，将全体成员凝聚在一起。

（3）学习型组织善于不断学习。它包括全员学习、团体学习、全过程学习和终身学习。

（4）学习型组织善于自主管理。组织成员将工作和学习结合起来，边工作，边学习；自我发现问题、评估问题，提高了解决问题的能力。

（5）学习型组织的边界将重新界定。学习型组织的边界的界定建立在组织与外部环境的互动基础之上。

（二）学习型组织五项核心修炼

1. 第一项修炼：自我超越

自我超越是学习型组织的精神基础。自我超越既包括个人的自我超越，又包括组织的自我超越。自我超越就是向自我的极限挑战，实现内心深处最想实现的愿望。自我超越意味着终身学习。

2. 第二项修炼：改善心智模式

心智模式是指形成于个人心中的认识问题和解决问题的看法和思维方式。改善心智模式的前提是敢于面对自己，正视自己。它要求组织从传统的、局部的、静态的心智模式转变为互动的、动态变化的思考方式和心智模式。

3. 第三项修炼：建立共同愿景

将组织成员的个人愿景转化为共同愿景，共同愿景能够凝聚人心，鼓舞组织成员的士气。

4. 第四项修炼：团体学习

组织成员通过团体学习可以获得高于个人智力的团体智力，超越个人力量的团体力量。团体学习要求组织成员克服防备心理，超越自我，学会互相学习，形成共同的思维方式。

5. 第五项修炼：系统思考

系统思考是学习型组织的核心。系统思考是指用系统的观点、动态的观点、开放的观点和整体的观点看待事物，看待组织的生存与发展。系统思考作为一项创新技能，对前四项修炼有很大的影响。

本章小结

从广义上讲，公共组织是指一切不以营利为目的的实现公共利益的组织。在这里，公共组织是指政府。公共组织与私营组织有很大的区别。公共组织以实现公共利益为目标，而私营组织以盈利最大化为目标。公共组织的组织理论和组织结构是随着时代的发展而发展的。现代信息技术对传统公共组织的官僚制组织结构产生了很大的冲击，这是组织理论应该探讨的问题。

第六章 行政领导

内容要点

行政领导是指以国家行政机关及其各级领导人为主体的领导。行政领导为公共行政提供基本推动力。行政领导的性质、方式及其有效性，将直接影响公共行政的存在状况和发展前景。本章主要介绍行政领导的含义、特点、作用、行政领导者的类型与产生方式，行政领导的权力与责任，行政领导理论。

第一节 行政领导概述

一、行政领导与行政领导者的含义

所谓**行政领导**，是指在公共组织中经选举或任命而享有法定权威的领导个人或领导集体，其依法行使行政权力，运用各种方法和手段，有效地影响下属，以实现行政目标的行为过程。行政领导是在国家行政系统中进行的，从而使之有别于政治领导、企业领导和其他社会组织领导。行政领导过程本身也是一个社会组织系统。这个系统是由行政领导者、被领导者和行政领导环境有机组成的，三者缺一不可。

行政领导者是指在行政系统中有正式权威和正式职位的集体或个人。没有正式权威和正式职位的领导者不能被称为行政领导者，因为其没有行使权力的合法性。

行政领导者不仅包括政府的各级行政领导部门和职能部门，还包括政府各种部门的行政首长或负责人。他们是行政领导活动的发起者、指挥者、协调者和监督者，也是行政责任的承担者。

二、行政领导的特点

行政领导是国家公共行政活动中的领导活动，它既具有一般领导的共同特点，又有自身的特点。主要表现在：

（1）行政领导只是对"行政"的领导。在一定的公共行政环境中，为实现一定的行政目标，行政领导者依据法律，对纳入行政活动的被领导者进行指挥与统御，从而保证国家行政权力的行使，有效地为组织和管理国家行政事务进行决策、指挥、协调、控制、监督。

（2）从行政领导活动方式的特性上讲，行政领导的执行性是其显著特点。在我国，行政机关是权力机关的执行机关，因此，行政机关必须按照权力机关发出的指令工作。行政机关与权力机关的关系是：行政机关按照权力机关的合法指示，依法行政；根据权力机关的合法要求，迅速组织人力资源与物力资源，提高工作效率，必须高效快捷地实现权力机关的工作意志。

（3）从行政领导活动的社会属性看，行政领导具有鲜明的政治性。政府是为实现国家意志和人民利益而建立的公共组织；政府依照体现国家意志和人民利益的法律规定来进行活动，实行国家的政治统治职能。行政机关的使命是执行国家权力机关制定的法律、政策，实现政治统治职能。

三、行政领导的作用

行政领导在公共行政中起着举足轻重的作用。

（一）行政领导是对政治领导的贯彻执行

政治与行政是国家生活中两个最基本的功能。政治领导主要是政党和国家权力机关的活动，它通过制定路线、方针和政策，规定一个国家和社会的发展方向。行政领导则以推行政务为主要工作内容。与政治领导相比，行政领导主要是执行性的，它依据国家的法律，运用国家赋予的权力对国家事务、社会公共事务以及行政机关内部事务进行管理。离开了行政领导，政治领导也就无从实现。

（二）行政领导是公共行政协调统一的保证

公共行政是由许多组织和人员共同进行的管理活动，为保证行政活动的协调和统一，必须有统一的意志和指挥，这就需要行政领导。特别是现代公共行政，由于行政机关规模庞大，人员众多，组织之间和人员之间的冲突和矛盾时有发生，这就需要行政领导者通过行政领导进行协调。行政领导者通过制定各种活动程序来控制广大行政人员。同时，现代公共行政专业化分工导致各部门之间的利益、职能等各不相同，也需要通过行政领导加以整合，使行政人员能够通力合作。此外，行政领导在协调人际关系方面也发挥重要作用。

（三）行政领导贯穿公共行政的全过程

一般而言，行政领导是推动他人去做，借助他人的智慧和力量来表现，这符合管理的特征。因此，行政领导是一种具有管理性质的社会活动，公共行政过程与行政领导过程是交叉的。就具体过程而言，公共行政是通过各环节连接起来的链条，其中主要环节包括建立行政组织、选才用人、收集信息、确立目标、制订计划、组织实施、检查监督、调节完善等。这实质上是一个不断制定和执行政策的过程。"出主意""用干部"是行政领导者的根本职责。正是这两种领导职责构成了有效的公共行政活动，并贯穿公共行政活动过程的始终。

（四）行政领导对行政效能有决定性作用

公共行政的宗旨是提高行政效能，高质量、高效率地实现行政目标。行政效能包括社会效益和工作效率。从公共行政的社会效益看，效益的好坏直接取决于行政领导决策活动的好坏。决策正确，则能够产生良好的社会效益；决策失误，则社会效益难以保证，甚至产生不良的社会后果。从公共行政的工作效率看，工作效率也有赖于行政领导的组织、指挥活动。指挥有方，善于协调，控制得力，整体工作效率就高，行政决策也就能够得到迅速有力的执行。从一定意义上讲，行政领导是公共行政的关键，对公共行政的效能产生决定性影响。

四、行政领导者的类型与产生方式

（一）行政领导者的类型

1. 政务类行政领导者

在我国，政务类行政领导者是指从中央到地方各级人民政府的领导成员和组成人员。尽管中央政府和地方政府在地位和权力上有很大差异，但是，他们的产生方式是相同的，都是经过同级人民代表大会选举产生的，对国家或地区都负有政治责任，都是国家或地区的领导者，国家或地区各种社会公共事务的决策者、规划者与管理者，国家或地区的主要负责人与责任者，只有选举产生他们的立法机关才有罢免他们的权力。在这一点上，从中央到地方的各级政务类行政领导者都是相同的，因此，可以将他们划为同一种类型。

2. 行政类行政领导者

行政类行政领导者一般是由政务类行政领导者或人事组织部门任命而产生的领导者。他们不是一级政府的组成人员，也不负政治责任。他们或是协助政务类行政领导者处理具体行政事务，或是承担一个行政机构或基层行政机关的领导工作。他们不是一级政府的决策者和管理者，而是政策的执行者和具体行政事务的管理者。政务类行政领导者和人事组织部门有权免去他们的职务。

（二）行政领导者的产生方式

现在较为常见的行政领导者的产生方式有四种：选任制、委任制、考任制和聘任制。

1. 选任制

选任制是指通过直接或间接选举制度选举产生行政领导者的制度。直接选举制是由有选举权和被选举权的选民进行投票选举产生行政领导者的选举制度。一些国家全体选民直接选举国家领导人就属于这一类。间接选举制是由选民选举的代表投票选举产生行政领导者的选举制度。我国由人民代表大会代表投票选举产生政府领导者就属于这一类。《宪法》和《政府组织法》明确规定，从中央人民政府到县级人民政府以及政府领导成员，必须由同级同届的人民代表大会选举产生。选任制能代表民意，选举的结果具有较大的权威性和公正性。

2. 委任制

委任制也称任命制，是指由立法机关或其他任免机关经过考察而直接任命产生行政领导者的制度。委任制的优点是：权力集中，责任明确；指挥统一，不受牵制；行动迅速，简便易行。但为了防止任人唯亲和压制民主，在实行任命制的实际过程中，上级往往受到许多资格和手续方面的限制，并非能够随心所欲地行使任命权。我国政府的大多数行政领导者都是任命产生的，如国务院常务会议有权任命各部委领导者的副职，直属机关和办事机关的正、副职领导者；地方各级人民政府的综合部门和职能部门的秘书长、厅长、主任、局长等，由同级人民代表大会常务委员会根据政府领导人的提名予以任命。

3. 考任制

考任制是指由专门的机构根据统一的、客观的标准，按照公开考试、择优录取的程序产生行政领导者的制度。考任制源于我国古代的科举制，现已被世界各国所采用。考任制作为一种行政领导者的产生方式，越来越多地得到重视。因为现代公共行政的发展，越来越需要更多的具有不同知识和技能，通晓公共行政管理的人才。只有通过考试、考核才能准确地产生大批不同专业、符合不同智能要求的行政领导者。考任制的优点是：广开才路，吸引广大真才实学者前来报考；择优录取，在竞争基础上鉴别人才；公开平等，有效防止任人唯亲、仅凭领导者个人好恶决定晋升的弊端。

4. 聘任制

聘任制是指根据工作需要，通过签订合同的方式选用外部人员在一定的任期内担任一定的行政领导职务的制度。其一般适用于聘用社会上有名望的专家、学者和技术人员担任学术型的行政领导者职位。因为这些人一般拥有社会公认的成就，所以不需要再经过考试的环节。聘任制一般都有任期、任职目标、奖罚条件等具体规定。聘任制的优点是：能广纳贤才，解决本部门、本地区人才不足的问题；能促进人才的合理流动；有助于领导者能进能出，能上能下。

第二节 行政领导权力与责任

一、行政领导权力

（一）行政领导权力的概念

关于领导权力的概念，学者们并未形成统一的认识。总体上可以概括为如下观点。

（1）领导权力是决策权。哈罗德·拉斯韦尔（Harold Lasswell）在《权力与社会》中就持有这种观点。他指出，决策是涉及严厉制裁的政策，领导权力就是参与决策。制裁把权力同一般意义上的影响力区别开来，权力是借助制裁那些背离政策的行为来影响他人的决策过程。哈罗德·拉斯韦尔在这里十分明确地指出，领导权力是一个决策过程。决策是为了政策的推行，并以制裁为手段规范那些违背政策的行为。这个决策过程能够使其他人自觉地执行政策。因此，他把领导权力定义为领导决策。

（2）领导权力是一种能力。马克斯·韦伯认为，领导权力是把一个人的意志强加在其他人的行为之上的能力，是一个人或一些人不顾其他人的反对甚至反抗而实现自己意志的能力。政治学家汉斯·摩根索（Hans Morgenthau）认为，领导权力是指人们对其他人的思想和行为施加影响和进行控制的能力。

（3）领导权力是一种关系。按照《不列颠简明百科全书》中的定义，权力是"一个人或许多人的行为使另一个人或其他许多人的行为发生改变的一种关系"。

（4）领导权力是一种支配力量。持这种观点的学者把领导权力看作起控制作用和强制作用的支配力量。比如，保罗·赫希（Paul Hirsch）认为，领导权力是把自己的意志强加于各种人和物的支配力量。

行政领导权力是指行政领导者在行政管理活动中，利用其合法地位以不同的激励方式和制约方式，引导下属同心协力达成行政目标的影响力。

（二）行政领导权力的构成

根据权力的性质不同，行政领导权力可分为强制性影响力和非强制性影响力。

1. 强制性影响力

强制性影响力是从合法的权力中产生的，因此具有强制性和威胁性。它使人在心理上有一种不得不服从、不能抗拒的感觉。强制性影响力包括以下因素：

（1）职位因素。行政领导者的职位是强制性影响力的主要构成因素，行政领导职位是衡量领导者在政府中权力大小与地位高低的尺度。职位越高，在政府中的地位就越高，权力也就越大。尤其把权力作为主要价值观的国家，更看重这方面。职位所造成的影响力是由领导者的合法地位决定的，任何人拥有这种合法地位都有这种影响力，它与组织有关，与个人无关。这是职位给予领导者的一种外在强制性的力量，为领导者行使权力和权威提供了客观条件。

（2）资历因素。资历是指一个人的资格和经历。行政领导者的资历是指行政领导者的资格和经历。资格和经历是密不可分的，没有一定的经历就没有资格可言。领导者的资历是指领导者曾经担任过的领导职务和所从事的工作的资格和经历。如果一个领导者担任过许多重要的领导职务，而且其领导有方，成绩卓著，是一位成功的领导者，人们就愿意服从他的领导。人们敬重他，畏惧他，在心理上有一种不得不服从、无法抗拒的感觉。资历与领导者的职位有关，它所产生的影响力也是强制性的，因此，也是强制性影响力。

（3）传统观念因素。传统观念作为领导权力的价值支持是不容忽视的。在任何社会中，传统和习惯都是稳定的文化和力量，甚至没有什么力量可以改变它。因此，人们对权力的传统观念在社会中起着真正的作用，而且没有哪个组织或哪个人能够摆脱得了。这是文化的约束，而不是个人的好恶。传统上人们认为，当官者地位高、权力大、能力强，必须服从他。不服从他，就会受到惩罚；服从他，就会得到奖赏。权力的传统观念可以加强领导者的影响力，这种力量也是具有强制性的，因此，它也属于强制性影响力的范畴。

2. 非强制性影响力

非强制性影响力也称自然性影响力。它不是从合法的权力和职位中产生的，对领导对象没有强制性的约束力，也不能使用惩罚和奖励的手段。被领导者服从领导者从不得不服从变为愿意服从，甚至是心甘情愿追随领导者。非强制性影响力的产生是很复杂的，主要包括以下几个因素：

（1）品格因素。品格因素是领导者非强制性影响力的重要构成因素。它涉及领导者的道德情操、品行作风等个人修养问题，涉及个人人格。对领导者品格的高要求在我国有悠久的历史传统。我国几千年的行政管理史，从一定意义上讲，是道德行政或人格行政的历史。我国古代所宣扬的"修身、齐家、治国、平天下"的核心对领导者个人品格提出了较高的要求。它要求领导者要有较高的道德修养，讲究领导者自律。领导者道德品质高尚、大公无私、高风亮节，就能够吸引人，产生组织凝聚力；就能够不言而教，不令而行，以德服人，身教胜于言教。领导者应当十分注意自身的道德修养，这样才能加强其非强制性影响力。

（2）能力因素。领导者的能力高低是一个组织或一项管理活动成败的关键。所谓"人存政举，人亡政息"就足以说明有能力的领导者的重要性。我国古人认为为政之要，贵在得人。这固然是对我国道德行政的历史传统的核心内容的十分精辟的表述，但是也从侧面说明了有能力的领导者所起的决定性作用。我们今天并不认为个人能够决定历史发展的命运，而是更相信制度的作用，但是，我们也不能否认领导者的个人作用。领导者能力强、办法多，在他的领导下工作有成就，事业有成，人们对他有敬佩感，愿意跟随他一起工作，这就能够加强领导者的影响力。

（3）专业因素。领导者必须具备专业素质，这是卓有成效地进行领导的必要条件。领导者仅掌握领导艺术是不够的，不精通业务就不可能进行科学的决策和有效的领导，就缺少发言权。专业有长，本身就是一种权力，称为专家权或专长权力。领导者如果没有专家权，就会大权旁落。如果领导者在某方面是专家，人们对他就会有十足的信心，对他的领导就会心悦诚服，其影响力不言自明。

（4）感情因素。人是有感情的高级动物。领导者与被领导者之间除命令与服从的工作关系外，还有一种人际关系。领导者与被领导者之间有权力距离，这种权力距离也是一种心理距离。它使被领导者对领导者往往采取敬而远之的态度。如果领导者和蔼可亲，平易近人，无形中就缩短了这种心理距离，使被领导者有一种亲切感和归属感，这种影响力是其他各种影响力不能相比的。它是形成组织凝聚力的重要因素，会使领导者像磁石般吸引他的下属。

行政领导者拥有强制性影响力，这是其开展领导工作的基础。但是，有了合法的正式权力，领导并不一定有效。领导者只有同时拥有强制性影响力和非强制性影响力，才能使领导有效。当然，在现实生活中，确实有不考虑非强制性影响力的领导者，他们往往用合法权力进行专制式的领导。不能说这种领导方式是无效的，但其有效性十分有限。尤其是在民主意识很强的当今社会，更不能将其作为一种有效的领导方式加以运用。即使有合法权力，如果没有亲和力，这样的领导者也不能被称为好的领导者。

（三）行政领导权力的来源

行政领导权力的来源，就是指领导者的权力是谁给予的。认识这一点十分重要，只有认识到了这一点，领导者才知道应该对谁负责。从本质上讲，领导权力来源于人民。人民通过宪法和立法机关或通过选举的方式，把自己的权力赋予领导集团行使。认识到这一点，对领导者廉洁自律、慎重用权、确保权力的合法性十分重要。

通过对行政权力现象及其作用进行考察，我们可以发现，行政领导权力的来源主要有以下几种。

1. 合法权力

合法权力也称法定权力，是指领导者在行政组织中所具有的法律地位。这种法律地位是以有关法律制度和组织内的规章制度的合理合法授权为保证的，不是私授的权力。这种法律地位是官僚制组织层级节制的前提。只要领导者合法地拥有领导权力，他们就有了领导、命令和指挥下属的影响力。下属必须服从领导，服从命令，听从指挥。如果下属不服从甚至对抗领导者的领导、命令与指挥，就应该受到不同方式的惩罚。这就是合法权力的作用。服从领导者的领导、命令与指挥，不是服从领导者个人，而是服从其法律地位。这是任何大型组织，包括政党、军队、教会、公司、学校等必须实行的一种组织原则。在现代社会，行政领导者的领导权力是按照有关法律和组织规章制度，通过考试、选举、委任和聘任获得的，而且这些法律和组织规章制度对获得合法权力领导者的资格条件有明确的规定。这就更加强了权力的合法性和不可抗拒的服从性。

2. 奖惩权力

奖惩权力是领导者权力的重要来源，它产生于合法权力。只要有合法权力的领导者，就有这种权力。奖惩权是指奖励权和惩罚权。奖励权是领导者对那些认同组织目标与组织价值，努力工作并且取得优异成绩的组织成员，进行功利性奖励与符号性奖励以及功利—符号性奖励。惩罚权是领导者对那些违背组织目标，偏离组织价值，破坏组织原则，不服从甚至对抗领导的组织成员进行必要的惩罚，主要是符号性处罚，直至撤职开除。奖励与惩罚是矛盾的，也是统一的。两者是围绕组织目标、组织价值、组织原则进行的正激励和负激励，目的都是维护和加强领导权力，调动下属的工作积极性和主动性。我国历来要求领导者恩威并重，宽严相济。领导者应当善于运用奖励和惩罚。奖励一个人从而能够激励大多数人时则奖，惩罚一个人从而能够规范大多数人的行为时则罚。如果奖罚及时，奖应奖之人，罚应罚之过，恰到好处，奖罚就能起到激励作用。如果奖不当奖之人，罚不当罚之过，有失公正，奖罚就起不到激励作用。应当指出的是，领导者应当尽量少用惩罚权，惩罚太多，组织内部会有一种恐惧的气氛，不利于组织的生存与发展。

3. 专业知识权

专业知识权又称专家权。知识也是一种使人服从的力量。现代科学发展和社会进步，使公共组织具有专业化的鲜明特色。行政机关的领导者，一方面，必须经常接受专家的建议，以弥补自己专业知识的不足；另一方面，也要具备必要的专业知识和广泛的社会知识，这样才能有效地对下属实施领导行为。如果领导者欠缺必备的知识，就难以对某些问题做出正确的裁决，从而不能使下属信服，从这个意义上说，知识就是权力。所以，有些学者认为，人们之所以接受一个人成为他们的领导者，首先是因为承认领导者确有专长，他们对这个人有信心，愿意接受其领导。所以，超群的智慧、渊博的学识与丰富的经验，都是领导者领导的基础。

4. 归属权

归属权又称关系的权力，是指公共组织中领导者与下属之间，由于下属对领导者的认同或敬慕而服从领导。这种服从基于领导者具有的人格、才能及领导者对待下属的态度。当领导者具有品德高尚、风度不凡、平易近人的长处，而足以让下属信服与敬重时，下属就会对领导者产生一种认同感，以领导者为中心，愿意服从其领导，这种认同感也是行政领导权力的一种来源。

二、行政领导责任

（一）行政领导责任的含义

行政领导责任是指行政领导者违反其法定的义务所引起的必须承担的法律后果。

行政领导责任和行政职位、行政职权是统一的。首先，行政领导者要有行政职位，即行政领导者在国家行政机关所处的法律地位和担任的行政领导职务，这是行政领导者行使职权、履行责任的前提。其次，行政领导者要有行政职权，即来自行政职位的权力，它是行政职位所具有的一种由法律规定的权力，是行政领导者履行责任的必要依据。最后，行政领导者要履行行政领导责任，即行政领导者在国家行政机关中处于一定的职位，具有一定的职权，就要承担国家所委托的一定的工作任务，并对国家负有责任。这就是行政领导者的行政领导责任。

作为领导者，责任是第一位的，权力是第二位的；权力是尽责的手段，责任才是行政领导者的真正属性。行政领导者绝不仅仅是掌权者、管人者，而首先要对自己的本职工作负责，忠实于自己的责任，以工作成绩和贡献表明自己的责任心，表明自己能够胜任工作，否则，就不是一个称职的行政领导者。行政领导者履行责任，完成工作任务，也是其应当承担的对国家的一种义务。对渎职、失职和不称职的行政领导者，国家要追究其责任，并做出必要的处理，从而使行政领导者树立起责任观念。

（二）行政领导责任的类型

行政领导责任分为政治责任、法律责任、行政责任和道德责任。

1. 政治责任

政治责任一般是由直接或间接选举的行政首长对国家宪法和立法机关以及对公众所负的责任。在社会主义国家，行政领导的政治责任就是要对国家和人民负责，正如毛泽东同志所说："我们的责任，是向人民负责。每句话，每个行动，每项政策，都要适合人民的利益，如果有了错误，定要改正，这就叫向人民负责。"[①] 在我国，各级政府和领导

---

① 毛泽东. 毛泽东选集（第四卷）. 北京：人民出版社，1991：1128.

者有巩固和维护社会主义政治制度、法律制度和社会主义宪法的重要责任，应该确保国家安全、社会稳定，社会秩序良好，人民群众的生命和财产有保障。对那些破坏国家政治制度和法律制度的活动，对那些破坏宪法的行为，对那些危害社会稳定和社会秩序以及危及人民群众生命与财产安全的行为，必须进行坚决的斗争，予以严厉的打击。那些不能履行政治责任的政府官员，将受到立法机关和授权机关的追究。在西方国家，往往由议会通过不信任案或进行弹劾，责任者往往也会主动辞职，有时甚至是内阁总辞职。

2. 法律责任

法律责任是指行政领导者在执行公务时违背或触犯有关法律所形成的责任，根据所造成的后果轻重不同，受到法律不同程度的处罚与制裁。法律责任是行政主体与管理对象发生的法律关系。它产生行政法律责任，这种法律责任是行政主体在处理公务时与公众发生的法律纠纷，必须由审判机关介入予以解决。如果发生了人身伤害和造成财产和其他损失，则构成了民事责任；严重者，则构成刑事责任。对负法律责任的行政主体的处分，一般由审判机关裁定，如经济赔偿，给予行政处分，严重者被判刑。

3. 行政责任

行政责任是指行政领导者在处理公务时，违背法律和行政法规的规定所形成的责任。行政责任是一种管理责任，也就是说，这是行政机关和行政工作人员依照有关法律和行政法规规定必须履行的职责，而且必须按照有关规定进行管理。如果不履行职责或违背有关规定，就构成了行政责任，应受到行政处分。

4. 道德责任

行政领导者在行政管理活动中，必须恪守行政道德和社会道德。如果违背了行政道德和社会道德，将受到处分。道德行为就是合法性和公正性的行为，行政道德是行政工作人员的行为规范和行为准则。忠于政府、维护政府的声誉、忠于职守是行政道德的核心内容。一个高效的政府必然是一个具有高道德水准的政府。行政领导者不仅应该模范地遵守行政道德，而且必须模范地遵守社会道德。行政领导者的道德品质对政府的合法性的影响是很大的，对良好的社会风气的形成有重要作用。官场的风气影响并引导社会风气的形成，可以说，有什么样的官场风气，就必然会形成什么样的社会风气。行政领导者如果违背了行政道德和社会道德，则要依照有关规定，按照情节轻重，给予其不同的行政处分，直至开除；情节特别恶劣者，要将其绳之以法。

03 第三节 行政领导理论

进入20世纪以来，领导理论得到了迅速的发展，各国学者针对领导行为进行了大量的研究，提出了各种各样的领导理论，这对于我们研究行政领导有很大的启发。尽管这些领导理论千差万别，但目的都是探究如何造就有效的领导者。

一、领导特质理论

领导特质理论着重研究领导者的人格特质，以便发现、培养和任用合格的领导者。19世纪末20世纪初，随着管理学和心理学等学科的产生和发展，学术界对领导特质进行了较系统、科学的探讨，陆续提出了各种各样的领导特质理论。

美国学者安德鲁·西拉季（Andrew Silagyi）和马克·华莱士（Marc Wallace）提出领导者的六种特质理论，认为领导者应具有身体特点、社会背景、智力、个性、任务定向和社会技能六个方面的特质。美国管理协会调查发现，成功的管理人员一般具有以下20种能力：工作效率高；有主动进取精神，总想不断改进工作；逻辑思维能力强；富有创造精神；有很强的判断能力；有较强的自信心；能帮助别人提高工作能力；能以自己的行动影响别人；善于用权；善于激发别人的积极性；善于利用谈心做工作；热情地关心别人；能使别人积极而又乐观地工作；能实行集体领导；能自我克制；能自行做出决策；能客观地听取各方面的意见；对自己有正确的评估，能以他人之长补己之短；勤俭艰苦，具有灵活性；具有技术和管理方面的知识。

领导特质理论侧重比较领导者与被领导者、高层领导者与基层领导者、成功的领导者与不成功的领导者之间的个体差异，试图确定成功的领导者具有什么样的人格特质，也就是确定具有什么样特性的人适合做领导者，进而在此基础上确定进行什么样的训练能够培养出胜任领导工作的人。但是，大量研究使我们得出这样的结论：具备某些特质确实能提高领导者成功的可能性，但没有一种特质是领导者成功的保证。为什么领导特质理论在解释领导行为方面并不成功？原因有四个[1]：一是它忽视了下属的需要；二是它没有指明各种特质之间的相对重要性；三是它没有对因和果进行区分（如到底是领导者的自信导致了成功，还是领导者的成功帮助其建立了自信）；四是它忽视了情境因素。这些方面的欠缺使研究者的注意力转向其他方向。从20世纪40年代开始，领导特质理论就已不再占主导地位了。

二、领导行为理论

领导行为理论主要研究领导者在领导过程中的具体行为以及不同的领导行为对下属的影响，以期寻求最佳的领导行为。研究领导行为理论的侧重点在于确定领导者应具有什么样的领导行为以及哪一种领导行为的效果最好。较有代表性的领导行为理论

---

[1] 罗宾斯. 组织行为学. 7版. 孙健敏，译. 北京：中国人民大学出版社，1997.

有以下几种。

（一）四分图理论

1945年，美国俄亥俄州立大学教授拉尔夫·斯多基尔（Ralph Stogdill）和卡罗尔·沙特尔（Carroll Shartle）在调查研究的基础上把领导行为归纳为"抓组织"和"关心人"两大类。"抓组织"强调以工作为中心，是指领导者以完成工作任务为目的，为此领导者只关注工作是否有效地完成，只重视组织设计、职权关系、工作效率，而忽视下属本身的问题，对下属实行严密的监督控制。"关心人"强调以人为中心，是指领导者强调建立其与下属之间的互相尊重、互相信任的关系，倾听下属的意见和关心下属。调查结果表明，"抓组织"和"关心人"这两类领导行为在同一个领导者身上有时一致，有时并不一致。因此，他们认为领导行为是两类行为的具体结合，分为四种情况，用两度空间的四分图来表示。低关心人、高组织的领导者，最关心的是工作任务；高关心人、低组织的领导者大多数较为关心领导者与下属之间的合作，重视互相信任和互相尊重的气氛；低关心人、低组织的领导者对组织和对人都漠不关心，一般来说，这种领导方式效果较差；高关心人、高组织的领导者对工作和对人都较为关心，一般来说，这种领导方式效果较好。

（二）领导方格图理论

在四分图理论的基础上，罗伯特·布莱克（Robert Blake）和简·莫顿（Jane Mouton）于1964年提出了领导方格图理论。横坐标表示领导者对工作的关心程度，纵坐标表示领导者对人的关心程度。在坐标图上由1到9划分为9个格，作为标尺。整个方格共81个小方格。每个小方格表示"关心工作"和"关心人"这两个基本因素相结合的一种领导类型，并分别在图的四角和正中确定5种典型类型：(1，1)型是贫乏型领导，领导者对人和对事都不够关心。这是最低能的领导方式，其结果必然导致失败。(1，9)型是乡村俱乐部型领导，领导者只关心人而不关心工作，对下属一味迁就，做老好人，这种类型也称为逍遥型领导。(9，1)型是任务型领导，领导者高度关心工作及其效率而不关心人，只准下属服从，不让其发挥才智和进取精神。(5，5)型是中间型领导，领导者对人的关心度和对工作的关心度保持中间状态，甘居中游，只图维持一般的工作效率与士气，安于现状，不能促使下属发挥创造革新精神。(9，9)型是协调型领导，领导者既关心工作又关心人，通过协调和综合各种活动促进工作的开展，领导者会鼓舞士气，使大家和谐相处，发扬集体精神。这种领导方式效率最高，必然可以取得卓越的成就。

（三）领导系统模式

美国密歇根大学教授伦西斯·利克特（Rensis Likert）经过长期研究，于1961年提出领导系统模式。这一理论将领导方式归结为四种体制：①专制独裁式，领导者做决定，命令下属执行，并规定严格的工作标准和方法，下属如果达不到规定的目标，就要受惩罚；②温和独裁式，权力控制在最高一级，领导者发号施令，但让下属有评议的自由，并授予下属部分权力，执行任务稍有灵活性；③协商式，重要问题的决定权在最高一级，领导者对下属有一定的信任度，中下级在次要的问题上有时也有决定权；④参与式民主，由群众制定目标，上下级处于平等地位，有问题民主协商和讨论，由最高级领导做最后决定。伦西斯·利克特认为，单靠奖金调动员工积极性的传统管理形式过时了，只有依靠民主管理，才能充分发挥人的潜力和智慧，而独裁式管理永远达不到参与式管理所能达到的生产水平和员工对工作的满足感。

除此之外，PM型领导模式、领导作风理论也是较有代表性的领导行为理论。

三、领导权变理论

"权变"一词有"随具体情境而变"或"依具体情况而定"的意思。领导权变理论主要研究与领导行为有关的情境因素对领导效力的潜在影响。该理论认为，在不同的情境中，不同的领导行为有不同的效果，所以又被称为领导情境理论。领导权变理论主要有下列几种。

（一）领导行为连续带模式

领导行为连续带模式是行为科学家罗伯特·坦南鲍姆（Robert Tannenbaum）和沃伦·施密特（Warren Schmidt）于1958年提出的。他们认为，在独裁和民主两个极端之间存在一系列的领导行为方式，构成一个连续带。领导方式不可能固定不变，而是随着环境因素的变化而变化。领导方式不是机械地只从独裁和民主两方面进行选择，而是按照客观需要将二者结合起来运用。领导行为连续带模式表示一系列民主程度不同的领导方式。有效的领导方式就是能在特定的条件下选择所需要的领导行为。领导者在选择其领导方式时，应考虑自身的能力和下属的能力。如果领导者认为下属有才干，则选择较为民主的领导方式；反之，则选择强制性的领导方式。

（二）有效领导的权变模式

1967年，美国华盛顿大学教授弗雷德·菲德勒（Fred Fiedler）经过15年的调查研究，提出了"有效领导的权变模式"。他将与领导有关的情境因素分为三种：领导—成员关系、任务结构和职位权力。每一种因素分别有好坏、有无、强弱两个不同方面。根据这三种情境因素六个方面的不同组合，弗雷德·菲德勒把领导者所处的环境从最有利到最不利分成八种类型。他认为，三个情境条件齐备，即领导—成员关系良好、有任务结构（工作任务明确）、职位权力强，这是最有利的领导环境；三者中有一项或两项具备是一般的领导环境；三者都缺乏的是最不利的领导环境。这一模式指出，要提高领导的有效性，或者改变领导方式，或者改变领导者所处的环境。在环境最好或最坏的条件下，应该选择以关心工作任务为中心的领导者；否则，应该选择以关心人为中心的领导者。

（三）通路—目标模式

通路—目标模式最早由加拿大多伦多大学教授 M. G. 埃文斯（M. G. Evans）于 1968 年提出，其同事罗伯特·豪斯（Robert House）于 1971 年做了扩充和发展。该模式的基本要点是要求领导者阐明对下属工作任务的要求，帮助下属排除实现目标的障碍，使之能顺利达到目标；在实现目标的过程中满足下属的需要，为其提供成长发展的机会。领导者在这两方面发挥的作用越大，越能提高下属对目标价值的认识，激发其积极性。通过实验，罗伯特·豪斯认为，"高工作"和"高关系"的组合，不一定是有效的领导方式，还应考虑情境因素。哪一种领导方式可带来最好的下属表现或结果，取决于下属的个性特点（如领悟能力、受教育程度、对成就的需求、对独立的需求、愿意承担责任的程度等）和环境因素（工作性质、权力结构、工作小组情况等）两个方面，也就是说，领导者应根据不同的情境因素确定激励或促进下属工作的最有效的领导方式。为此，罗伯特·豪斯提出了指令型、支持型、参与型、成就型四种领导方式，以供同一领导者在不同的情境下选择使用。

（四）领导—参与模型

1973 年，美国行为学家维克托·弗鲁姆（Victor Vroom）和菲利普·耶顿（Phillip Yetton）运用决策树的形式试图说明在何种情境中、在什么程度上让下属参与决策的领导行为。他们在领导者单独决策和接受集体意见决策之间按照征求和接受下属意见的程度划分出五种不同的领导方式，并以提问的形式按照信息来源、下属接受和执行决策的不同情况划分出八种情境因素，让领导者利用肯定、否定式的决策树选择方法，依次从对这八种情境因素的判断中找出最佳的领导方式。该模型提出的五种领导方式是：①领导者运用手头现有资料，自己做决策。②领导者从下属得到必需的情报资料，然后自己做决定；在向下属要资料时，可能会向他们说明问题，也可能不说明。下属只是向领导者提供必要的资料，并不提供或评价解决问题的方案。③领导者以个别接触的方式，让下属知道问题，取得他们的意见或建议，随后领导者做出决策。决策可以反映下属的意见，也可以不反映。④领导者让下属集体了解问题，集体提出意见或建议，随后领导者做出决策。决策可以反映下属的意见，也可以不反映。⑤领导者让下属集体知道问题，并一起提出和评价可供选择的方案，争取获得解决问题的一致意见。

（五）不成熟—成熟理论

美国学者克里斯·阿吉里斯（Chris Argyris）认为，一个人由不成熟转变为成熟的过程，会发生七个方面的变化：从被动到主动；从依赖到独立；从少量的行为到能做多种行为；从错误而浅薄的兴趣到较深而较强的兴趣；从时间知觉性短到时间知觉性较长（过去与未来）；从附属的地位到同等或优越的地位；从不明白自我到明白自我、控制自我。他认为，由不成熟到成熟的变化是持续的、循序渐进的，一般人都是随着年龄的变化，生理不断变化，心理也由不成熟日趋变得成熟。因此，领导者应针对下属不同的成熟程度分别指导，对那些心理不成熟或心智迟钝的人，应使用传统的领导方式；对比较成熟的人，应该扩大其个人责任，创造一个有利于其发挥才能和有助于其成长发展的社会环境。

（六）领导生命周期理论

领导生命周期理论也称领导寿命循环理论，是由美国心理学家 A. 科曼（A. Korman）于 1966 年提出的，后由保罗·赫塞（Paul Hersey）和肯·布兰佳（Kenneth Blanchard）发展为情境领导理论。领导生命周期理论将四分图理论和不成熟—成熟理论结合起来，创造了三维空间的领导模型。该理论认为，有效的领导行为应该把工作行为、关系行为和被领导者的成熟程度结合起来考虑。所谓被领导者的成熟程度，是指被领导者完成某一具体任务的能力和意愿的程度。该理论将领导行为的两个维度（任务行为和关系行为）的高低分别组合，形成了四种具体的领导风格：①指示（高任务—低关系）。领导者告诉下属干什么、怎么干以及何时何地去干，强调指导性行为。②推销（高任务—高关系）。领导者同时具有指导性行为与支持性行为。③参与（低任务—高关系）。领导者与下属共同决策，领导者的主要任务是提供便利条件与沟通。④授权（低任务—低关系）。领导者提供极少的指导或支持。这一理论提出，要针对下属的成熟度采取不同的领导风格：当下属既无能力又不情愿执行某任务时，领导者宜采取指示方式；当下属有工作的积极性但缺乏足够的技能时，领导者需要采取高任务—高关系的推销行为，高任务行为能弥补下属能力的欠缺，高关系行为则试图使下属领会领导者的意图；当下属有能力但不愿意做领导者希望其做的工作时，领导者需要处理好与下属的关系，让下属参与决策，以激励下属的工作积极性；一旦下属成熟度较高，即下属有能力而且愿意做好领导者交付的工作，领导者则不必多加干预，只要大胆授权，把决策和执行的责任授权给下属就可以了。

四、变革型领导理论

（一）巴纳德·巴斯的变革型领导理论

近年来，西方一些大型公司在很短的时间内进行了比较成功的变革。人们开始重新审视对领导理论的研究，从注重领导行为的研究又开始转向对组织有突出影响的个体的研究。这些个体可以称为个人魅力型领导或变革型领导。巴纳德·巴斯（Bernard Bass）在研究变革型领导时，把变革型领导行为与交易型领导行为进行了比较。交易型领导者能够确定下属如何做才能实现组织目标和个人目标。这种领导者能够了解下属的需求，并且能够帮助下属树立实现组织目标和个人目标的信心。变革型领导者强调的是对自身和工作价值的重要性的认识，强调献身精神和超越自我。领导者运用敏锐的洞察力激励下属，能够把组织成员的需要提到较高的层次，在组织中有非常大的影响。变革型领导理论又称魅力型领导理论。

巴纳德·巴斯认为目前的领导理论都是交易型领导理论，这些领导理论是有意义和有价值的。但是，如果领导者要使其领导行为更有效，更具影响力和冲击力，就必须用个人魅力和远见卓识来鼓舞下属。

（二）罗伯特·豪斯的个人魅力型领导理论

罗伯特·豪斯对个人魅力型领导理论的研究颇有影响。罗伯特·豪斯认为，个人魅力型领导者有极强的自信心、支配欲，下属对其道德的公正深信不疑；有较高的目标，能够超越自我。因此，个人魅力型领导者具有很强的感召力，这种感召力能够得到下属的追随和拥戴。他们愿意奉献，愿意承诺并承担更大的责任。领导者精心地为自己创造出一个成功者和实现自己人生价值的高大而光辉的形象，以激励下属为实现更高的目标而努力工作。

罗伯特·豪斯认为，个人魅力型领导者虽然有能够激发下属甘于奉献、勇于牺牲的能力，但是不能保证他们为之奋斗的事业是正义的。他认为，希特勒虽然是一位个人魅力型领导者，但是他和他的追随者给人类造成了巨大的灾难。

本章小结

行政领导在行政管理中起着举足轻重的作用。行政领导者可以划分为两种类型：政务类行政领导者和行政类行政领导者。较为常见的行政领导产生方式有四种：选任制、委任制、考任制和聘任制。根据权力的性质不同，行政领导权力分为强制性影响力和非强制性影响力。行政领导责任包括政治责任、法律责任、行政责任和道德责任。

第七章 人事行政

内容要点

科学的人事行政制度为公共行政提供有力的人才保障。因此，各国政府都致力于建设与本国政治制度、经济制度和行政体制相适应的人事行政制度，强调人事行政的科学化和法治化，这就形成了国家公务员制度。近年来，人力资源新观念逐渐被引入公共行政领域，公共部门的人力资源开发与管理也就成了公共行政的研究热点之一。本章主要介绍人事行政的含义、特点、原则和人事行政机关，人力资源的含义与特点，人力资源管理的作用和国家公务员制度。

01 第一节 人事行政概述

一、人事行政的含义

人事是指在一切社会活动中的人与事、人与人、人与组织之间的关系。管理学意义上的"人事"，主要是指人们在工作中所形成的人与事、人与人之间的关系，也就是我们通常意义上所讲的人事关系。

人事行政主要是指政府部门的人事管理。我们在理解人事行政的含义时，需把握以下要点：

（1）人事行政为履行公共行政职能，实现各种组织目标和社会目标提供了重要的保障。人事行政是公共组织赖以活动的基本条件。人事行政在国家行政人员的管理和行政队伍的建设方面发挥着十分重要的作用。

（2）人事行政的管理主体是国家人事行政机关。人事行政机关是具体执行人事行政制度的行政机关，它向行政首长提供有关人事工作的建议及各种人事信息。人事行政机关虽然有一定的决策权，但重要的人事决策权属于行政首长，它协助行政首长协调和科学合理地安排各部门的人力资源。人事行政机关是协调机关而不是决策机关，以协调方式开展工作而不采取命令的方式。

（3）人事行政是法治化和制度化的人事管理。人事行政法治化是公共行政法治化的组成部分。人事行政法治化使公共行政用人有章可循、有法可依。

（4）人事行政的管理对象是行政工作人员。人事行政有其特定的规范对象和管理领域，即公共行政机关的各级各类国家公务员，选择适当的人员，将其安排在适当的岗位上是人事行政的基本工作任务。人事行政按照国家制定的一套行之有效的法律、法规、政策和规章制度，对国家公务员进行规范的管理。

二、人事行政的特点

（一）法治化

法治化是现代民主国家推行法治行政的必然结果。根据法治行政原则，人事行政必须符合宪法精神，并以法律和法规为依据。它包括国家公务员的法定地位、法定关系、依法行政、程序法定和法律责任。

（二）专业化

专业化源于现代政府行政事务的复杂化、多样化和规范化的趋势，为此，政府管理体制必须相应地部门化，政府行政人员也必须实现专业化。它包括国家公务员职业专业化、人事行政理论专业化、人事行政机构专业化、人事管理方法专业化。

（三）职业化

职业化即国家公务员职业的终身制或永业制。终身任职是现代国家公务员的一项基本权利。这种权利的必要性首先来自稳定行政人员队伍的需要，其次来自吸收优秀人才为政府服务的需要。

（四）现代化

现代化是指人事行政为适应公共行政和社会发展的需要而做出的改变或更新。这种改变或更新直接推动人事行政的发展，使其不断调整完善，在国家行政管理中发挥应有的功能。它包括观念现代化、管理现代化和技术手段现代化。

三、人事行政的原则

人事行政作为公共行政的重要内容，是选拔人才，培养和任用人才，不断提高行政效率，使人事行政逐步实现科学化、法治化、现代化的必要条件。要达到此目的，人事行政应遵循以下基本原则。

（一）德才兼备原则

德才兼备原则是任人唯贤的具体化。"德"主要指爱国敬业、忠于政府、事业心强等。"才"一是指知识，二是指能力。德与才，两者缺一不可，不可偏废。

（二）知人善任原则

只有知人，才能善任，知人是善任的前提，善任是知人的目的。由于人是一种复杂的社会动物，知人并不容易。知人难，善任亦不易。人事行政就是要扬长避短，适才适用，全面地考察一个人，把有用的人才安排到适合的岗位上，真正做到人尽其才，才尽其用，各尽所能。

（三）公平竞争原则

公平竞争是现代人事行政的基本原则之一，也是现代人事行政区别于传统人事行政的重要标志。公平竞争的根本目的是形成择优选拔、优升劣降的良好环境，促进优秀人才脱颖而出，最大限度地调动其工作积极性。

在现代人事制度即国家公务员制度中，公平竞争的原则主要表现在以下几方面：在法律上，每个公民都有申请报考国家公务员的权利，并以同等机会参加国家公务员录用考试；国家公务员有以同一标准晋升的权利，不因家庭出身、民族、宗教信仰、性别等状况而受到歧视或享有特权。

（四）功绩原则

功绩原则就是把行政人员的工作成绩和贡献作为评价、奖励、晋级、晋职的主要标准，作为职位升降的主要依据。根据考核，有成绩者奖，有贡献者升；有优异成绩者重奖，有特殊贡献者越级晋升；而考核结果为"不称职"者不得晋级。注重实绩是现代人事制度的一个突出特点，也是激励行政人员勤奋和创造性地开展工作的有力手段。

（五）依法管理原则

建立健全人事法规，坚持依法管理，是做好人事行政工作的重要保证。人事行政内容复杂，涉及面广，政策性很强，只有依法办事，才能有效地开展人事行政活动，有力地防止不正之风。因此，建立和完善人事行政的有关法规，使国家行政人员的管理有严格的法律规定，并且在此基础上，做到有法必依、执法必严，只有这样，才能使人事行政沿着法治化、科学化的轨道运行。

四、人事行政机关

（一）人事行政机关的含义

所谓人事行政机关，是指根据人事管理职责，按照一定的组织原则建立起来的专门承担人事行政业务的组织机构。

据史书记载，我国古代自唐、宋起，至元、明、清历代王朝中设置的吏部，就是封建国家专门负责官吏考铨任用的人事行政机关。西方国家在建立国家公务员制度的同时，也相应地建立了现代意义上的人事行政机关。例如，英国为加强对文官考试业务的管理，于1855年成立了文官委员会，这是现代意义上的第一个独立的、职能化的人事行政机关。发展到今天，西方国家的人事行政机关已演变进化为比较健全的人事管理系统，其功能较为完全，管理形式多样，部门分工专业化，具有较强的科学性，人事行政的效率也大为提高，基本上适应了西方国家人事行政工作的需要。

（二）人事行政机关的类型

1. 部外制

部外制也称独立制，是指人事行政的管理机构设在政府组织系统之外，独立掌握整个政府的人事权。这类机构典型的有美国的文官委员会、日本的人事院等。

部外制是美国用法律制度把政党制度排除在政府之外而产生的一种人事行政机构。这种人事行政机构处于超然地位，使人事行政不受政党政治的干涉，使行政管理摆脱政党分赃，同时，也免于行政首长直接干涉人事安排。部外制的优点是对政府系统的人事管理有系统而统一的考虑，有较长远的战略目标和规划。

2. 部内制

部内制是指人事机构设在政府部门之内，是政府机关的组成部分。内阁设有人事机构，负责提出人事行政的一般性原则意见，具体的人事管理事务由各部门内设的人事机构自行负责。实行部内制的国家主要有法国、德国和瑞士等。

这种人事行政机构能够深入、细致地了解人事工作的实际情况，制定的各种管理制度和政策符合行政管理需要。行政首长有较大的用人权，用人和治事容易统一起来。人事行政程序简单，效率高。

3. 折中制

折中制是部内制与部外制之间的一种类型，是指人事机构既有一些独立于政府部门系统之外，也有一些附属于政府机关。

折中制是英国实行的一种人事行政管理体制。中央人事机构分为独立的两部分，一部分是设在中央政府之外的文官委员会；另一部分是设在中央政府之内的文官部，各自独立地行使职权。这是一种部外制与部内制结合的人事管理机构。文官委员会负责文官资格审定，超越党派之争，独立地行使考试和考绩权。其他的人事行政工作由文官部行使。

4. 党统一领导制

党统一领导制是我国和其他一些社会主义国家的人事行政体制。在行政系统之外，中国共产党党中央设置组织部，制定统一的干部政策，并且直接管理一定行政级别的干部。在中央政府内设置人力资源和社会保障部，贯彻执行党的干部政策，负责具体的人事行政工作。地方各级党委设置组织部门，统一管理本级公务员工作，除掌握干部政策外，还直接管理一定级别的干部。各级地方政府设置人力资源和社会保障部门，在党委组织部门的统一领导下，负责具体的人事管理工作，也直接管理部分干部。

02 第二节 人力资源管理

一、从人事行政到人力资源管理

当今人类社会已进入了知识经济时代，对作为第一资源的人的有效开发和利用成为一个普遍受到关注的重要课题。与此相对应的是，传统的人事行政理论已不适应时代的要求，新的人力资源开发理论逐渐应用于人事行政实践。现在人力资源开发与管理已逐步形成一套较为完善的管理理论、方法、步骤和措施，并逐步取代了传统的人事行政。现代人力资源开发与管理理论所追求的最终目标是：通过各种管理手段使人与人、人与事之间的相互关系达到最佳状态，以最大限度地释放人的潜在能力，从而产生最大化效益。

人力资源管理与传统的人事行政相比较有以下特点：

（1）以人为本。以人为本就是把人当成组织中最具活力、能动性和创造性的要素。人是组织得以存在和发展的第一位的、决定性的资源。人力资源管理就是围绕人这一要素，为他们创造各种能充分施展其才能的条件，提供各种机会，使每个人都能在一种和谐的环境中尽其所能。以人为核心的管理，就是要尊重人、关心人；以人为核心的管理，就是要树立为人服务的观念。

（2）把人力当成可以开发利用的资源，当成能带来更多价值的资源。把人力当成成本，就会重利用而轻开发；把人力当成资源，就会把注意力放到如何使人力发挥出更大的作用，创造更大的效益上，就会把提高人力素质、开发人的潜能作为人力资源管理的基本职责。

（3）把人力资源开发放到首位，但这并不意味着就不重视人力资源的利用管理。利用是目的，而开发是手段。开发人力资源的目的是更好、更有效地利用人力资源，是在利用人力资源的过程中产生更大的效益。

（4）人力资源管理被提高到组织战略高度。组织不仅要制定总体战略，还要制定各种职能战略。人力资源战略为其他职能战略提供人力资源支持。可见，组织中的任何战略决策，都需要人力资源战略决策予以支持和保证。因此，人力资源管理在组织内被提高到组织战略的高度，而不只被当作事务性工作。

二、人力资源的含义与特点

（一）人力资源的含义

所谓人力资源，是指在一定范围内能够作为生产性要素投入社会经济活动的全部劳动人口的总和。它可以分为现实的人力资源和潜在的人力资源两部分。现实的人力资源，即现在就可以利用的人力资源，它由劳动适龄（就业）人口中除因病残而永久性丧失劳动能力外的绝大多数适龄劳动人口和老年人口中具有一定劳动能力的人口组成。潜在的人力资源，即现在还不能利用但未来可利用的人力资源，它由未成年人口组成。

一个国家或地区人力资源构成包含两个要素：一个是人力资源的数量，它反映了国家人力资源绝对量的水平；另一个是人力资源的质量，即劳动者个体和人力资源整体的健康状况、知识水平、技能水平和劳动态度等。现在国家之间的竞争主要体现在人力资源素质的竞争上。

（二）人力资源的特点

1. 时效性

人从事工作的自然时间是有限的，而且人在生命每一阶段的工作能力不同，智力、知识、技能也不断发生变化，如果没有得到及时的开发、利用，就会失去原有的作用和能力。

2. 时代性

人力资源具有时代性，它反映了人所处时代的社会关系、生产力水平和生产方式的状况，人力资源赖以生存的社会必然影响和决定人的认识能力、创造能力，即决定人力资源的质量、能力等。所以，人力资源只能是具体的某一时代的人力资源。

3. 能动性

人力资源首先注重的是人和人的能动性。在现代管理活动中，人的主观能动性是指人具有思想、感情，可以自由地支配自己的体力和智力，有目的地进行活动，能动地改造客观世界。

4. 再生性

一般来说，自然资源被消耗之后不能再生。人力资源在劳动过程中被消耗之后，还能再生产出来。从劳动者个体来看，劳动者的劳动能力在劳动过程中被消耗之后，通过适当的休息和补充需要的营养物质，劳动能力又会再生产出来。从劳动者的总体来看，随着人类的不断繁衍，劳动者又会不断地再生产出来。人力资源的再生产过程是一个连续不断的过程，因此，人力资源才是取之不尽、用之不竭的资源。

5. 增值性

人力资源不仅具有再生性的特点，而且人力资源的再生过程是一种增值的过程，即人力资源的存量不断增大的过程。从劳动者的数量来看，随着人口的不断增多，劳动者人数会不断增多，从而增大人力资源的总量；从劳动者个体来看，随着教育的普及和教育水平的提高，科学技术的进步和劳动实践经验的积累，劳动者的劳动能力会不断提高，从而增大人力资源的存量。

三、人力资源管理的作用

公共部门人力资源管理的重要作用表现在以下方面：

（1）公共部门人力资源管理是国家长治久安、社会安定团结的重要保证。人事制度历来是国家政权建设的核心。因此，选拔数量适当的合格的国家公务员，就成为巩固和发展国家政权的重要因素。国家公务员的素质和工作状况，直接关系到广大人民群众的切身利益和政府的合法性。一个国家是否安定，人民是否拥护政府，主要取决于这个国家组成政府的国家公务员能否彻底地代表广大人民群众的利益，能否为人民的利益辛勤工作。

（2）公共部门人力资源管理是推动经济和社会发展的必要条件。世界各国的发展经验证明，人力资源是发展经济的最重要的因素。当前，我国正处于社会主义现代化建设的关键时期，要把国民经济和社会发展提高到一个新的水平，就需要全体人民共同努力，充分发挥自己的积极性、创造性，贡献自己的体力和智力。而能否做到这一点，在很大程度上取决于国家和政府对人力资源能否进行合理的配置。

（3）公共部门人力资源管理不断开发和培养公共部门人力资源，是造就一支优秀的公务员队伍的重要途径。公共部门在利用人力资源的同时，还要通过建立健全员工教育培训体系，借助个人开发和组织开发，进一步开发人力资源的潜力，使其适应社会发展与部门发展的需要。因此，认真分析各类人才的特点和作用，研究人才成长的规律，制定科学合理的人力资源管理制度，加强人才建设，是造就一支优秀的公务员队伍的重要途径。

第三节 国家公务员制度

一、国家公务员制度概述

（一）西方国家公务员制度的形成

国家公务员制度是一种现代人事行政制度，它通过制定法律和规章，对国家公务员进行依法管理，是人事行政的制度化、法治化、科学化管理较为完备的形式，是人事行政的核心内容，体现了人事行政发展的一般趋势。

西方国家公务员制度是资本主义制度的产物。它是源于中国古代的科举制，而始于英国资产阶级革命后建立的文官制度。1805年，英国财政部首先设立了一个地位相当于副大臣的常务次官，主持日常工作，不参加政党活动，不随政党更迭而更迭。政务官和事务官的区分由此开始，文官制度也因此而奠定了雏形。1853年，从东印度公司开始的通过公开考试来录用职员的办法逐步在政府各部得到推广，建立了官职考试补缺制度。这标志着英国文官制度基本成形。1855年和1870年，英国政府两次颁布枢密院令，确定了考试录用官员的制度，英国国家公务员制度因此正式诞生。在长期的历史发展中，西方各国国家公务员制度虽各有特点，但也有共同之处，主要体现在以下几点：

（1）公开考试、择优录用。这是国家公务员制度最根本的特征。英国进行文官制度的改革，就是以公开考试、择优录用为突破口的。"公开考试、择优录用"是杜绝用人制度中的种种弊端的有效手段，有助于政府选拔贤能和提高公务人员整体素质，也适应了政府职能扩大化和专业化的需要，从而提高了政府绩效，也为人才充分施展才华提供了舞台。

（2）严格考核、功绩晋升。考核是提高工作效率的重要环节。英国文官制度建立之初，官员的晋升主要凭资历，结果导致冗员充斥，效率低下。1854—1870年，英国政府对此进行了改革，建立了"重表现、看才能"的考核制度。这种论功行赏的考核制度被称为功绩制。美国在借鉴英国国家公务员制度的过程中，从一开始就建立起一套以功绩制为基础的国家公务员考核制度，强调国家公务员的任用、留任、加薪、晋级均应以工作考核为依据。尔后，其他国家在建立和完善考核制度时，大多借鉴了英国和美国的经验。

（3）政治中立、职务常任。国家公务员按其产生方式、任期和与执政党的关系不同而分为政务官和事务官两大类。政务官通过竞选获胜的执政党组阁而获得政治任命，实行任期制，与执政党共进退；事务官通过公开考试、择优录用而进入公职系统，在政治上实行中立原则，实行职务常任，不因政党斗争和不同的选举结果而进退。在国家公务员制度中规定政治中立，是为了在多党竞争的政治环境中，避免政党分赃制造成工作混乱和国家公务员队伍动荡不稳，不让业务类国家公务员卷入政治斗争，以保证政府的各项工作有条不紊地进行，保持政策的连续性和政治稳定。

（4）人事分类、依法管理。世界各国国家公务员制度都对国家公务员进行了人事分类，目的是实现国家公务员的科学管理。其主要表现为两种形式：一种是职位分类，另一种是品位分类。两种分类方式各有其优缺点。实际上，每个国家的国家公务员也不完全按照一种形式进行分类，而是以一种分类形式为主，兼顾其他分类形式的优点。依法管理是国家公务员制度的一个基本特征，也是人事管理制度现代化、科学化的一个重要标志。各国都相继制定和颁布了一系列国家公务员管理的法律、法规，使国家公务员管理有法可依。

（二）我国国家公务员制度的形成

我国国家公务员制度的建立和推行，经过了一个较长的历史过程。在建立和推行国家公务员制度以前，我国传统的干部人事体制是在长期的革命实践过程中逐步形成和发展起来的。在革命战争时期，我党实行统一管理干部体制。中华人民共和国成立以来，我国建立了分部分级管理干部体制。这一管理体制与当时实行的计划经济体制相适应，具有管理权限高度集中、管理方式高度统一和计划性等特点。

1987年10月，中国共产党第十三次全国代表大会确定我国干部人事制度改革的重点和关键是建立和推行国家公务员制度。1992年10月，中国共产党第十四次全国代表大会报告中提出尽快推行国家公务员制度。1993年4月24日，国务院第二次常务会议通过了《国家公务员暂行条例》，并决定于1993年10月1日起施行，它标志着有中国特色的国家行政机关新的人事管理制度的初步确立，从此，我国干部人事管理体制进入了一个新的阶段。

2005年4月27日，第十届全国人民代表大会常务委员会第十五次会议通过了《中华人民共和国公务员法》（以下简称《公务员法》），并于2006年1月1日起施行。按照《公务员法》，公务员是指依法履行公职、纳入国家行政编制、由国家财政负担工资福利的工作人员。具体来说，中国共产党机关和人民代表大会、政治协商会议、民主党派机关的工作人员以及法官、检察官与国家行政机关的工作人员一样都属于公务员。

2018年之后，作为党和国家机构改革的重要成果，国家监察委员会及地方各级监察机关单独设立，不再隶属于国务院及各级政府，其性质是政治机关，对产生它的人民代表大会负责，与同级党的纪律监察机关合署办公，相应地，在国家监察委员会及地方各级监察机关中任职的工作人员，也属于公务员。人民团体、群众团体的工作人员，鉴于在管理上历来属于干部范畴，因而参照《公务员法》进行管理。此举有利于保持各类机关干部的整体一致性，有利于统一管理，有利于党政机关之间干部的交流。鉴于我国公务员的范围不限于国家机关，因而《公务员法》不再使用"国家公务员"的称谓，而使用"公务员"的称谓。这说明，我国公务员制度具有中国特色。

二、职位分类制度

（一）职位分类与品位分类

世界上通行的人事分类制度有两种：一种是品位分类，为英国、法国等国家所采用；另一种是职位分类，美国、日本等国家采用这种人事分类制度。

品位分类是以国家公务员所具有的资格条件为主要依据，并以其地位高低来分类和确定待遇。在这种分类制度中，国家公务员既有官阶，又有职位。官阶标志其品位等级，代表地位之高低、资历之深浅、报酬之多寡；职位标志其权力等级，代表职责之轻重、任务之简繁。"官"与"职"是分离的，官阶是任职者的固有身份，可以随人走。

职位分类就是根据职位的工作性质、责任轻重、难易程度和所需资格条件，将国家公务员分为不同的类别和等级，然后用文字的形式固定下来，形成规范性文件，为国家公务员的考试录用、考核、晋升、培训、奖惩、工资待遇等各项管理提供依据。职位分类最早产生于19世纪的美国，后被许多国家所效仿。

（二）职位分类的内容

按照公务员职位的性质、特点和管理需要，公务员职位类别可以划分为综合管理类、专业技术类和行政执法类等。根据《公务员法》的规定，对于具有职位特殊性、需要单独管理的，可以增设其他职位类别。各职位类别的适用范围由国家另行规定。

国家实行公务员职务与职级并行制度，根据公务员职位类别和职责设置公务员领导职务、职级序列。

领导职务层次分为：国家级正职、国家级副职、省部级正职、省部级副职、厅局级正职、厅局级副职、县处级正职、县处级副职、乡科级正职、乡科级副职。

职级是公务员的等级序列，是与领导职务并行的晋升通道，体现公务员政治素质、业务能力、资历贡献，是确定工资、住房、医疗等待遇的重要依据，不具有领导职责。

公务员可以通过领导职务或者职级晋升。担任领导职务的公务员履行领导职责，不担任领导职务的职级公务员依据隶属关系接受领导指挥，履行职责。

综合管理类公务员职级序列从高到低依次为：一级巡视员、二级巡视员、一级调研员、二级调研员、三级调研员、四级调研员、一级主任科员、二级主任科员、三级主任科员、四级主任科员、一级科员、二级科员。

公务员的级别，按照所任职务及所在职位的责任大小、工作难易程度，以及公务员的德才表现、工作实绩和工作经历确定。公务员的级别分为二十七级。

公务员领导职务层次与级别的对应关系是：国家级正职：一级；国家级副职：四级至二级；省部级正职：八级至四级；省部级副职：十级至六级；厅局级正职：十三级至八级；厅局级副职：十五级至十级；县处级正职：十八级至十二级；县处级副职：二十级至十四级；乡科级正职：二十二级至十六级；乡科级副职：二十四级至十七级。

综合管理类公务员职级与级别的对应关系是：一级巡视员：十三级至八级；二级巡视员：十五级至十级；一级调研员：十七级至十一级；二级调研员：十八级至十二级；三级调研员：十九级至十三级；四级调研员：二十级至十四级；一级主任科员：二十一级至十五级；二级主任科员：二十二级至十六级；三级主任科员：二十三级至十七级；四级主任科员：二十四级至十八级；一级科员：二十六级至十八级；二级科员：二十七级至十九级。

厅局级以下领导职务对应的综合管理类公务员最低职级是：厅局级正职：一级巡视员；厅局级副职：二级巡视员；县处级正职：二级调研员；县处级副职：四级调研员；乡科级正职：二级主任科员；乡科级副职：四级主任科员。

三、任用与更新制度

（一）国家公务员的任用

国家公务员的录用是人事行政的初始环节。所谓国家公务员的任用，是指用人单位根据用人条件和用人标准，按照法定的程序和原则，采用一定的方式，选拔和任用国家公务员的过程。

机会均等原则、公开原则和择优原则是国家公务员任用制度的主导原则。机会均等原则是指对国家公务员公开择优任用，不受民族、种族、性别、出身、居住地、政治立场、宗教信仰、婚姻状况等影响，一视同仁，并以业绩、品行情况等作为任用国家公务员的标准。

国家公务员考试必须公开公正。该考试通常由公务员主管部门通过各种新闻媒体发布公告，公开任用部门和职位、考试科目、地点和报考的资格条件。报考者报名后由有关机关对其各方面情况予以资格审查，符合报考资格条件的人员才能参加考试。

（二）国家公务员的调配

国家公务员的调配是指行政组织基于工作需要、锻炼人才的需要或其他法定的原因，依据法定的管理程序和方法，改变国家公务员的隶属关系或工作岗位，以激发组织活力并达成人事相宜目的的人事管理活动。

有计划的调配，可以使国家公务员在不同的岗位上积累经验和知识，增长阅历和才干，提高素质和能力。国家公务员调配通过人才流动机制，可以最大限度地发挥国家公务员的聪明才智，也为国家公务员学以致用和适才适用提供了一条途径。

在我国，公务员调配主要体现为公务员交流制度。我国公务员制度中规定了公务员交流的方式包括调任和转任。

调任是指国有企业、高等院校和科研院所以及其他不参照《公务员法》管理的事业单位中从事公务的人员，可以调入机关担任领导职务或者四级调研员以上及其他相当层次的职级。

转任是指公务员因工作需要或者其他正当理由在机关内部的平级调动（包括跨地区、跨部门调动）。公务员在不同职位之间转任应当具备拟任职位所要求的资格条件，在规定的编制限额和职数内进行。对省部级正职以下的领导成员应当有计划、有重点地实行跨地区、跨部门转任。对担任机关内设机构领导职务和其他工作性质特殊的公务员，应当有计划地在本机关内转任。上级机关应当注重从基层机关公开遴选公务员。

（三）国家公务员的培训

国家公务员的培训是指通过有关的培训机构，由具有实际行政工作经验和行政科学理论知识的人员，教导政府公务人员掌握和提高行政工作所需的特定知识和技能的过程。国家公务员通过培训，可以更新和补充新形势和新环境下所需要的知识和技能，可以在科学技术发展日新月异的情况下，较迅速地掌握现代化的行政工作技艺和手段，更加有效地从事政府公务工作。

对国家公务员的培训，一般都强调学、用一致，即要求培训内容与工作实际相结合。在培训过程中，国家公务员因等级不同、工作种类不同而分别接受不同内容的培训。

国家公务员培训的种类：①初任培训。初任培训是指对那些经过考试择优录用的人员，在其试用期阶段所进行的培训。②任职培训。这是对晋升新的领导岗位的国家公务员进行的培训。③业务培训。这是旨在使国家公务员掌握某方面的专门业务和新技术所进行的培训。④更新知识培训。这是向国家公务员传授最新的科学技术知识，使他们更新知识结构，吸收新的科学知识，开阔视野，提高业务水平。⑤调入行政机关的人员还必须进行调任培训。

国家公务员的培训必须做到培训制度法律化，培训机构专门化，培训终身化，培训、任用和晋升的一致化。

（四）国家公务员的辞职、辞退与退休

1. 国家公务员的辞职

所谓国家公务员的辞职，是指国家公务员按照一定的法定程序，主动地提出解除其与所服务的行政机关工作关系的申请，并经过有关部门批准而辞去所担任的公职的制度。换言之，它是指国家公务员辞去现任公职，解除或部分解除其与行政机关工作关系的法律行为或法律事实。国家公务员的辞职有两层含义：一是担任领导职务的国家公务员辞去所担任的领导职务，但继续保留国家公务员身份，即部分解除国家公务员工作关系；二是国家公务员依法辞去所担任的任何公职，即全部解除与行政机关的工作关系，不再保留国家公务员身份。但国家公务员辞职并不是无条件的。根据《公务员法》的规定，公务员有下列情形之一的，不得辞去公职：未满国家规定的最低服务年限的；在涉及国家秘密等特殊职位任职或者离开上述职位不满国家规定的脱密期限的；重要公务尚未处理完毕，且须由本人继续处理的；正在接受审计、纪律审查、监察调查，或者涉嫌犯罪，司法程序尚未终结的；法律、行政法规规定的其他不得辞去公职的情形。

2. 国家公务员的辞退

所谓国家公务员的辞退，是指国家行政机关依据有关法律，按照一定的法定程序和事实，由有关行政机关批准，解除国家公务员与国家行政机关工作关系的制度。辞退是国家行政机关的主动行为，但是，辞退不是行政处分，而是行政机关输出不适合在本单位工作的人员的一种手段。

世界各国对辞退国家公务员的条件有十分明确而严格的规定。因公致残而又丧失劳动能力者，身患严重疾病或负伤正在治疗者，在孕期、产期、哺乳期的女性国家公务员，都不得辞退。

3. 国家公务员的退休

所谓国家公务员的退休，是指当国家公务员因年老或其他原因（如因公致残等）而不适宜继续工作时，由政府机构发给该国家公务员一定的退休金，并使之退出政府公务职位的制度。国家公务员的退休制是国家公务员系统的人员输出机制。

国家公务员的退休，一般都有一定的资格条件限制。国家公务员的退休条件包括以下三项内容：

（1）年龄条件。一般国家都规定退休年龄为60周岁左右，如我国男性为60岁、女性为55岁。

（2）工龄和缴纳退休保险金的年限。许多国家都对国家公务员退休的工龄条件做出了规定，即国家公务员只有工作过一定的时间，才可享受退休待遇。国家公务员退休金的一部分是直接来源于国家公务员工作期间从其工资中抽取并定期缴纳的退休储蓄金。

（3）身体与精神状况。一般国家都规定，国家公务员因伤残、疾病或由于体力、智力、精神上有了缺陷而永远丧失工作能力时，可以准予退休。

四、激励与保障制度

（一）国家公务员的考核、奖励与升降

1. 国家公务员的考核

国家公务员的考核是指国家行政机关按照法定管理权限，根据国家公务员法规和国家其他有关规定确定的考核内容、原则、方法、形式和程序，对所属国家公务员进行的考察与评价制度。考核是国家公务员管理的重要环节。考核为国家公务员奖惩、职务升降、工资增减、培训和辞退等管理活动提供了依据，也为国家公务员制度引入了竞争机制和激励机制。

我国公务员考核内容概括起来有五个方面，即德、能、勤、绩、廉，重点考核政治素质和工作实绩。

德是指公务员在工作中的政治思想和道德品质的表现。其主要包括：是否认真执行党的基本路线、党和国家的各项方针政策；是否依法行使行政权力；是否执行国家公务；是否坚持全心全意为人民服务的宗旨，廉洁奉公，不以权谋私；是否忠于职守，服从上级领导，执行命令，遵纪守法；是否密切联系群众，自觉接受群众的监督等。

能是指公务员的业务知识和工作能力。其主要包括：是否具备胜任本职工作的文化水平、专业知识、工作经验；是否具备完成本职工作应具有的各种能力，如组织协调能力、计划指导能力、分析判断能力、语言和文字表达能力、社会交往能力等。

勤是指公务员在工作中的态度和敬业精神。其主要包括：工作中是否积极主动，有高度的责任心；是否注重工作效率，在单位时间内保证工作质量，并保证出勤率；是否肯钻研业务，有创新意识。

绩是指公务员工作的数量、质量、效益和贡献大小等。其主要包括：完成工作的项目件数的多少；完成任务或具体工作结果的好坏；取得的成果、业绩对政府和社会产生的经济效益和社会效益如何等。

廉是指公务员在履职中廉洁自律。廉政就是要考核公务员在履职中，是否正确行使国家权力；是否存在滥用权力、以权谋私的情况。

2. 国家公务员的奖励

国家公务员的奖励是指国家行政机关按照规定的标准、条件和程序，对在公务活动中成绩突出的公职人员给予物质、精神嘉奖的人事管理活动。奖励是一种重要的人事激励手段，它通过物质的、权力的和精神的奖励，使工作业绩优异者可以与工作业绩一般者区别开来，并得到实际的利益、社会荣誉和地位奖赏，从而激励包括受奖励

人在内的全体组织成员更加努力工作，模范履行义务，创造更好的业绩。

奖励必须依据法定的条件，避免随意性。我国公务员制度中规定，奖励的条件包括：忠于职守，积极工作，勇于担当，工作实绩显著的；遵纪守法，廉洁奉公，作风正派，办事公道，模范作用突出的；在工作中有发明创造或者提出合理化建议，取得显著经济效益或者社会效益的；为增进民族团结，维护社会稳定做出突出贡献的；爱护公共财产，节约国家资财有突出成绩的；防止或者消除事故有功，使国家和人民群众利益免受或者减少损失的；在抢险、救灾等特定环境中做出突出贡献的；同违纪违法行为做斗争有功绩的；在对外交往中为国家争得荣誉和利益的；有其他突出功绩的。

3. 国家公务员的升降

（1）国家公务员升降的含义。

从广义上讲，国家公务员的升降包括职位的升降和级别的升降。一般意义上的升降，是指国家公务员职位的升降，它包括晋升和降职两个方面的内容。晋升，即国家公务员由原来的职位调任另一职责更重的职位，它意味着国家公务员在行政部门职位结构中地位的上升，职权和责任范围的增大，同时也伴随着待遇的提高。降职是指国家公务员职位的下降，它一般意味着国家公务员在行政部门职位结构中地位的降低，职权和责任范围的缩小，以及工资、福利方面待遇的相应降低。

国家公务员的升降制度，从一定意义上说，是考核制度的体现和延伸，是科学的、有效的人事管理中不可缺少的一环。建立国家公务员的升降制度，能够使国家选贤任能，激励国家公务员奋发进取，施展才干。

（2）国家公务员的晋升。

国家公务员的晋升要贯彻公平、择优和资历原则。所谓公平原则，即国家公务员晋升的标准和条件应当一致，不因性别、家庭出身、种族、民族、信仰和社会关系等的差别而有所不同。所谓择优原则，是对国家公务员的业务能力、学识和工作成绩进行考评，考评优秀者优先晋升。资历原则强调国家公务员的晋升以其在职服务的经历和服务时间长短为标准。在不同的国家，国家公务员晋升的具体条件不尽相同，择优原则和资历原则在晋升中的相对重要性也不相同。

从形式上看，国家公务员晋升大体上有功绩晋升制、考试晋升制、年资晋升制、越级晋升制、综合晋升制五种。目前世界上实行国家公务员制度的国家，一般不单独实行某一种晋升制度，共同的趋势是以功绩晋升制为主，同时兼有年资晋升制、考试晋升制、越级晋升制等。

（3）国家公务员的降职。

国家公务员的降职体现为国家公务员职务的下降，但降职并不是一种行政处分，而是让出于各种原因不胜任职务的国家公务员改任一种较低的职务的管理措施。

有关降职的条件，各国大都在其国家公务员法规中有明确规定。根据我国的实际情况，《公务员法》规定：公务员的职务、职级实行能上能下。对不适宜或者不胜任现任职务、职级的，应当进行调整。公务员在年度考核中被确定为不称职的，按照规定程序降低一个职务或者职级层次任职。

（二）国家公务员的工资、保险与福利

1. 国家公务员的工资

国家公务员的工资是指国家以货币形式支付给国家公务员的劳动报酬。工资制度作为社会财富的分配方式，是有关工资形式、工资标准和工资支付原则、办法的总称。建立科学合理的国家公务员工资制度，有利于贯彻按劳分配原则，增强竞争激励机制，从而调动广大国家公务员的工作积极性。同时，国家公务员的工资制度作为整个国家公务员制度的组成部分，对国家公务员制度中的考核、奖惩、晋升、辞职、辞退、退休等管理环节的有效运转都具有非常重要的作用。

在确定国家公务员的工资时，对担任相同职务与承担相同工作的人员，应给予大致相同的工资待遇，不应因其性别、民族、出身等不同而有所不同。在此基础上，应以工作职责、工作性质、贡献大小、受教育程度、工作熟练程度、地区差别、工作时间等作为确定国家公务员工资的依据。为了使优秀人才留在公共行政组织中，在确定国家公务员的工资时，应参考企业职工的工资水平，力求使国家公务员的工资水平与企业职工相当人员的平均工资水平大体持平。随着社会经济的发展和国家公务员年资的增加，应定期提高国家公务员的工资，目的是使国家公务员的实际工资水平不断提高，鼓励国家公务员为政府服务。

目前我国的公务员工资制度实行职务与级别相结合的工资制度，主要包括基本工资、津贴、补贴和奖金四部分。

2. 国家公务员的保险

国家公务员的保险是指国家对因生育、年老、疾病、伤残和死亡等暂时或永久丧失工作能力的国家公务员给予物质帮助的一种保障制度。国家公务员保险制度是社会保障制度的一个重要组成部分。建立和实施国家公务员保险制度，对于保障国家公务员的基本生活，解除其后顾之忧，调动其工作积极性，促进经济发展和维护社会稳定等，都具有重要的作用。

我国公务员的保险主要包括以下项目：公务员因公负伤、残废、死亡的保险待遇；公务员非因公负伤、残废、死亡的保险待遇；公务员生育的保险待遇；公务员退休的保险待遇；公务员疾病的公费医疗和保险待遇；公务员待业期间的保险待遇；公务员供养直系亲属的保险待遇；公务员集体保险待遇。

3. 国家公务员的福利

国家公务员的福利是国家和单位为解决国家公务员生活方面的共同需要和特殊需要，在工资之外给予经济上的帮助和生活上的照顾的制度。国家公务员福利制度是国家公务员社会保障制度的重要组成部分。建立国家公务员福利制度，有利于改善国家

公务员的工作和生活条件，减轻经济负担，促进其身心健康，从而有利于稳定国家公务员队伍，调动其工作积极性，提高其工作效率。

实行国家公务员制度的国家普遍建立了国家公务员福利制度，并用法律形式将其固定下来，我国亦不例外。我国公务员福利制度的主要内容包括：工时制度、福利费制度、探亲制度、年休假制度、冬季宿舍取暖补贴制度和交通补贴制度。

（三）国家公务员的回避与惩戒

1. 国家公务员的回避

在国家公务员制度中，回避是指在国家行政机关中，为了防止国家公务员出于某种亲情关系或个人利益，不能秉公执行公务，甚至徇私枉法、以权谋私，而对其任职和执行公务等做出的事前限制性措施。在我国建立公务员回避制度，不仅是必要的，而且是必需的。这既维护了公务员的形象和政府的声誉，也有助于形成良好的社会风气。

我国公务员制度规定应回避的亲属关系包括夫妻关系、直系血亲关系、三代以内旁系血亲关系和近姻亲关系。

公务员回避一般包括任职回避、公务回避和地域回避。

2. 国家公务员的惩戒

惩戒制度是指国家行政机关依法对国家公务员违法违纪的职务行为进行行政处分的制度。对国家公务员的惩罚不是目的，而是手段。通过对国家公务员违法违纪职务行为的惩罚，使他们引以为戒。严格执行对国家公务员的惩戒制度是规范行政管理的重要方面。

我国公务员制度规定：公务员有违纪行为，尚未构成犯罪，或虽构成犯罪但是依法不追究刑事责任的，应当给予处分；违纪行为情节轻微，经过批评教育后改正的，也可以免予处分。处分的种类分为：警告、记过、记大过、降级、撤职、开除。受撤职处分的，同时降低级别和职务工资。公务员在受处分期间，不得晋升职务和级别，其中受记过、记大过、降级、撤职处分的，同时不得晋升工资档次。

公务员的惩戒制度具有权威性和严肃性。对公务员的行政处分，应当事实清楚、证据确凿、定性准确、处理恰当、手续完备。给予公务员处分，依法分别由任免机关或者纪检监察机关决定，其中给予开除处分的，应当报上级机关备案。县级以下机关开除公务员，必须报县级党委或政府批准。

本章小结

人事行政是指国家的人事机构为实现行政目标和社会目标，通过各种人事管理手段对公共行政人员所进行的制度化和法治化管理。社会的发展使传统的人事行政开始走向现代的人力资源管理。公共部门人力资源管理是行政管理的重要组成部分，它是从组织上保证国家机器及整个社会生活得以正常运转的重要条件。国家公务员制度是一种现代人事行政制度，是资本主义制度的产物。我国建立公务员制度的目的是实现对政府工作人员的科学管理，保障政府工作人员的优化、廉洁，提高行政效能。国家公务员制度的基本内容包括：职位分类制度；任用与更新制度；激励与保障制度。

第八章 机关行政

内容要点

机关行政是指政府和其职能部门内部的综合办事机构，即办公厅（室）对机关自身事务的管理。机关行政是事务性、综合性和时效性很强的管理活动，其主要职责是参与政务、处理事务和搞好服务。机关行政对公共行政起发动作用、枢纽作用、保障作用、效率作用和联系作用。机关行政要搞好日常工作程序、会议、公文与档案、行政经费和总务后勤的管理。计算机和信息技术的应用促进了办公自动化，大幅度地提高了行政效率。同时，本章也探讨了机关事务服务与管理的有关问题。

01 第一节 机关行政概述

一、机关行政的含义及特点

（一）机关行政的含义

本章所讲的机关行政，是指综合办事机构对机关的日常事务、规章制度和工作秩序等所进行的自身事务管理。因此，对办公厅（室）的管理是我们这里所讲的公共行政机关管理的主要内容。

为了管理行政机关内部诸多复杂而琐碎的日常事务，各级人民政府都设置了办公厅（室）。尽管有些政府除办公厅（室）外，还设有其他管理部门负责办公设施、物资供应、财务管理和后勤管理等方面的工作，但办公厅（室）毕竟是协助行政领导者指挥、组织、协调、沟通和控制各职能部门的核心机构。在一般情况下，它是行政领导者的参谋和助手，起着特殊的桥梁和枢纽作用，是大家一致认定的行政机关中最主要的综合办事机构。因此，办公厅（室）主任及其工作人员的素质就成为搞好行政机关管理的关键所在。各级人民政府所建立的大大小小的办公厅（室），在行政系统中形成了纵横交错的公共行政管理网络。

（二）机关行政的特点

机关行政具有事务性、综合性和时效性的特点。

机关事务是相对机关职能而言的，是指机关职能之外为实现职能所必需的、例行的、程序性的、辅助性的事情的总体。机关事务活动则是指那些为机关职能的实现、职能活动的有效展开奠定基础、提供服务、创造条件的辅助性、技术性的活动。

机关行政的综合性是指其管理对象广泛，管理活动内容庞杂。它既要负责处理日常行政事务方面的工作，包罗万象，面面俱到，又要协助行政领导者协调、沟通、控制行政机关各部门、各层级之间的关系并安排日常工作，向行政领导者提供各种意见和建议。机关行政的综合性特点，要求工作人员在管理实践中务必注意从机关整体角度出发来考虑和处理各种问题。

机关行政的时效性要求工作人员必须树立正确的时间观念，养成雷厉风行的工作作风；充分发掘时间的利用价值，科学安排时间，合理配置时间；在保证质量的前提下，提高事务处理的速度，尽量缩短运转周期；注意对事务处理时机的有效把握，要及时，并且要适时。例如，对紧急文件和突发事件必须及时予以处理，如果稍有拖延，就会贻误工作，有时甚至会给国家造成无法弥补的重大损失。

二、机关行政的职责

各级政府内部的综合办事机构，在行政机关中起着承上启下、协调沟通的枢纽作用。它虽然不直接承担行政机关的各项职能活动，却担负着为实现组织目标进行必需的机关事务管理活动的任务。而事务活动往往与职能活动渗透、交融，这就必然使相应的管理活动变得庞杂。面对各有特色的职能活动及其多种多样的需求，面对互有联系又各成体系的各项工作，面对内容繁杂、性质不一的具体事务，面对职能活动中的事务和事务中的职能，办事机构既要管人、管事，又要管钱、管物、管信息；既要管程序、管规范，又要管协调关系、管随机事件的处置，以此来推动职能部门的正常运转。机关行政的职责可以概括为"参与政务、处理事务、搞好服务"三个方面。

（一）参与政务

行政机关的综合办事机构，特别是办公厅（室）作为各级行政领导者直接领导下的处理具体工作的办事机构，首先必须当好行政领导者的参谋与助手。各级行政领导者担负着科学决策，并将决策贯彻执行的重要职责，办公厅（室）正是起着参与决策、推动政策执行的辅助作用。这是办公厅（室）参与政务的主要作用。

为了有效地为行政领导者进行科学决策服务，辅助行政领导者推行政策、实施决策、处理政务，各级办公厅（室）的工作人员必须加强对马克思列宁主义、毛泽东思想、邓小平理论、"三个代表"重要思想、科学发展观、习近平新时代中国特色社会主义思想的学习，加强对党和国家的方针、政策、法规的研究与学习，尽可能多地理解和掌握党和国家的政策和法律，不断地提高参与决策的水平。

办公厅（室）协助行政领导者制定政策和进行决策并参与指挥、协调与监督工作。在深刻地领会国家有关的政策和法律的基础上，在经过深入、细致的调查研究之后，办公厅（室）要为行政领导者进行科学决策提供各种准确的信息和资料或各种可行的决策方案，供行政领导者在进行决策时参考和选择。在行政决策执行的过程中，要不断地收集反馈信息，督促和监督决策的贯彻执行；同时，进行协调和沟通，发现问题，及时向行政领导者反映并提出切实可行的调整性或补充性的意见和建议。在行政目标达成之后，负责进行实事求是的评估和总结。在此，特别需要指出的是，各级政府的办公厅（室）必须明确自己扮演的是参与政务、参与决策的角色，起的是行政领导者的参谋与助手的辅助作用，绝不能越俎代庖，更不能越权行事，取代行政领导者进行决策。

（二）处理事务

综合办事机构需要处理大量的、例行的、程序性的、辅助性的日常事务以及各种临时性、突击性的工作，如各种文件和电文的起草和印发、上下级之间公文的处理、公务接待、会议组织、来信来访、督促检查财务与物资管理、外事活动，以及为本机关的工作人员提供工作和生活方面的服务等。同时，综合办事机构还要根据行政领导者的授权，推动机关内部各方面工作的正常开展，协调处理各方面的关系，解决工作中出现的各种问题与矛盾。综合办事机构必须及时、准确地将行政领导者的命令、指示、意见和通知传达下去，同时将下级的情况、意见和工作情况加以收集并及时反馈给行政领导者。综合办事机构负责创建良好的工作环境和气氛，建立并完善各种必要的规章制度，稳定工作秩序，建立畅通的信息系统。

机关行政的事务性特征要求在管理实践中，要重视对各种事务、事务活动规律和事务管理方法的研究，同时可以根据实际情况和需要，更加充分地发挥制度化、程序化管理方法的作用。

（三）搞好服务

综合办事机构主要是为本机关行政领导者提供工作服务，为本机关各项工作的开展提供条件服务，为本机关的全体工作人员提供生活福利服务。因此，综合办事机构的工作人员要始终将为领导、为基层、为其他各级各类工作人员以及为实现行政机关的各项职能提供服务放在首位，要切切实实地将机关内外的服务对象当作顾客。

搞好服务要求在实施管理的过程中，无论是设计规划，还是制定政策和规范；无论是从事监督控制，还是从事沟通协调；无论是在宏观方面，还是在微观方面，都要这样保证：要为行政机关事务活动的开展创造尽可能好的方便条件、管理方法、保障措施；要以热忱的态度，以主动、积极、负责的精神，以科学有效的方法，为服务对象提供及时、周到、便利的服务。

机关事务管理活动的本质特征是它的服务性质。它的存在价值就在于能为领导、为基层、为其他各级各类工作人员以及为实现机关各项职能提供所需要的各种服务。机关事务管理工作的目标，说到底也就是使这种存在价值得到更充分的体现。"管理就是服务"，这对于机关行政来说最贴切不过了。为此，进行机关事务管理，需要提倡顾客导向理念，树立全心全意为顾客服务的精神，更有效、更优质、更令人满意地为内外顾客服务。

第二节　机关行政的主要内容

一、机关日常工作程序的管理

行政机关的管理工作千头万绪，错综复杂。"置以规矩，始成方圆"，在管理领域是永远不变的硬道理。要使行政机关的日常工作井然有序，运作有效，处理各方面的事务时必然要有程序地管理。科学合理的程序设计可以使纷繁无序的事务工作化繁为简，变乱为治，以达到事半功倍之效。科学合理的工作程序应注意以下几个环节：

（1）计划安排工作。计划安排工作在机关管理活动中是至关重要的首要环节。任何机关管理活动的开展、管理目标的达成，都需要通过制订和执行相应的计划才能推行和落实。计划是组织活动实施的纲领，是开展工作的首要步骤，是管理活动的控制标准，也是对目标进行评估和考核的依据。因此，计划必须明确、具体、详细、切实可行，并且要留有调整的余地。

（2）组织实施工作。组织实施工作是实现机关管理工作计划的首要步骤。机关管理目标要通过分解落实到各个具体的组织机构，落实到具体的工作人员。在落实的同时，要明确职、责、权、利，并建立严格的规章制度。组织实施工作要做到有目标、有计划、有组织、有领导、有人员；要做到事事有人管，人人有事干。

（3）协调控制工作。在组织实施的过程中，行政机关要做到及时反馈信息，全面掌握情况，迅速进行协调和沟通。对于在管理过程中出现的问题和偏差，要有效地解决和控制，不断纠正一切脱离目标的行动，万不可使之发展和蔓延。同时，还要果断、及时地采取必要的补救措施，调整或修改计划。

（4）检查总结工作。机关管理目标达成之后，要认真进行检查总结。检查总结的目的是肯定成绩，发现不足，总结经验，吸取教训，改进工作，提高效率。切忌应付门面，走过场或文过饰非，只报喜不报忧。

（5）奖惩教育工作。通过检查总结，评比出工作的优劣，要奖励先进，批评后进，惩罚玩忽职守者和渎职犯罪者，奖惩要做到是非功过分明，奖惩得当，起到教育和激励的作用。

二、会议管理

现代社会，会议已经成为人们工作和生活中的一种重要的活动方式，也是各种管理活动经常采用的工作形式，在行政管理工作中发挥着重要的作用。采用相对通行的说法：会议是人类群体有组织的会晤、议事行为或过程。

会议之所以被人们广泛使用，主要在于它的有利作用，即它的功能。会议的功能是具体的、多方面的，但本质的功能是：它能以多向即时传递信息的方式，有效聚合组织中分散的意志和智慧，深化或统一认识，沟通感情，协调关系，处理事务。

会议在行政机关工作中确实是一种重要的活动方式，有着特定的有利作用。但是，和其他所有的管理活动方式和手段一样，它的实际适用范围也是特定的和有限的。在客观条件需要和可能的情况下，如果可以利用会议去开展工作却放弃不用，改用其他方式，就会造成工作中的不便、时间的浪费并降低工作效果；相反，如果不具备利用会议去开展工作的需要和可能，仍旧召开各种会议，甚至只依靠会议这一种工作方式从事所有工作，同样会给工作带来不便，造成人力、物力、财力、时间等多方面的浪费，降低工作效率与质量。上述这两种不正确的认识和做法，会使一个行政机关实际召开的会议的数量不足或者泛滥成灾，它说明这个行政机关的会议数量是失控的，是与管理工作的需要不相适应的，是有害的。同时也说明，必须对会议数量加以控制，改变会议数量过多或过少的现象，行政机关的管理工作才能真正做到有效率、有质量。

由于在实际工作中，滥用会议方式造成会议泛滥是会议数量失控的主要表现，因此，对会议数量的控制就常常表现为努力减少会议。

三、公文与档案管理

（一）公文管理

公文是指行政机关在行政管理活动中产生的，按照严格的、法定的生效程序和规范的格式制定的具有传递信息和记录作用的载体。

公文的种类很多，包括命令（指令）、决定、公告、通告、通知、通报、议案、报告、请示、批复、意见、函、会议纪要共13类。

公文的功能具体表现为：①它是法律规范的重要表现形式（法律法规及其他规范均需成文）；②它是传达政令、采取重要管理措施的主要工具；③它是下情上达的基本手段；④它是横向联系的纽带（公务机关之间协商联络的中介和桥梁）；⑤它是开展公共管理工作的重要依据；⑥它是教育激励的有效教材（权威性与真理性相结合，使有关信息的教育激励作用倍增）；⑦它是印证事实的真凭实据。

公文的效用是指公文的实际效力和功用。公文有两个方面的效用：①现实执行效用，是指公文对受文者以及其他机构、组织和个人有关行为的强制影响；②历史效用，是指公文在记录和印证历史事实方面的权威性作用和影响。公文中的一部分之所以在办理完毕之后能够转化为档案，主要就在于它有这种历史效用。

公文管理，就是对公文的创制、处置和管理，即在公文从形成、运转、办理、传递、存储到转换为档案或销毁的一个完整周期中，以特定的方法和原则对公文进行创制加工、保管料理，使其完善并产生功效的行为或过程。

公文管理的基本任务是及时、准确、有效地创制、加工、传递、保管、处置公文，为公务活动提供适用的信息。其具体内容主要有：创制公文、传递公文、办理公文、处置办毕公文、管理公文。为使上述任务有效完成，需要对公文实施科学、系统的管理措施：①公文的收发、传送、登记、清理分类、用印、签注要建立检索体系，提供查阅；②对公文运转过程进行组织与监控；③对公文机密与安全进行维护等。周恩来同志曾指示说，公文管理第一要保密，第二要准确，第三要迅速。

目前，公文管理中存在的问题是公文太多、太乱，即人们通常所说的"文山"。因此，一是要严把发文的数量关，各级行政机关不要动辄发文，搞形式主义。二是要严把发文的质量关，要做到合法、有效、及时、准确、严谨、规范、完整。文字要精练，不要长篇累牍，要避免空话、假话、套话。

（二）档案管理

行政机关档案是行政机关在行政管理活动中直接形成的，保存备查的文字、图表、音像等各种形式的历史记录。

行政机关的档案是由行政机关公文转化而来的，是经过文书部门（公文管理机构）将有历史效用的公文编立成案卷，按照归档制度规定的时间、范围、质量标准，移交给档案部门转化形成的。档案部门按照规定的标准对接收的案卷进行加工、清理，使之系统化。行政机关档案的形式多种多样，文字档案是其主要形式。档案包括文件资料、电文、手稿、传真、照片、画片、音像制品、技术图纸等。

行政机关档案的功能包括：①具有凭证作用，它可以成为印证历史事实的真凭实据，也就是人们可以以档案为根据证明有关事实。②具有参考作用，它可以为行政机关开展各种公共行政管理活动提供经验和指导，即人们可以以档案所记载的内容作为借鉴或参照，吸收前人经验为后人所用，引前人教训为后人所戒，积累前人知识为后人所学所用。

按照国家有关部门的规定，我国行政机关档案工作的基本内容包括两大类：一类是本机关档案业务；另一类是下属机构档案工作的管理，即对本系统和直属单位档案工作的监督、指导。其主要方式是：制定规范、组织培训、评比检查等。

《中华人民共和国档案法》规定：档案工作实行统一领导、分级管理的原则。因此，行政机关的档案管理，要在国家统一领导、统一制度前提下，实行分级、分类、分专业管理。国家—地方—专业系统，实行条块结合。

按照国家档案工作管理体制的要求，行政机关所有档案由档案机构集中管理：①行政机关的档案必须按照国家规定定期向本机关的档案机构或人员移交，集中管理，不得据为己有或分散保存；具有长远保存价值的向档案馆移交，由档案馆统一进行集中管理；一切档案非依规定和批准不得任意转移、分散和销毁。②党政档案应集中统一管理。一个机关内党、政、工会、共青团等组织的档案，统一集中于一个机构，分门别类保管；有长远价值的统一集中于各级档案馆。

行政机关的档案管理必须严格执行《中华人民共和国档案法》，要求安全、保密，防止盗窃和各种自然灾害的毁坏。尤其是对那些涉及重大的政治、经济、军事、外交事件和科学技术的档案，在其尚未解密前，必须严守机密。

行政机关的档案管理是一项政治性和技术性很强的工作，它要求从事档案管理的工作人员具备一定程度的文化知识和专业知识，具有较强的工作责任心和保密意识。

四、行政经费管理

行政经费管理是指在行政机关工作中对本机关资金的领拨、运用、管理、监督活动。其通常包括的具体活动有：①制订财务计划，编制本机关的预算、财务收支计划，对财务计划进行调整；②组织收入，管理支出，制定和执行费用支出标准，管理资金（包括预算外），进行部分财产管理等；③进行财务活动分析，明确收支盈亏的情况，进行财务监督，即借助本机关财务预算、会计核算、分析检查和审计等方式对财务工作本身和机关其他工作进行监督。

行政经费管理是机关行政的内容之一，行政机关财务管理工作的重点是管好行政经费的使用，它是行政机关理财的重要组成部分。行政机关开展各项行政管理活动，必须掌握和利用一定的资源。行政经费就是这种资源的重要组成部分。

行政经费管理是一项政策性很强的管理活动，行政经费的划拨和使用必须严格遵守党和国家有关法律和政策的规定，任何人不得随意支配。行政领导者更要严格自律，不能凭借手中的权力而随意挥霍国家资财。对于行使国家权力的行政机关，加强对行政经费的管理，是尤其重要和完全必要的。

五、机关总务后勤管理

机关总务后勤管理是指综合办事机构对本机关的物资和日常的工作与生活事务的管理。其基本任务是合理组织安排财力、物力资源，为机关工作提供必要和充分的物质保障和生活服务。这项活动的主要内容包括：物材工作、基本建设工作、生活服务工作、接待服务工作、交通服务工作、安全保卫工作、绿化美化工作等。

机关总务后勤管理是机关行政的内容之一，鉴于它的管理对象，即各种各样的后勤事务活动具有比较特殊的性质，因此在对后勤事务的管理过程中，要特别注意掌握并遵循如下特殊要求：①始终把方便服务对象、便利机关工作放在首位，即坚持服务性；②厉行节约，减少浪费，讲究成本效益，即强调经济性；③加强法治建设，充分发挥法律手段的作用，即注重规范性。

我国机关总务后勤服务体系是从战争时期的供给制演变而来的，其主要特征是：小而全或大而全，封闭性强，自我服务，机关办社会，不讲核算，不讲经济效益。实事求是地说，这种服务体系在中华人民共和国成立初期及之后一段时间里，确实发挥了很好的作用，但不能否认的是，目前这种服务体系已经与客观实际需要，特别是与社会主义市场经济体制对政府职能转变的需要、对机关管理效能的需要严重不适应，甚至形成了对立。有的总务后勤服务体系不仅是造成政府机构庞大，人力、物力和其他各种资源浪费严重的重要原因之一，各级财政已不堪重负，而且为腐败现象的滋生提供了土壤，往往成为一些人利用职务之便谋取私利和为某些领导者提供名目繁多的特殊服务的一条方便渠道。同时，提供的服务质量低劣也是不争的事实。因此，这是一个亟待解决的问题，而解决问题的主要途径是尽快实施改革，实现后勤服务的社会化。

机关总务后勤服务的社会化是指机关总务后勤服务的商品化和市场化。

第三节 信息时代的机关管理

一、政府管理的信息化

政府管理的信息化首先发生在行政机关的内部，是行政机关内部公务处理的电子化。因此，行政机关内部公务处理的电子化既是政府管理信息化的核心，又是政府管理信息化的基础。换言之，如果不能实现行政机关内部公务处理的电子化，那么，政府管理的信息化将是一句空话。

政府管理的信息化是以办公自动化为先导逐步普及应用发展起来的。随着科学技术的迅猛发展，传统的信息处理与决策方法和手段已不能适应社会的需要。为实现办公高效率，彻底改变传统的手工办公方式，办公自动化已势在必行。与此同时，计算机技术、通信技术及软件技术的长足发展，为实现办公自动化提供了坚实的技术保证。

（一）办公自动化

办公自动化是指在行政机关工作中，以计算机为中心，采用一系列现代化的办公设备和先进的通信技术，广泛、全面、迅速地收集、整理、加工、存储和使用信息，为科学管理和决策服务，从而达到提高行政效率的目的。

我国的办公自动化起源于20世纪70年代，虽然时间不长，但发展极其迅速，已从单项办公业务处理向综合型办公系统发展，从局限于单个机构的办公系统向网络化、标准化和智能化发展，从文字、数据处理向文字、数据、图像视频和语音综合一体化处理发展。特别是高科技成果不断应用于办公自动化，使办公领域发生了革命性的变化。这一发展变化过程大致经历了单机操作阶段、数据处理阶段、网络运行阶段和知识管理阶段。

知识管理阶段是以互联网为基础，融信息处理、业务流程和知识管理于一体，以提供丰富的学习功能和知识共享机制为目标，使每个工作人员都能根据日益增长的工作需要来不断地获取各种知识，在提升每个工作人员创造能力的基础上，大大提高整体创新和应变能力。办公自动化的知识管理阶段已经发展为一个多功能的公务处理平台，即形成了一个办公自动化系统。这一系统不仅可以全面实现从手工操作到无纸办公的过渡，用网上办公方式取代传统手工方式，更重要的是它以信息交流、知识管理为核心，实现办公信息的共享，协同处理工作事务，最终达到提高行政机关办公效率和质量的目的。

（二）办公自动化系统

1. 办公自动化系统的概念

办公自动化系统是指为提高办公效率而建立的，面向特定工作部门，支持其综合办公业务的集成化信息系统。它将这一特定部门的人员、工作流程、信息、组织机构与办公自动化技术和设备集合成一个高效运转的有机系统。

2. 办公自动化系统的构成

办公自动化系统由三个功能层次构成，从低到高对应组织机构的三个层级。

（1）事务处理层办公自动化系统。它以个人电脑、各种现代化办公设备的应用为主要标志，支持行政机关各办公机构分散的事务处理的办公自动化。

（2）管理信息层办公自动化系统（management information system，MIS）。管理信息层办公自动化系统除具有办公事务处理的功能外，还具有办公业务处理和管理信息的功能。从信息处理的角度看，该系统是满足基于整个业务系统的信息处理一体化的需求，合理地改善信息处理的组织方式和技术手段，从而达到提高信息处理效率和管理水平的目的，使办公系统的业务活动和管理活动构成一个整体的自动化功能模块。

（3）决策支持层办公自动化系统（decision support system，DSS）。决策支持层办公自动化系统除具有办公事务处理功能和管理信息功能外，还具有决策支持功能。具体而言，该系统是一种基于计算机的交互式系统，用来帮助决策者在决策过程中利用数据和模型求解问题并做出判断。所以，决策支持层办公自动化系统是能支持专门的数据分析和决策模型建立过程的、以未来计划为目标的、不定型的、可扩充的系统。它由三个互相联系的部分构成：语言子系统，即在用户和决策支持层办公自动化系统之间的通信机构和交互界面；知识子系统，即由数据和过程组成的领域知识库；问题处理子系统，即连接上述两个部分的控制和推理机制。

（二）办公自动化系统的意义

1. 办公自动化系统是机关行政不可或缺的工具

在信息时代，办公自动化系统已经取代了工业社会的笔墨纸张，使机关行政的各项工作的处理效率更高，质量更优。

2. 办公自动化系统有效降低了机关行政的工作成本

机关行政的工作成本可以定义为机关行政在为行政机关各项工作提供服务的活动过程中投入的人力、财力和物力。办公自动化系统除可以减少纸张的使用和各种设备的重复购置等这些显而易见的成本外，最为重要的是办公自动化系统实现了人力资源的节约。工作人员将一般性的、重复性的、烦琐的、杂乱的事务交由计算机处理或通过网络传递，就可以节省出大量的时间去思考更高层次的问题，从事更为有益的事情，从而极大地提高了人力资源的利用效率。

3. 办公自动化系统提高了机关行政的工作效率

在经济和信息全球化加快发展的形势下，政府绩效已经成为一个国家或地区在全球竞争中的一个极其重要的竞争因素。而机关行政的工作效率又是直接影响和制约政府绩效的首要的、关键的因素。办公自动化系统的根本目的是提高机关行政的工作效率，从而促进政府绩效迅速提升，并且能够以此推动整个国家的全面发展和进步。

二、信息技术在机关管理中的应用

办公自动化系统的目标是打破时间和地域的限制，创造一个集成的公务处理环境，使机关内部的和政府系统所有的工作人员一起协同工作，共享信息和知识。

办公自动化系统的应用涵盖机关行政日常工作的全部事宜，而其中最主要的内容包括公文处理、电子邮件、会议管理、信息管理、档案管理、公共信息服务等。

（一）公文处理

公文运转是行政机关不可缺少的工作环节，办公自动化系统为公文快速、安全、有效地运转提供保证，实现公文管理的办公自动化。

（二）电子邮件

电子邮件的应用是行政机关内部协同工作的基础，办公自动化系统可以根据不同的处理流程，自动将各类文件以电子邮件的方式进行传递，实现管理信息在行政机关内部及个人之间的快速传递。

（三）会议管理

办公自动化系统为行政机关各种会议的组织召开提供科学、高效的管理，包括会议的设计、准备、记录、查询等功能，实现会议通知、会议日程、出席情况、接站方案、订票安排、会议决议、会议纪要、在线查询等系列化管理。

（四）信息管理

办公自动化系统对原始信息进行收集和归纳，具备编辑、摘要、查询、统计、汇编等多项功能，实现信息管理的办公自动化。

（五）档案管理

办公自动化系统通过编立、调整、删除、编入、移出档案等工作过程，可迅速实现档案查询、借阅、催还、归档、保管的自动化管理，有效实现档案管理全过程的自动化控制。

（六）公共信息服务

办公自动化系统提供的公共信息服务主要包括行政机关的机构设置、人员编制、主要职能、业务范围、通信方式、政策咨询，以及办公自动化系统的使用方法等。

04 第四节 机关事务管理

一、机关事务管理的含义与特点

这里所讲的**机关事务管理**并不是前文所讲的行政机关的办公厅（室）所辖的内部

后勤管理，而是指一级政府或国务院部委设置的专门机构对政府各个部门的事务所提供的服务与管理。

一级政府或国务院部委设置的专门为各个部门提供服务与管理的机构，一般称为机关事务管理局或服务局，也有称为机关事务管理中心或办公室的，如国务院机关事务管理局（现已合并到国家机关事务管理局），现在国务院各部委、省、自治区、直辖市均设置了机关事务管理局或服务局（机关事务管理中心或办公室），它们就是这类机关事务管理的专门机构。在机构改革之前，国务院各部委和省一级政府设置的这类机关事务管理局为司局级行政机关。机构改革后，少数省仍然保留了其行政机关的编制。但是，作为一个司局级的行政单位，许多部委和省将其改为事业单位，仍称之为机关事务管理局或服务局（机关事务管理中心或办公室）。

机关事务管理专门机构，无论属于行政单位还是事业单位，其性质和服务对象都没有变化，仍然作为政府的一个部门，仍然为政府各个部门提供服务。

机关事务管理专门机构的服务和管理范围有明确规定，其经费由国家供给。这一点并不能因为划归事业单位而有变化。

机关事务管理以为政府各部门提供高质量、全方位的高效服务和管理为目标，而不是以营利为目的。作为公共部门，它受到有关法律和规定的严格约束。

二、机关事务管理的职能

机关事务管理局或服务局（机关事务管理中心或办公室）的主要管理职能包括：
（1）负责行政机关事务的管理、保障和服务工作。
（2）制定行政机关的后勤体制改革政策，并监督实施。
（3）负责所属行政事业单位的国有资产的管理工作。
（4）按规定制定行政机关财务管理有关规章制度并组织实施。
（5）负责行政机关房地产管理工作。
（6）负责行政机关节约能源管理工作。
（7）按规定承担行政机关采购工作。
（8）负责行政机关的人民防空工作等。

这些职能都非常具体而繁杂，如房地产管理，包括负责各部门办公房产分配、物业管理等，管理下属的培训中心、疗养院、剧院等。其他各种服务，如机关安全保卫、集体户口管理、食堂、计划生育、无偿献血、爱国卫生等，有的还包括为离退休老干部提供各种服务，集体采购办公用品、车辆等。这些工作政策性很强，要求讲究效率、效益与公平，服务必须细致、周到。

三、机关事务管理的定位及其机构改革

机关事务管理局或服务局（机关事务管理中心或办公室）无论属于行政编制还是

事业编制，其性质是行政机关，具有公权力，其目标是为政府各个部门提供优质的、全面的服务和管理；在其职权范围内，对政府各个部门进行监督。这个定位是不应该偏离的。

但是，现在有的省机关事务管理局背离了其服务宗旨，把自己当成市场主体，在自我介绍时，甚至提出以房地产为龙头，发展多种产业的方针。机关事务管理机构不是企业，即使是事业编制，也不能把自己定位为以营利为目的的企业。它具有公权力，不能参与市场竞争。它的目标是为行政机关服务和管理，而不是发展产业，一些从事机关事务管理的单位甚至想把机构进一步扩大。因此，政府必须对机关事务管理机构进行改革。

首先，机关事务管理机构必须回归本位，不能发展多种产业，不能成为市场竞争的主体。

其次，机关事务管理局或服务局成为事业编制的管理中心，是机构改革时变相精简人员的变通做法。它机构多、人员多，要精简机构、精简人员。有的机关事务管理机构的工作人员甚至超过同级政府的公务员人数。这极其不正常，不精简就会出现政府机构少，而机关事务管理机构臃肿的现象。

再次，用信息化、网络化科技手段提供管理和服务，引进市场机制购买服务。这样不仅可以精简机构、精简人员，而且可以提高服务和管理质量。

最后，应当加强机关事务管理机构的权威性。没有权威就无法进行管理。机关事务管理机构以事业单位的身份去管理政府部门的事务，缺乏应有的权威性，应当恢复其行政机关的地位。应该用精简机构、精简人员、创新管理手段和技术方法，而不应将其划为事业单位来达到精简的目的。

机关事务管理机构改革是一件很复杂的事情，随着行政机构改革的发展与创新，一定能达到机构精简、人员干练、服务上乘、管理严格的目标。

本章小结

机关行政是公共行政的组成部分，是行政机关的综合办事机构，它辅助行政领导者开展各种管理工作，是行政机关有效率、有计划、有秩序地开展工作的保证。

第九章 行政决策

内容要点

行政决策既有决策的一般特点，如目的性、预见性、选择性、实践性、优化性等，同时，在决策主客体、决策目的等方面又有行政主体的特殊性、行政决策客体的广泛性、行政决策目的的非营利性、行政决策的合法性、行政决策地域效力的普遍性、行政决策执行的强制性等自身的特点。科学决策和民主决策需要有体制上的保障。本章主要介绍了行政决策的含义、特点和作用，行政决策的原则与类型，行政决策体制和程序。

01 第一节 行政决策概述

一、行政决策的含义

决策是一个非常广泛的概念，决策就是决定，就是拿主意、想办法。行政决策是各种各样的决策中的一种，是指行政领导者在处理政务时，从公共利益和公平与公正原则出发，依照法律和有关规定做出决定的行政行为。

二、行政决策的特点

行政决策具有决策的一般特点，如目的性、预见性、选择性、实践性、优化性等，同时，它还具有自身的特点。

（1）行政决策主体的特殊性。行政决策的主体是行政领导者，是政府和政府各种职能机关以及具有行政授权的社会组织。它既可以是一个领导人，又可以是一个领导集体，他们都有法定职权和地位以及法律授权。一般来说，非经上级国家机关、法律以及其他社会规范授权，任何其他机构和社会组织、个人，都不拥有行政决策权力，不能成为行政决策的主体。

（2）行政决策客体的广泛性。行政决策的客体是社会公共事务，从中央到地方，各级行政机关运用行政决策权力解决社会公共事务的各种问题，涉及国家和社会生活各个领域的广泛事务，往往要涉及很多机构，动用大量的人力、物力和财力。不涉及社会公共事务的决策不是行政决策。

（3）行政决策目的的非营利性。行政决策以实现公共利益为出发点，这是行政决策与其他类型决策的最大区别之一。政府是非营利性组织，是以为公众服务为宗旨的。行政决策以实现公共利益为目标，均衡地协调社会利益和社会价值，确保社会公平和社会稳定。

（4）行政决策的合法性。行政决策必须符合宪法和有关法律以及行政法规，不能违背宪法和有关法律以及行政法规。依法决策是依法行政的关键。行政机关行使自由裁量权必须符合宪法、法律、法规和有关政策的精神，不能随心所欲地进行决策。

（5）行政决策地域效力的普遍性。一级政府做出的行政决策，在其管辖地区之内，效力涉及每个公民和每个社会组织。换句话说，每个公民和每个社会组织都必须贯彻执行其决策，如果不执行，必将受到应有的制裁。政府职能部门做出的行政决策，凡政策涉及的每个公民和每个社会组织都必须贯彻执行。行政决策的这种地域效力是其他社会组织的决策效力无法相比的。

（6）行政决策执行的强制性。政府是以强制力为后盾的，因此，行政决策不是可以或不可以执行的问题，而是必须执行的问题。任何公民和任何社会组织都必须贯彻执行政府制定的行政决策，如果不贯彻执行，必定受到惩罚，甚至会被强制执行。

三、行政决策的作用

（一）行政决策在行政管理过程中具有决定性作用，处于核心地位

行政管理包括领导、决策、指挥、执行、协调和监督等环节，在所有这些环节中，行政决策是最重要的，是关系到行政管理成败的关键因素。整个行政管理活动都是围绕行政决策开展的，都是为了落实行政决策的目标和标准进行的。行政决策是公共行政的起点，如果没有行政决策，公共行政就无法进行，领导、指挥、执行、协调和监督等管理环节就没有根据和标准。因此，行政决策在行政管理活动中处于核心地位，起决定性作用。

(二）行政决策主导行政管理的全过程

行政决策不仅是行政管理活动的先导，而且贯穿行政管理的全过程，从而也主导和左右行政管理的全过程。行政决策渗透在各种行政功能的动作中，但其他的行政管理功能并没有消失，依然具有其独立性。

(三）行政决策是行政管理成功或失败的决定因素

"一言兴邦，一言丧邦"，就是说一项行政决策可以使国家兴旺发达，也可以使国家衰败灭亡。从一定程度上说，行政决策确实是关系国家成败和行政管理成败的关键。行政决策质量的高低，决定行政管理成效的高低。所以，高明的行政领导者会将主要精力用于决策，并根据情况的变化，及时调整决策或做出新的决策，保证行政管理的一切工作正常运转，提高行政效率。

(四）行政决策是贯彻执行国家意志和加强政府合法性的必要途径

国家的任何政治决策都必须通过政府贯彻执行。政府必须把国家的政治决策转换为行政决策才能使政策真正得到落实。我国实行社会主义民主化，在农村实行村民委员会自治，但是，要真正落实村民委员会自治，必须通过各级政府贯彻执行。

行政决策一般表现为法律、法规或公共政策，它往往涉及一些人的切身利益。因此，制定行政决策必须从公共利益和大多数人的利益出发，为公众利益服务，才能加强政府的合法性。

第二节 行政决策的原则与类型

一、行政决策的原则

（一）科学预测原则

凡事预则立，决策是针对未来的。行政决策是建立在对未来发展与问题的预测基础之上的决策。政府制定政策，必须审时度势，对各种公共事务的发展趋势和问题有全面而科学的预测。在行政决策的执行过程中，政府如果不能预见可能遇到的困难和出现的问题，就会在面对困难和问题时束手无策。行政机关，无论是中央机关还是地方机关，无论是一级政府部门，还是不同级别的政府职能部门，在进行决策时都必须对决策对象的未来发展情况有充分的分析与预测。

（二）信息原则

信息是进行决策的根据和基础。没有信息，就不能进行决策，如果信息过多，也难以决策。面对繁多复杂的政务信息，决策者要有较高的政策水平和分析与综合能力，要善于发现那些能够满足决策需要的信息。行政领导者必须重视信息，但更应该重视信息的真实性与全面性。兼听则明、偏信则暗，不能以点带面、以偏概全，更不能一叶障目不见泰山。

（三）可行性原则

行政决策是为了解决管理过程中出现的问题，因此，决策的可行性是进行决策时必须考虑的重要因素。决策方案必须以可行性为基础。毫无疑问，无论什么样的决策都不可能达到完全理性，而只能达到有限理性。但是决策的限制条件不能造成决策不可能实行，最起码不能成为较大的障碍。如果一项决策只有少数人反对，而大多数人或绝大多数人赞成，就有可行性。当然，可行性不仅指这一点，还要进行成本效益分析和各种相关因素分析等。

（四）满意原则

传统上认为决策时应该对各种决策方案进行择优选择，但是，实际上最优决策方案是不存在的，只有相对满意的决策方案。也就是说，最优决策方案只不过是一种理想状态，能够有最优决策方案当然好，而实际上任何决策方案都有其限制条件。那些能够满足决策要求和条件的方案就是好方案。理想状态的决策方案有时并没有可行性，在实施决策方案时会遇到重重阻力。

（五）成本效益原则

在进行决策方案选择时，应该选择那种投入人力、物力、财力和时间最少，而收益最大的方案。公共行政是为社会公众服务的，政府在进行决策时应该充分考虑必须对纳税人负责，不能浪费纳税人的钱，要降低行政成本。同时，政府还必须考虑决策的实施能够为社会公众提供最好的服务，获得最大的社会效益。

（六）公平与民主原则

政府的重要作用之一就是确保社会公平。因此，在进行决策时必须充分考虑社会公平的问题。尤其是在社会主义市场经济条件下，市场经济所造成的分配不公只能由政府进行再分配予以弥补。只有社会公平，社会才能稳定；如果没有社会稳定，就不可能有社会的全面发展。所以，政府在进行决策时必须坚持公平原则。

民主决策是公共行政民主化的重要组成部分。在知识经济时代和信息社会的条件下，民主是历史发展的必然趋势，不可阻挡。那种传统的政府决定、公民被动执行的管理方式已经不符合时代的要求，它必须转变为政府广泛地听取公众意见，让公众充分参与，然后政府决策、公民执行的管理方式。我们党有这方面的优良传统，一直采取"从群众中来，到群众中去"的民主决策原则。

（七）法治原则

公共行政必须依法行政。因此，在进行决策时，决策必须符合宪法，必须符合有关法律和法规，必须符合党的路线、方针和政策。否则，决策便没有合法性的基础。地方政府的决策必须与中央政府和上级政府的决策保持一致，不能另起炉灶，与中央政府和上级政府的决策唱对台戏。

（八）实现公共利益的原则

政府是为社会公众服务的，是为了实现公共利益。政府进行决策时，不能谋求自身的利益，因为它是非营利性的。我们应当承认，政府也有其自身的利益，但是这种利益不应该干扰决策的公平性和公正性，否则，就会发展为部门利益和行业利益。因此，在进行决策时应当把实现公共利益作为衡量政府决策行为是否公平合理的重要标准。

二、行政决策的类型

对行政决策的分类有如下几种划分方法：按照决策的风险程度划分，行政决策可分为确定型决策、风险型决策和不确定型决策；按照决策对象的结构性程度划分，行政决策可分为程序性决策和非程序性决策；按照决策主体的行为方式划分，行政决策可分为个人决策和集体决策；按照决策主体采取决策的方法划分，行政决策可分为经验决策和科学决策；按照所要解决的决策问题的范围和重要性划分，行政决策可分为战略决策和战术决策。

（一）确定型决策、风险型决策和不确定型决策

确定型决策是指决策者对决策对象的自然状态和客观条件能够确定，决策目标也非常明确，对决策实施的结果也能够确定的决策。确定型决策一般是对决策所要解决的问题的有利条件和不利条件都很清楚，决策目标也很明确，有几个可供选择的决策方案，对各种决策方案的实施后果也有十分确定的把握。这样，决策者可根据自己的经验和主观偏好进行决策。

风险型决策是指决策者对决策对象的自然状态和客观条件都比较清楚，也有比较

明确的决策目标,但是实现决策目标必须冒一定风险的决策。风险型决策必须有一个明确的决策目标,要有两个以上可供选择的决策方案,能够确定实施决策方案的有利条件和不利条件;决策对象的自然状态和客观条件,是决策者可以控制并可预测的;决策者对决策实施的后果有一定的把握,但是必须付出一定的代价,冒一定的风险。在这里应该指出,确定型决策和风险型决策有时很难有明确的界限。

不确定型决策是指决策者对决策对象的自然状态和客观条件都不清楚,决策目标也不够明确,对决策的结果也不能控制和预测的决策。不确定型决策是比风险型决策难度大得多的决策,一般有两个以上的决策方案。决策对象有两个以上的变量,而且这些变量和自然状态的发展变化是不可预测的,也是不可控制的。没有最好的决策方案,决策者从不同的角度出发可以做出不同的选择。决策对象的自然状态在不同条件下会发生什么样的变化,不可能做出确定性的预测。各种决策方案出现的各种结果的概率也很难确定,往往以决策者的主观意志和判断为决策依据。决策者有各自的偏好,有的魄力大,敢于冒风险,往往选择那种收益大但损失也大的方案;有的魄力比较小,不敢冒风险,往往选择那种收益小但损失也小的方案。因此,不同的决策者可以做出不同的决策,并没有最好的决策,因为一切都是不确定的,都是发展变化的。

（二）程序性决策和非程序性决策

程序性决策也称常规性决策,是指决策者对有法可依、有章可循、有先例可供参考的结构性较强、重复性的日常事务所进行的决策。通俗地讲,程序性决策就是照章办事或例行公事。程序性决策要求必须按照规则处理各种公共事务,必须依照有关法律、法规、政策、规章制度予以决定。在没有规则可循的情况下,必须有先例可供参考。程序性决策的决策对象一般不是涉及面广的重大问题。

非程序性决策也称非常规性决策,是指决策者对无法可依、无章可循、无先例可供参考的非重复性、非结构性事务所进行的决策。这类决策的要求较高,它要求决策者必须有较全面的法律知识,有较高的政策水平,对决策对象有全面的了解与分析,对决策结果有准确的把握。也就是说,做出的决策不能违背有关的法律、法规和规章制度。

程序性决策和非程序性决策并没有明确的界限,大多数决策既不是完全程序化的决策,也不是完全非程序化的决策,而是程序化决策和非程序化决策的结合。程序性决策一般由下层领导者做出,非程序性决策由高层领导者或主要领导者做出。尤其是关系到组织的生存和发展的重大问题,决策必须由组织的主要领导者做出。

（三）个人决策和集体决策

在进行行政决策时,由行政领导者一个人做出的决策,叫作个人决策。这是在政府系统内常见的一种决策方式和决策类型。领导者独自进行决策,有的领导者听取其他人的意见，有的则不听任何人的意见，但是，无论听还是不听其他人的意见，领导者都是一个人进行决策。个人决策容易造成决策失误，因为领导者个人掌握的政务信息有限、知识有限、理性有限、能力有限。如果领导者个人能够掌握完全的政务信息，有过人的智慧，有完全的理性，非常有能力，能够保证决策的质量，那么，个人决策是成本最低的、效率最高的。但是，一般的领导者很难具备这些条件。同时，个人决策也容易造成权力垄断，如果没有权力制约，就会造成滥用权力和滋生腐败，这是权力行使没有界限必然导致的结果。

集体决策是指在进行行政决策时，由行政领导集体所做出的决策。集体决策往往采取少数服从多数的原则。集体决策既可以充分反映各方面的意见，集思广益，集中大多数人的经验和智慧，又可以反映各个方面的不同利益，扩大实施决策的基础，调动各个方面和各种人员的积极性和主动性。同时，它可以防止个人垄断权力和滥用权力，防止产生寻租现象和腐败。但是与个人决策相比，集体决策成本过高，效率也较低，尤其可能出现议而不决、拖拖拉拉的情况。执行决策的结果由集体负责，实际上就意味着没人负责。

（四）经验决策和科学决策

经验决策是指决策者对决策对象的认识与分析，以及对决策方案的选择，完全凭借决策者在长期工作中积累的经验和解决问题的惯性思维方式所做出的决策。这是领导者经常用的决策类型，也是最传统、最常见的决策类型。公共事务纷繁复杂，千差万别，成因也不尽相同，缺乏确切的定量因素，存在大量的不确定因素和难以定量的不断变化的各种因素。领导者在长期的工作实践中，处理过各种各样的问题，有成功的，也有失败的。这些成功或失败都是经验，成为领导者进行决策的根据。

科学决策是指决策者凭借科学思维，利用科学手段和科学技术所做出的决策。现代科学技术的高速发展为科学决策提供了必要条件和手段。信息技术的发展为科学决策理论和技术的应用与发展奠定了基础。现在处理许多公共事务时可以建立比较成熟的数学模型，可以用比较成熟的科学决策模型进行决策。

尽管科学决策是建立在现代科学技术基础之上的先进决策方法，但是我们也不能认为经验决策就是落后的决策方法，是没有价值的。科学决策和经验决策各有所长、各有所短，互相不能取代，只能是取长补短。当然，如果一切公共事务都能用科学方法进行决策，就是非常理想的，但是到目前为止还不可能办得到。社会问题的变量很多，成因很复杂，而变化又快，涉及面又广，许多变量不能用科学方法予以概括，也无法建立数学模型，所以无法用科学方法进行决策，而必须依靠领导者的经验进行分析、判断和决策。科学决策难以处理那些不能定量的社会因素，而经验决策往往容易墨守成规，缺乏创新。

（五）战略决策和战术决策

战略决策是指直接关系组织的生存与发展，涉及组织全局的、长远性的、方向性的、影响范围广的决策。一般来说，战略决策风险大，需要长时间才可以看出决策结果，所需解决的问题复杂，环境变动较大，对决策者的洞察力和判断力要求高。因此，战略决策一般多由高层决策者做出。

战术决策是指根据战略目标的要求，为解决某一重大问题或某一阶段面临的重大问题而做出的在组织内部范围贯彻执行的局部性、短期性的具体决策。战术决策以战略决策规定的目标为决策标准，为战略决策服务，是实现战略决策的手段和环节。战术决策一般由中层管理人员做出。

（六）危机决策

危机决策是指领导者在自然或人为的突发性事件发生后，迅速启动各种突发事件应急机制，大胆预测，做出决策的过程。一般来说，大多数危机事发突然，事先也很难预知，其本身带有很大的不确定性，很多现象以前从未出现过，因此对领导者应对公共危机的能力是一个考验。危机发生后，领导者要善于抓住危机中的契机，变被动为主动，根据危机的变化过程及时调整方案，正确决策，化解危机。

03 第三节 行政决策体制与程序

一、行政决策体制

现代的行政管理必须建立现代的行政决策体制，行政决策体制的法治化、民主化和科学化是行政法治化、民主化和科学化的核心。行政决策体制应该解决由谁进行决策，由谁参与决策，反映谁的意见和谁的利益，由谁监督决策的合法性、民主性和科学性等问题。建立现代行政决策体制，一方面要保证决策必须反映民心民意，另一方面要确保决策必须符合法律、符合程序，具有科学性和可行性。领导权就是决策权，谁把持了决策权，谁就掌握了权力。行政决策体制的重要作用之一是对决策权的行使进行监督。

所谓行政决策体制，是指由承担各项任务的行政机关和行政人员所组成的一个组织体系。现代行政决策体制应该包括：领导决策系统、公民磋商与参与系统、专家咨询系统和信息支持系统。

(一) 领导决策系统

毫无疑问，行政决策必须是由一级政府或职能部门的行政领导者做出的决策。其一般有两种决策方式：个人决策和集体决策。个人决策是比较常见的决策方式，政府首长往往习惯个人决策。但是，个人决策容易导致个人独断专行，也可能由于领导者个人的智力、能力和经验有限而影响决策质量。另一种决策方式是由一个领导集体进行决策，即集体决策。无论是个人决策还是集体决策，其关键是决策是否反映了民心民意，领导者是否考虑了大多数人的意见和大多数人的利益。

领导者有独自做出决断的权力，关键问题是这种权力使用的合法性。对决策权的合法性的监督一般由立法机关进行。议会对政府的决策进行辩论和投票，决定政府的决策是否有合法性。议会或者进行否决，或者提出修正案。一级政府的决策权由立法机关进行监督，而政府的职能部门或其他行政机关的决策权应该由上级机关进行监督。

领导决策系统的基本任务是，确定要解决的问题和决策目标，把公民磋商与参与系统、专家咨询系统和信息支持系统组织起来，围绕所要解决的问题和决策目标开展工作；组织专家咨询系统拟订各种不同的决策方案；负责选择决策方案，也就是进行决策，并对立法机关和上级机关与公民负责；负责推行决策，监督决策的执行，在执行过程中可以完善和修正决策，并且对决策实施的结果有完全的责任。

领导决策系统是行政决策体制的核心，是实际权力的把持者。它决定在多大程度上容许公民参与，在多大程度上听取公民意见，在多大程度上听取专家意见，决定行政决策体制法治化、民主化和科学化的程度。没有行政决策体制的法治化、民主化和科学化，就不可能实现行政管理的法治化、民主化和科学化。

(二) 公民磋商与参与系统

政府决策与公民磋商并吸收公民参与是现代行政决策体制的重要内容，也是行政民主化和政治民主化的重要内容。政府决策必须集中和反映大多数人的意见和利益，不能片面地代表和反映少数人的利益和特权者的利益。我国是社会主义国家，人民是国家的主人，政府是为人民服务的，领导者是人民的公仆，必须听取公民的意见，代表公民的利益。我们应该看到，政府和官员更愿意对任命和提拔他们的上级负责，而对公民则没有那么强的责任心。公民要求政府提供优质服务是公民的消费权，公民是政府的顾客。政府为公民服务就应该有商家为顾客服务的态度。人民是国家的主体，是国家的主人，政府的决策如果不能代表和反映人民的意见和利益，政府就缺乏合法性的基础。这是任何类型的政府都不得不注意的问题，也是关系到政策的可行性和政府的生存与发展的问题。社会主义国家的政府也会有政策失误，也有官僚主义、衙门作风，也会有少数人当官做老爷，也能够产生腐败，也会脱离人民群众。人民群众也可能不认同政府的政策，不拥护政府的某些措施，也可能与政府产生一些矛盾和冲突。

这些都需要建立公民磋商与参与系统。公民磋商与参与系统包括如下内容：

1. 建立社会信息反馈系统

社会信息反馈系统的作用是广泛地进行调查研究，了解民情民意，重视人民群众的要求和希望，并及时反馈给政府。这样，政府在进行决策时就能够做到政策目标符合人民群众的需要，想人民群众之所想，急人民群众之所急。决策方案的选择能够恰到好处，切实可行，同时也可以避免官僚主义和主观主义。

2. 建立政府与社会组织和社会团体的磋商系统

在社会主义市场经济条件下，"大一统"的单一社会结构已被打破，社会已成为网络型社会。社会的不同阶层和不同行业形成了不同的利益集团，社会组织和社会团体则代表它们的不同利益与意志。因此，在制定一项公共政策之前，政府要和代表不同利益和意志的社会组织及社会团体进行磋商，听取它们不同的意见，协调其意见和利益，在互相妥协的基础上达成共识。例如，关于出租汽车调价的问题，北京市政府曾经与出租汽车司机的代表和乘客代表进行磋商，最后达成作为卖方的出租汽车司机和作为买方的乘客都满意的价格。这是一次十分成功的政府与社会组织和社会团体进行磋商的案例。社会组织和社会团体与政府进行磋商并参与决策，共同制定的政策就具有广泛的基础，更具有可行性与合法性。

3. 建立公民评价与监督政府系统

政府是为人民群众提供服务的，这种服务作为一种公共物品，它的质量如何，只能由服务对象予以评价和监督。要做好这方面的工作，政府首先必须做到政务公开，岗位职责明确，政策透明，程序公开，同时要有明确的评价标准。如果这些问题不明确，人民群众就无法对政府的工作进行评价和监督。与此相对应，政府对人民群众的评价和监督要有回应，需要建立反馈机制，制定措施，公开评价和监督结果，奖罚分明，奖优罚劣。有了这种竞争机制，公民评价和监督机制就不会流于形式，这样就从根本上改变了过去政府工作人员只对上级负责而不对公众负责的做法，对改变政风起到了巨大的推动作用。现在，全国许多政府和政府部门都不同程度地实行了这种制度，取得了比较明显的效果。

（三）专家咨询系统

专家咨询系统是现代行政决策体制的重要组成部分之一，也是现代各国普遍采取的决策方式之一。在现代社会，信息爆炸，知识超载，利益多元，社会问题往往与现代科学技术问题搅和在一起，许多问题不仅是社会问题，还是科学技术问题。政府首长没有时间收集和分析各种政务信息，有时面对复杂的各种问题也很难做出决策。他们的能力、知识和时间都有限。因此，为了加强决策的科学性和可行性，第二次世界大战以后，西方发达国家成立了许多专家咨询机关，称为"外脑""思想库""智囊团"。

西方发达国家有许多这方面的私营机构和公立机构，其目的都是为政府出谋划策，提供政策咨询。这些机构往往得到政府资助，独立研究政府可能遇到的各方面的问题，制订各种决策方案，供政府决策参考。美国兰德公司是最著名的咨询机构之一，它很早就预测到希特勒必然发动第二次世界大战，它愿意以几百美元的价格把研究报告卖给美国政府，但是美国政府予以拒绝。然而，历史证明了这份研究报告十分准确地指出了爆发第二次世界大战的必然性，是科学的预见。亡羊补牢，犹未为晚。20世纪80年代，美国政府以几百万美元的价格买下了这份研究报告，以弥补政府当年所造成的失误。从以上例子可以看出，专家咨询系统是非常重要的，是现代行政决策体制不可或缺的组成部分。它能够弥补领导者在能力、智力和时间上的不足，使决策更具有科学性和可行性。

专家咨询系统的主要作用是拟订决策方案。首先，专家咨询系统由学者和专家以及资深行政官员组成。他们有独立工作的权利，可以接受政府的委托进行政策研究，但是不受政府政策和政府意图的左右，不受长官意志的影响。必须确保他们有独立思考的空间。他们制订的决策方案可以与政府的政策不同，甚至相反。他们进行调查研究，分析综合，提出各种决策方案。这些决策方案具有排他性，它们之间不能互相重复、互相涵盖、互相交叉。决策方案的制订必须独辟蹊径，独出心裁，自成一家，自成一体。但专家咨询系统只有拟订方案和提出决策方案的权力，没有决策权。同时，如果政府采纳了专家提出的决策方案，专家咨询系统对政策执行的结果也不负任何责任，政府也不能把责任推到专家身上，谁决策谁负责。

（四）信息支持系统

信息是政府进行决策的基础，没有信息，政府的决策就成了无源之水、无本之木。信息支持系统为领导决策系统和专家咨询系统提供各种政务信息。所以，信息必须准确、正确与及时。信息支持系统主要由如下机制组成：

1. 建立一个收集各种社会信息和政务信息的网络

这些信息包括民情民意，国内外的政治、外交、军事、经济、科学、技术和文化等信息。现代社会变化大，节奏快，信息多，所以收集信息的工作就更为繁重。但现代科学技术可以确保收集覆盖全社会的信息，而没有遗漏。收集的信息必须正确并准确，政府要分清真实信息与虚假信息，不能只报喜不报忧。改革开放以来，干部出数字、数字出干部的现象曾大行其道，害民误国。因此，政府要建立一个覆盖全社会的信息网络，收集需要的各种准确信息，为行政决策服务。

2. 整理、分析和加工各种社会信息和政务信息

收集信息后，必须对信息进行分类整理，整理的过程是一个去伪存真、去粗取精的过程。信息的整理、分析和加工工作要求工作人员具备较高的政策水平和实际经验，见微知著，一叶知秋；辨真伪于细微之处，权轻重于毫厘之间；莫为巧言令色所迷惑，不为位高权重所左右。收集的这些信息客观地反映了一定的社会问题，应该如实地向

领导决策系统和专家咨询系统传递，供他们在拟订和选择决策方案时参考。

行政决策体制的四个组成部分缺一不可。领导决策系统是核心系统，它决定是否设置其他三个系统，决定它们如何发挥作用，决定它们之间的关系和协作。但必须肯定的是，决策必须以人民群众的意志和利益为导向，以法治性和科学性为标准，因此，必须有相应的机制予以保证。

二、行政决策程序

行政决策程序是指行政决策过程中各个相互独立又相互联系的环节的先后次序与步骤。赫伯特·西蒙认为决策程序有四个阶段：第一阶段是情报活动阶段，其主要任务是收集信息，找出差距，界定问题，确定决策目标；第二阶段是方案设计阶段，其主要任务是提出各种各样的决策备选方案；第三阶段是选择方案阶段，也就是决策阶段；第四阶段是审查方案阶段，对实施方案进行审查和评价。我们认为行政决策程序应该包括如下八个步骤。

（一）认识问题，界定问题，找出差距

无论什么类型的决策都是围绕确定问题并解决问题而开展的活动，行政决策也不例外。首先必须收集信息，凡是与决策对象有关的各种数据和资料都在收集的范围之内，包括历史的和现在的各种信息。然后，确定问题是什么，为什么会出现这样的问题，问题涉及的范围以及广度和深度，出现这些问题的主观因素和客观因素，问题所造成的损失程度和负面影响，问题将怎样发展。这些问题都必须在分析信息的基础上找出答案。

在找出问题并界定问题以后，必须确定理想状态和现实状态的差距是什么。在这种情况下，决策者必须以实事求是的科学态度，竭力避免主观臆断和个人偏好的影响，尤其不能固执己见，不承认有差距和问题的存在，更不能仅凭经验判断。在政府中，这种情况经常发生，领导者往往不愿意承认有问题，不承认自己的管理和决策有问题，往往沿着错误的方向向前走，试图以更大的代价和更多的投入来挽救和弥补失误，结果劳民伤财，问题越搞越大，非闹个折戟沉沙不可。决策者必须按照过去已确定的目标和标准或一种期望的目标和标准，与先进组织的目标和标准进行对比，找出差距。

找出的差距必须准确、客观，能够全面地反映现实状态与理想状态之间的差距。同时，必须找出出现这样的差距的原因，包括主观因素和客观因素，内因与外因。

（二）确定决策目标

在行政系统中，决策目标的产生有其特殊性。一个公司可以自主地决定决策目标，但是政府有时不能自主决定。国家和立法机关以及上级政府和上级领导部门有下达决

策目标的权力。一般来讲，政府决策目标的产生有如下几种：

（1）立法机关确立的决策目标。在我国，各级政府是同级立法机关的执行机关，政府必须贯彻执行立法机关制定的各种法律，这是它们责无旁贷的任务。

（2）中国共产党制定的路线、方针和政策。在我国，党领导政府，政府必须贯彻执行党的路线、方针和政策，因此，党的路线、方针和政策就成了政府的决策目标。

（3）上级政府或上级领导机关下达的具体决策目标。这种目标是由上级确定的目标，下级的任务是结合本地区或本单位的具体情况贯彻执行。决策者要研究具体的落实方案，进行仔细、周密的分析，确定执行决策的有利条件和不利条件，找出那些妨碍实现决策目标的制约因素。如果没有条件执行决策，可以向上级提出申请，要求获得支持或改变决策目标。

（4）上级政府或上级领导部门下达的粗略目标。这种目标是只规定大致方向和目标，没有具体目标，需要决策者把决策目标具体化。因此，它要求决策者对上级下达的目标进行全面的分析，结合具体情况，针对具体问题，提出具体的决策目标。

（5）针对组织本身的发展所确定的决策目标。一种是为了落实组织发展的长远目标而制定的短期目标，另一种是针对组织目前存在的问题所确定的决策目标。

确定决策目标必须符合宪法和有关法律与法规，必须符合党的路线、方针和政策，必须符合上级的指示与命令。决策目标必须符合人民群众的希望和要求，不能违背或侵犯人民群众的利益，必须符合成本效益原则。同时，决策目标必须非常明确，不能含糊不清、模棱两可，要用十分明确的语言予以表达。另外，也要明确决策目标的各种有利条件与约束条件。

（三）确定决策标准，确定每个标准的权重

在确定目标之后，决策者必须根据决策目标的要求，确定决策标准。决策目标所要求的标准是多方面的。如果一个城市把建立良好的社会秩序作为决策目标，那么达到这个目标的标准可以有几十个。一系列决策标准并非都一样重要，还必须确定哪些标准更重要，更具有优先权。决策者如何衡量决策标准的重要性，往往与决策者的个人经验和偏好有直接联系。最简单的方法是给各种决策标准打分，并根据得分多少确定优先次序。

（四）拟订决策方案

决策者根据决策目标和标准拟订决策方案。拟订决策方案必须忠于决策目标和决策标准。要进行科学的预测，充分分析有利条件和限制条件，要考虑公共行政环境允许做什么，组织的资源能够做什么，实现决策目标和决策标准的关键因素是什么。

拟订决策方案分两个阶段：粗拟阶段和精心设计阶段。

粗拟阶段提倡方案设计者敞开思路，开阔视野，大胆设想，丢掉各种条条框框，

殚精竭虑，尽可能把解决问题的各种各样的有价值的方案都提出来。这些决策方案具有排他性，它们之间不能重复，不能相互涵盖。粗拟阶段只是进行轮廓设计，是大致的设想。但是，经过科学的分析，经过比较鉴别，去粗取精、去伪存真，能够找出几个投入少、产出多，并且负面影响较少的决策方案，作为精心设计的决策方案。

精心设计阶段就是对这些有价值的方案进行细致且缜密的构思和设计。它必须高标准、严要求。决策方案的构思和设计严格地按照决策目标和决策标准进行，并且要考虑许多相关因素，如实施决策方案的有利条件和不利条件、符合人民群众的需要的程度、社会环境的认可程度、组织资源和组织能力、受益公众的范围、决策负面影响的范围和程度以及防范措施等，并且要确定实施决策方案的标准和步骤，确定每一阶段所需要的时间、人力、物力、财力以及其他的资源。

决策方案一般有四种：积极方案、临时方案、追踪方案和应变方案。积极方案是为了实现目标而制订的方案，这是构思和设计的主要方案。临时方案是为了解决在实施决策的过程中出现的而一时又难以查清原因的问题的决策方案，目的是不使问题扩大，以便查明原因，采取措施。追踪方案是为了弥补或完善决策而制订的决策方案。应变方案是为了防止自然或人为的突发事件改变决策情境，需要调整决策而制订的决策方案。

（五）分析方案

制订各种决策方案以后，就要对这些决策方案进行系统全面的分析。首先，要分析哪些决策方案更符合决策目标和决策标准，能够最大限度地实现决策目标。然后，进行成本效益分析和风险分析。对实现这些决策方案所需要的成本和产出进行比较，比较在同样实现决策目标的情况下，哪些决策方案的成本更低、效益更高。这里所说的效益主要是指社会效益。在实施决策方案有同样的成本和效益的情况下，要对这些决策方案进行风险分析，要选择那些风险程度低、确定性程度高的决策方案。对各种方案赋予不同的权重，可以采取对各个方案打分的办法。

（六）选择方案

对各种决策方案进行分析以后，由领导者选择决策方案。领导者根据决策目标和决策标准进行选择。一般来说，领导者比决策方案的制订者对决策目标和决策标准更清楚、更明确。而且，领导者了解实际情况，有比较丰富的工作经验，对实现决策目标和决策标准的有利条件和不利条件、风险程度和可行性有比较全面的把握和了解，也了解组织资源和组织环境；对实施决策方案的正负两方面的影响能够比较准确地权衡和评估，对成本和效益也比较清楚。因此，领导者在选择决策方案时，可以综合各方面的情况，根据自己的价值观和偏好，选择一个或综合几个方案作为决策方案。

选择决策方案的方法有三种：领导者或根据自己的决策经验，或经过实验方法，或对决策方案进行研究和分析。

（七）实施决策方案，完善决策

领导者选择了决策方案之后，就要实施决策方案。领导者首先要分解决策目标，制定实施标准和检查监督制度，建立实施领导机构和执行与检察机构。然后，将分解的决策目标落实到具体执行的组织部门，建立责任制。决策的实施必须在统一领导下进行，要做到组织机构明确、任务明确、责任明确。领导者应该选择一个具有普遍意义的决策对象实施决策方案，并对其进行完善，从而取得经验，然后再全面实施决策方案。决策方案的实施过程也是"从群众中来，到群众中去"的过程。

决策方案的实施不可能是一帆风顺的，会遇到各种阻力，会出现各种问题。任何决策都不可能代表所有人的利益并且反映所有人的意志，都不可能得到百分之百的公众的拥护，这是决策本身的局限性所决定的。领导者要善于引导，化解矛盾和冲突。同时，如果决策本身确实有不完善和失误，就必须及时完善决策方案或追加决策。实施决策方案的过程也是完善决策的过程。在经过重点实验之后的全面实施过程中，可能会出现执行不力、政策走样、偏离目标、降低标准等情况。因此，要进行强有力的检查监督，确保高标准、高质量地达成决策目标。如果客观条件发生了变化，就要及时调整决策方案，以符合客观实际。

执行决策必须有统一领导，没有统一领导就不可能统一决策目标和统一决策标准，统一领导是实施决策方案的保证。

（八）评估决策

对决策的执行结果进行评估，是决策活动的重要一环。评估可以分为三个步骤：第一步，评估必须实事求是地衡量决策执行的实际效果，必须客观而真实，不能弄虚作假。这是评估决策执行的基础。第二步，将决策执行的实际效果与决策目标和决策标准相比较，找出差距。第三步，分析原因，采取管理措施，按照决策标准实现决策目标。

为了评估决策执行取得的实际效果，领导者首先需要收集必要的信息。领导者往往通过个人亲自实际观察、听取汇报和看工作报告来获得信息。

本章小结

行政决策是行政领导者的重要责任。传统的行政决策以"最优"为主要原则，实际上这是不可能的，只能以"满意"为原则。不同的行政决策类型有不同的特点，其效果也不一样。科学、高效的决策是以行政决策体制为保障的。民主决策是未来行政决策的主要方式。

第十章 行政执行

内容要点

行政执行在公共行政中具有十分重要的地位，它是整个公共行政学研究的一条主线。研究行政执行问题对于学科建设有着十分重要的意义。公共行政学研究的各种问题都与行政执行有关。例如，公共组织、行政体制、人事行政、公共财政等，这些内容都是在行政执行的基础上结合为一个有机整体的。本章主要介绍了行政执行的含义与特点，原则与作用；行政执行的步骤；行政评估的含义与作用，原则与方法，内容与程序。

第一节 行政执行概述

一、行政执行的含义与特点

（一）行政执行的含义

行政执行是行政机关及行政人员依法实施行政决策，以实现预期行政目标和社会目标的活动的总和。它始于行政决策形成之时，终于行政决策目标的实现，是政府工作中经常性的活动。

行政执行的主体是行政机关及行政人员。行政执行不仅是一种具有目标导向的活动，而且是需要通过一定的具体步骤或实际行动来落实政策的活动。行政执行是一种行政法律行为，因此具有强制性。

（二）行政执行的特点

行政执行作为行政过程中相对独立的环节，相较于行政决策等其他环节具有以下显著特点。

1. 综合性

首先，在执行系统内部，需要对人力、物力、财力、时间、信息、管理技术、规章制度等因素进行协调、平衡；其次，执行过程需要各个执行机关和社会各部门积极配合；最后，行政执行需要使用各种管理手段，如行政手段、法律手段、经济手段和思想政治教育手段等。

2. 目的性

行政执行必须严格按照行政决策确定的思路和方案进行行政操作，使整个执行过程中的一切活动都能紧紧围绕实现行政决策规定的目标进行，使执行中的每一步都能目标明确、措施对路，保证达到预定目标，实现公共利益。

3. 具体性

行政执行面对的工作对象是具体的组织、团体和个人，行政执行运用的手段是具体的，行政执行实施的步骤、程序和环节也都是具体的；同时，行政执行的过程是法律和政策原则的具体化，是一般原则与特殊对象相结合的过程。

4. 强制性

行政执行活动是依靠行政权力，贯彻、落实国家方针政策和法令、法规的活动，因此，行政执行活动在执行手段、执行方式等方面都有一定的强制性。这也是行政管理活动权威性和严肃性的重要体现。

5. 灵活性

行政执行在坚持决策目标的前提下，应当做到因时制宜、因地制宜、因事制宜，具体问题具体分析，灵活采用多种有效的方法和手段。行政执行应当坚持原则性与灵活性的统一。

二、行政执行的原则与作用

（一）行政执行的原则

1. 忠实于决策的原则

忠实于决策，执行决策不走样，这是公共行政对行政执行的首要要求。行政执行的根本任务是贯彻国家法律法规，落实上级的指示和决定，实现行政目标。这就要求行政执行主体必须全面、正确地理解有关法律、政策、决策和任务，并在行政执行过程中忠实于有关政策和决策，严格按照决策目标予以实施。

2. 迅速有力的原则

行政执行的意义是以最快的速度、在最短的时间内圆满地实现决策目标。正确的决策一经做出，贯彻执行越坚决、迅速、有力，效果就越好，因此必须坚持迅速有力的原则。要讲究时效，不能贻误良机，杜绝拖拉推诿的作风，但是不可操之过急，简单图快。

3. 创新灵活的原则

行政执行既要求忠实于决策，使贯彻执行不走样，又要求从实际情况出发，创造性地贯彻执行。所谓忠实，是指忠实于决策的基本精神和目标，而不是"句句照办"。所谓创新，就是在忠实于决策的前提下，从实际出发，结合本地区、本部门的实际情况，创造灵活有效的执行决策。

4. 计划安排的原则

行政执行要有周密的计划安排，各个环节工作有条有理；根据任务的轻重缓急，合理地组织、分配人员和财物；善于抓住主要矛盾，围绕中心任务开展各项工作，做到有主有次，有先有后，环环相扣，有条不紊。

5. 团结协作的原则

行政执行绝不是少数几个人就能完成的工作。它不仅需要行政领导者的正确领导，更需要广大行政人员的全力工作。只有上级和下级达成共识，把领导者的积极性和群众的积极性结合起来，将领导者的决策和规划变为群众的自觉行动，才能实现行政执行的职能。

（二）行政执行的作用

1. 行政执行决定决策方案能否实现及实现的程度

行政决策是针对现实生活中存在的重大问题做出的，及时、正确地将决策付诸实施，行政决策才具有实际意义，政府的工作目标和任务才能真正完成。行政执行的效果决定了行政决策的实现程度。

2. 行政执行效果是检验、修正和完善行政决策的途径

在行政管理过程中，行政决策正确与否最终必须由行政执行来检验。人们通过行政执行就能够发现决策本身的错误和不足，从而为修正和完善行政决策提供重要的依据，因此，行政执行效果是修正和完善行政决策的重要途径。

3. 行政执行是实现行政职能的必要形式

行政职能是政府管理国家政务和社会公共事务的活动内容的总概括，是公共行政活动的实质和方向的集中反映。政府职能无不需要通过行政执行的诸多环节来加以实际运作和落实。因此，行政执行不仅是政府职能的具体表现，而且是政府职能得以实现的必要形式。

4. 行政执行是衡量公共组织及其运行状况的重要标准

行政执行的情况和效果能够检验和衡量行政组织的设置是否合理，行政领导者与

一般工作人员的配备是否得当，具体的工作制度是否健全，信息系统和监督系统的工作是否得力，各有关单位的权责划分是否明确、适当等。同时，行政执行的效率和效果也直接影响公共行政的效率和效果。

第二节　行政执行的步骤

行政执行是一个完整的并具有阶段性的过程。一般来说，这一过程大体可以分为准备阶段、实施阶段和总结阶段。明确每一阶段的工作内容，完成每一阶段的各项任务，各个阶段之间相互衔接，对于行政执行活动来说是十分重要的。

一、准备阶段

准备阶段是行政执行过程的第一阶段。准备工作是否充分，直接影响行政执行的整个进程。行政执行所实施的决策和任务决定准备工作的具体内容。执行的决策和任务不同，准备工作的具体内容也就不同。就一般情况而言，准备阶段的工作内容主要包括制订执行计划、法律准备、组织准备、思想准备、物资准备和技术准备等。以上各项准备工作应该本着必要、适当、节约和预防的原则，既不能准备不足，又不可铺张浪费。

二、实施阶段

准备工作就绪，行政执行活动便进入实施阶段。这是整个行政执行过程中最具实质意义、最为关键的阶段。实施阶段是由行政管理工作的若干功能性环节所组成的，这些环节主要包括行政指挥、行政控制、行政沟通、行政协调等。

（一）行政指挥

1. 行政指挥及其作用

行政指挥是行政执行过程的主要环节之一，是行政领导者在行政执行过程中，按照既定的决策目标和实施计划，对其下属进行领导、指导和调度的管理活动。

行政指挥在行政执行过程中的主要作用包括：

（1）行政指挥是保证行政执行活动协调一致的重要手段。现代行政执行活动涉及领域广泛，参与机关和人员众多，分工精细，事务性强，各项任务和工作联系密切，需要各部门、各地区和各工作人员之间的有机配合和协调一致。但是，冲突和矛盾总是难免的，并且会给执行工作带来阻力。因此，想要协调各部门、各地区和各工作人员之间的关系，整合工作目标，避免和化解各种冲突和矛盾，保证行政执行的一致性，就必须有高度统一的行政指挥。

（2）行政指挥是高效地贯彻执行行政决策的根本保证。行政指挥在执行系统中起着导向的核心作用。行政指挥的角色扮演得如何，决定了行政执行的效率和质量。行政指挥必须利用自身的地位和资源优势，采取各种方法和手段，把各个组织部门和各执行人员的行为引导指向决策目标，使他们的行为以决策目标为导向，以决策标准为准则，心往一处想、劲往一处使，目标一致，团结协作，高效率地完成任务。

（3）行政指挥是高质量地达成行政决策目标的根本保证。行政指挥必须狠抓决策目标和决策标准的落实，要抓典型，出经验，进行严格的检查、控制和监督。行政指挥必须注意反馈信息的真实性和可靠性，要时刻警惕在行政执行过程中出现好大喜功、弄虚作假的现象。坚强有力的行政指挥是高质量地达成行政决策目标的根本保证。

（4）行政指挥是保证行政资源得以充分利用的必要条件。行政指挥有调度和使用人力、物力和财力资源的权力。科学合理地利用这些资源，是落实行政决策的保证。因此，行政指挥是保证行政资源得到充分利用的必要条件。

（5）行政指挥是衡量行政领导者的政策水平和组织与领导能力的重要标准。政策制定之后，负责执行的行政领导者是决定性因素。行政执行的过程就是把抽象的行政政策具体化的过程。这就要求行政领导者必须有较高的政策水平，能够准确而全面地理解和解释政策，并且能够在坚持决策目标和决策标准的条件下灵活地贯彻执行行政决策。要把行政决策变为现实，行政领导者就要进行大量的组织和领导工作。因此，行政指挥是衡量行政领导者决策水平和组织与领导能力的重要标准。

2. 行政指挥的原则

（1）统一指挥原则。行政执行必须在一个领导者的指挥下实施，不能出现多头指挥和越权指挥。指挥主体发出的指挥命令应保持稳定统一，协调一致。一般情况下，行政执行活动在一定的时间和空间范围内只能按照同一指令进行。如果政令不一或相互矛盾，下级就难以行动，从而严重影响指挥效果。

（2）法定权威原则。行政指挥是一种具有强制性的管理形式，行政领导者必须有一定的强制权力，才能够命令下级。因此，行政机关在授予行政领导者一定的行政职位的同时，应明确赋予其相应的法定权力，包括指挥权、命令权、审批权、奖惩权等，并规定统一的纪律和制度。

（3）果断有力原则。行政指挥必须意志坚定，信心十足，遇到问题要当机立断，当断不断，反受其乱。行政指挥能否做到坚定有力、及时果断，不仅是领导者对执行工作的责任心问题，而且能表现出领导者的领导指挥能力和政策水平问题，同时也能反映其工作经验和智慧。

(4)准确权变原则。行政指挥必须具体情况具体分析，结合实际实施行政决策。这要求领导者对实际情况和决策的理解和掌握不仅要正确，而且要准确。准确是十分重要的，不准确就不可能做到指挥正确，命令和指示也不可能明确。正确而明确的行政指挥是建立在准确指挥的基础之上的。如果不能准确地理解决策目标和决策标准，灵活权变和创新就是另搞一套。

(5)合理授权原则。要想顺利而高效地开展行政执行工作，领导者必须进行行政授权。行政执行中的行政授权，是指领导者把某些权力授予下级执行部门，以便下级部门在领导者的监督下自主地开展执行工作。领导者根据行政执行工作需要，向下级分配工作任务，授予相应的权力，并且被授权者有相应的责任。被授权者有义务向授权者报告和请示，并且接受监督。

3. 行政指挥的方式

行政指挥的方式是指领导者向下属发出命令、指示的方法。行政指挥的方式有口头指挥、书面指挥、会议指挥和现代通信指挥。

（二）行政控制

1. 行政控制概述

(1)行政控制的概念。

行政控制是指行政领导者运用一定的控制手段，按照目标规范衡量行政决策的执行情况，及时纠正和调节执行中的偏差，以确保实现行政目标的活动。

(2)行政控制的作用。

行政控制贯穿于行政执行的全过程，其作用体现在：

①行政控制是完成计划的重要手段。计划是控制的标准，标准越明确，控制效果就越好。实际工作同计划要求可能不符，必须依靠控制，才能逐步地落实计划。

②行政控制是行政工作方向正确的重要保障。实践证明，有些正确的决策，由于在执行中缺乏必要的控制，偏离了行政决策的方向，致使决策没能得到很好的落实。

③行政控制是贯彻依法行政的重要体现。明确各个控制主体的法定权限和职责是公共行政法治化的具体体现。

④行政控制是保证行政目标实现的重要机制。行政控制对行政行为的规范约束，保证行政过程不偏离正确的轨道；行政控制的积极引导和教育作用，可整合行政系统的力量，促使行政管理系统产生强大的凝聚力；行政控制的引导和调控作用，能最大限度地把人们的思想和行动引导到实现行政管理的共同目标上来，保证行政管理目标的一致性。

(3)行政控制的分类。

按照控制的范围划分，行政控制可分为宏观控制和微观控制。宏观控制是对行政管理的整个系统或整个过程的控制，具有导向性、整体性等特点。微观控制是对行政管理的某个局部或环节的控制，具有实务性、具体性等特点。

按照控制的组织机构划分，行政控制可分为集中控制、分散控制和分级控制。集中控制是指由一个控制机构所进行的控制。分散控制是指由若干个分散的、相对独立的控制机构所进行的控制。分级控制是指由多层级的控制机构所进行的控制。

按照控制的方式划分，行政控制可分为直接控制和间接控制。直接控制是指控制者不需要经过中间环节而直接对被控制对象进行控制。间接控制是指控制者需要经过中间环节才能对被控制对象进行控制。

按照控制的时序划分，行政控制可分为事先控制、事中控制和事后控制。事先控制亦称预先控制或前馈控制，是指在计划执行的准备阶段进行的控制。事中控制亦称过程控制或同期控制，是指在执行过程中直接对执行情况进行检查、督促和纠偏。现场控制是事中控制的最常见形式。事后控制亦称成果控制或反馈控制，是指在执行过程完成之后进行的控制。

2. 行政控制的过程和对象

（1）行政控制的过程。

第一步，确定控制标准。确定控制标准是行政控制过程的起点。控制标准就是根据整体的工作目标和计划而制定的对工作成果进行计量和考评的规范和准则。这种标准应当严格服从和充分反映整体目标和计划的要求，同时还要简单易行，便于具体操作。由于具体的行政控制的对象和任务各不相同，因而控制的具体标准也应有所不同。

第二步，衡量成效。衡量成效是指根据确定的控制标准衡量实际执行情况，并对执行情况进行客观评估，获取偏差信息。为了衡量行政执行工作的实际效果，人们首先必须收集有关信息，才能进行衡量和评估。领导者衡量和评估实际工作效果的信息通常有四种：个人观察、统计报告、口头汇报和书面汇报。

第三步，纠正偏差。这是行政控制过程的最后环节，也是最为关键的环节，即在衡量工作成效的基础上，对那些已经发现的失误和偏差进行纠正和补救，以保证行政工作按照原定目标进行。衡量和评估执行的实际效果后有三种应对方案：对执行效果比较满意，领导者不必采取什么措施；对执行效果不满意，而偏差是绩效不足造成的，领导者则应该采取措施，改进实际绩效；对执行效果不满意，而偏差是标准定得过高或过低造成的，领导者则必须修订标准。

（2）行政控制的对象。

行政控制的对象包括行政工作人员、财务、工作、信息和组织绩效。

对行政工作人员的控制主要是对其行政行为的控制，主要对行政工作人员的岗位、职位、素质、能力、效率和行为的合法性，以及行政工作人员对目标和标准的认知情况进行衡量和评估。

财务控制是行政控制的重要内容，是降低成本和有效利用资源的保证。财务是领导者重要的控制点，财务工作必须规范，要堵塞各种漏洞，防止发生挥霍公款和各种非法开支的现象。

工作控制是对具体执行工作的各方面的控制。它包括计划控制、标准控制、程序控制、成本控制和质量控制。

信息控制主要是保证信息传递渠道的畅通、及时和信息的真实性与准确性。信息控制对领导者来说是非常重要的，领导者只有在掌握信息的基础上才能进行有效的指挥。

组织绩效控制是对组织整体效果和效率的衡量和评估。它是以组织实际完成的决策目标的结果来衡量和评估效果的，也可以称为绩效控制。

（三）行政沟通

1. 行政沟通的概念

行政沟通是指在行政管理活动中，在政府各个部门和各个层级之间以及各种人员之间所进行的政务信息的交流与传递。

2. 行政沟通的分类

行政沟通的分类是十分复杂和多样化的。按照不同的标准，行政沟通可以分为不同的类型。

根据沟通的确定性不同，行政沟通可分为正式沟通和非正式沟通。正式沟通是一种通过正式的组织程序和组织所规定的正式渠道进行的沟通，它是沟通的一种主要形式。正式沟通的具体形式主要包括行政机关按照其层级体系发布的法规、公告、公报、命令，举行的各种正式会议和正式会谈，以及下级对上级的报告、申请、意见等。非正式沟通是一种通过除正式规章制度和正式组织程序外的其他各种渠道进行的沟通。非正式沟通是以人们的社会交往为基础进行的沟通。

根据沟通的线路不同，行政沟通可分为单向沟通和双向沟通。单向沟通是一种一方只发出信息，另一方只接收信息而不反馈信息的沟通，亦称无反馈沟通。双向沟通是一种有反馈的信息沟通，它可以多次进行，直到双方满意为止。

根据信息流向不同，行政沟通可分为下行沟通、上行沟通和平行沟通。下行沟通是一种自上而下的沟通，即上级向下级传递信息。它的主要目的是把组织的决定和领导的意图传达到下级组织和人员中去，做到"上情下达"。上行沟通是一种自下而上的沟通，即下级向上级反馈信息，反映意见和情况，其目的是下级向上级汇报工作，请示问题，反映情况，提出建议，做到"下情上达"。有效的上行沟通能够使上级充分了解下级的工作情况，并可以使下级获得心理的满足。平行沟通是一种同级部门或同事之间的信息沟通，亦称横向沟通。

根据沟通工具不同，行政沟通可分为口头沟通、书面沟通和网上沟通。口头沟通是通过面对面或者电话进行信息传递的沟通方式。它可以是正式沟通，也可以是非正式沟通。书面沟通是以书面文件的方式进行信息传递的沟通方式。它一般是正式沟通，也有少量的非正式沟通。网上沟通是政府利用信息网络传递信息的沟通方式。数字政府必然要求进行网上沟通，这是已经开始采用的沟通方式。

（四）行政协调

1. 行政协调的概念与作用

行政协调是指调整行政系统内各机构之间、人员之间、行政运行各环节之间的关系，以及行政系统与公共行政环境之间的关系，以提高行政效能，实现行政目标的行为。

行政协调的作用主要体现在：

（1）行政协调可以使各行政部门和行政人员在工作上密切配合，和谐一致，避免内耗和冲突，从而达到齐心协力、团结一致的目的。

（2）行政协调可以促进各行政部门合理配置和有效利用人力、物力、财力和时间等行政资源，精简和优化办事程序和环节，提高行政效率。在行政执行过程中，可供利用的人力、物力、财力和时间等行政资源都是有限的，如果行政部门之间互设关卡，推诿扯皮，必然会造成人力、物力、财力和时间的巨大浪费，造成工作过程的重复或脱节，从而延误工作的进程，降低工作效率。

（3）行政协调有助于各行政部门和行政人员树立整体观念和全局观念，并从整体和全局的立场出发，充分认识本职工作的意义，努力完成本职工作，从而有利于行政管理活动的有序进行。

（4）行政协调有助于将分散的力量集中起来，使每个部门和个人的努力成为集体的努力，单独的行动成为合作的行动，从而产生整体的"合力"。搞好行政管理，离不开每个部门和个人的努力。但是，这种努力只有借助于行政协调才能形成一种合力，才能真正产生效能。从这个意义上说，行政协调正是行政合力赖以形成的重要基础和源泉。

2. 行政协调的原则

行政协调的原则是从行政协调实践中检验和总结出来的对各类行政协调行为的本质与必然联系的概括，是行政协调行为的准绳。

（1）依法协调的原则。行政协调必须以法律、法规和政策为依据。只有依法协调才能规范公共组织各个部门之间、人与人之间的关系，才能协调行政机关与社会环境之间的关系，才能提高行政效能。

（2）统筹兼顾、顾全大局的原则。统筹兼顾是协调各方面关系，解决重大问题的一条准则，因为只有各方利益要求得到合理满足，其积极性才能被调动。行政管理活动必然有全局和局部，有点有面。不同时期管理工作的任务不同，工作的重点也不同。在进行行政协调时，必须围绕工作中心进行协调，以保证这些工作的顺利完成。进行协调时应该从全局出发，统筹安排，局部服从全局。协调时要顾大局、识大体、突出重点，但并不是牺牲局部和一般，而是兼顾局部和一般。

（3）求同存异、动态协调的原则。求同存异原则是指行政协调必须善于寻求和促成有关各方在重要问题方面达成共识和统一，暂时搁置对细小问题的分歧，在坚持原则的前提下，做出一定的让步和妥协，做到求大同、存小异。

（4）公正合理、实事求是的原则。公正合理原则是指行政协调必须公正对待有关单位和人员，合理解决各种矛盾与冲突。协调就是协商与调节，必须坚持公正合理原则。行政协调必须做到公平地对待协调对象，不能厚此薄彼；必须合乎情理，通情达理。

3. 行政协调的类型

（1）公共组织内部的协调。公共组织内部的协调是以提高公共组织整体效能为目标的协调。它可以分为层级结构的协调、横向部门之间的协调、对各种资源的协调、人际关系的协调。

①层级结构的协调。层级结构的协调是围绕集权与分权的问题，解决效率问题。层级结构的上下级之间是领导与被领导的关系、命令与服从的关系。权力太集中不能调动下级的积极性，权力太分散则指挥不灵。所以，层级结构的协调首先必须针对组织集权与分权的具体情况。如果权力过于集中，则要进行行政分权、行政授权和权力下放。如果权力相对分散，则要加强行政控制和行政督导。当然，也可以采取减少层级的办法来加强控制，提高效率。

②横向部门之间的协调。这是政府平行部门之间的协调。政府的横向部门之间经常出现职能交叉、权力冲突、责任不明确、办事重复和利益冲突等问题。这就要求政府有一套完整的协调机制和协调办法。对于职能和权力重复、交叉的部门，要对部门进行合并或撤销某一个部门。对于其他各种矛盾和冲突，一般由政府首长主持召开各种会议或由专门的跨部门的协调委员会进行协调。

③对各种资源的协调。这也是政府内部重要的协调内容。政府各部门的人力、物力、财力等资源分布的不平衡状态，必须由政府的有关职能部门进行协调。例如，有关人力资源的协调，必须由人事主管部门进行；有关财政资源的协调，必须由财政主管部门进行。对各种资源进行协调是为了有效地利用各种资源，最大限度地发挥资源效益。

④人际关系的协调。人际关系的协调是以加强团结和提高组织凝聚力为目标的协调。人与人之间的各种矛盾和冲突是经常发生的，这是人际关系的常态。协调人际关系必须以组织目标为导向，从全局利益和团结的愿望出发，相信人，尊重人格，坦诚相见，平等对待；必须能够化解各种矛盾和冲突，达到团结的目的。

（2）公共组织与外部环境之间的协调。公共组织与外部环境之间的协调包括转变政府职能、建立社会反馈体系、民主参与。这些协调是为了高效率地适应与满足社会需要。

①转变政府职能。政府必须适应和满足社会的需要，这是政府存在的基础。社会演变每时每刻都在发生，尤其是在社会大变革时期，社会发生急剧的变化。政府管理必须适应这种变化，以满足社会的需求。政府不能够要求社会适应它的管理，而必须

是政府适应社会的要求。这就要求政府必须转变职能和管理方式。例如，我国正在建立社会主义市场经济体制，经济基础发生了很大的变化，全能式的政府职能已成为经济发展的障碍，因此我国进行了政府机构改革，转变政府职能。在社会大变革时期，政府必须转变职能并以此来协调政府与社会之间的关系。

②建立社会反馈体系。为了使政府对社会各方面的信息做出快速灵活的反应，政府必须建立社会反馈体系，反映民心民意和社会政治、经济、文化等各方面的发展情况。社会反馈网络系统是社会跳动的脉搏，它对政府了解情况、进行决策有决定性的作用。在信息技术高度发达的今天，建立社会反馈体系也是必然趋势。它是数字政府的组成部分。

③民主参与。民主参与是民主行政的重要组成部分，是政府与社会组织和社会团体以及公众的互动。民主参与就是社会组织和社会团体以及公众参与行政管理，包括参与行政决策、进行行政监督等。民主参与不仅是管理理念，更重要的是它必须建立民主参与机制，建立参与渠道。制度化的民主参与是民主行政发展的标志。政府也可以委托社会组织和社会团体进行行政管理，如把行业管理授予社会中介组织，委托社会组织管理政府部门应该管却管不过来的事务。这样既能减轻政府的管理负担，又能调动社会组织和社会团体的积极性。

三、总结阶段

行政机关在工作任务完成或基本完成以后，就要对整个执行情况进行总结。所谓总结，就是对行政执行情况进行全面、深入的检查和评价，肯定成绩，检讨缺点，将实践中的感性认识提升为理性认识，从而获得较为系统的经验教训，据此改进工作，把行政执行推到更高的水平。总结工作应当坚持实事求是的原则，同时，总结工作必须注意发现和研究新情况和新问题，为新的决策提供实践依据。

第三节 行政评估

一、行政评估的含义与作用

（一）行政评估的含义

行政评估是指对行政执行活动的进展情况和效果进行评价和总结，包括行政执行过程评估和行政执行效果评估两个方面。一般意义上的行政评估主要是指行政执行效果评估。

行政执行过程评估是指在贯彻执行某项政策或某种计划方案的过程中，全面检查、核实各项工作的布置、落实、推进和完成情况，其基本内容包括：政策或计划方案是否及时、准确地被传达和理解，各种具体实施方案或措施是否符合政策或计划方案的要求，预定的阶段性目标实现情况是否与布置、落实、推进和完成总目标的计划相符，是否遇到某些工作困难或未预料到的问题，各级行政机关的工作是否得力，整体进展情况是否顺利，能否比较圆满地完成预定计划、达到预定目标，等等。

行政执行效果评估是指在某项政策或计划方案已实行了一定时期或已完成某一过程时，对政策效果或计划方案效果进行的检查和评价。其基本内容包括：分析研究某项政策或计划方案实施后，在政治、经济、文化等方面产生的直接影响或间接影响，以及引起的舆论反应，并重新审查预定目标或计划是否充分、合理、全面等。

行政执行过程评估主要由各级行政机关组织进行，而行政执行效果评估的范围则较为广泛，各级立法机关、各种党派、社会团体、新闻媒介或专门的评估机构都可以组织进行。行政评估有利于及时发现行政执行活动中出现的问题，适当采取有效的措施或补救方案，控制行政执行的进展过程，以达到预期的社会效果。同时，它也可以为校正原定目标和计划提供依据。

（二）行政评估的作用

1. 行政评估是合理配置社会资源的有效手段

作为社会资源配置的重要工具之一，公共政策是对社会价值的权威性分配。国家的资源是有限的，公共政策是政府分配资源（预算）的权威性决定，通常并非每一个人都对政府制定的政策感到满意，因此，如何通过行政评估来评价社会资源分配是否合理、是否有效率，是行政评估存在于当代社会的首要意义。只有通过行政评估，才能确认每项政策的价值，并决定投入各项政策资源的优先顺序和比例，以寻求最佳的整体效果，有效推动政府各个方面的活动。同时，通过行政评估，也可以与以往的政策资源分配情况相对照，看现在的资源分配是否合理，并总结经验，吸取教训，使政策活动优质、高效地进行。

2. 行政评估是检验政策的效果、效益和效率的基本途径

行政政策实施以后，只有对其进行评估，才能确定它的效果如何。政策执行究竟有没有达到预期目标、产生预期效果，或产生了哪些非预期的连带的效果，这都需要进行科学的评估。对政策执行情况加以科学的分析、论证，得出可靠的结论，以确定该项政策是否有好的效果、执行过程是否效率高以及它的效益高低。

3. 行政评估是决定政策走向的重要依据

一项政策在执行过程中总会呈现出一定的走向。随着政策目标的不断推进，该项

政策是应该继续、调整还是终结，都必须依据一定的客观资料。能够提供这种客观资料的有效活动只有行政评估。政策的走向一般分为政策继续、政策调整和政策终结。

4. 行政评估是新政策运行的必要前提

行政评估具有总结功能，能够从中总结经验教训，为重新确定政策目标、制定新政策奠定基础。实际上，有的政策就是对原有政策分析评价的产物，是原有政策的继续和发展。

5. 行政评估是公共政策科学化、民主化的必由之路

行政评估不仅可以检验政策的效果、效益和效率，更可以合理地配置政策资源，形成一种优先顺序和比例，而且可以与时俱进，随时抓住情况的变化，对政策做出继续、调整或终结的决定。从另一个角度看，通过评估得出的结论体现了科学性，为下一步的民主决策奠定了坚实的基础。因此，行政评估对于公共决策的科学化、民主化是不可或缺的。

二、行政评估的原则与方法

（一）行政评估的原则

1. 客观性原则

行政评估要树立科学思想，运用科学方法，实事求是，客观公正。在评估标准面前，人人平等，要防止主观臆断，避免因人或因事而选择不同的标准，搞特权和歧视。为了保障行政评估的客观性和科学性，必须使行政评估有法可依，有法必依。要确立行政评估工作的法律地位，并把评估程序和处理办法变成一项制度，使之规范化、标准化、经常化。

2. 系统性原则

行政评估需要注重系统理论与方法，考虑各方面的情况，照顾各种利益关系，注意政策运行整体功能和效果的分析评价。

3. 可比性原则

有比较，才有鉴别。所谓政策优劣，总是在比较后才能确定。行政评估的重要工作是对政策及其运行进行纵向和横向的比较。

4. 准确性原则

行政评估涉及事实的分析、价值的评判、正误责任的归属和利益关系的调整，因此，行政评估要力求科学、准确，坚持原则性与灵活性、定量分析与定性分析相结合。

5. 实用性原则

行政评估的实践性非常强，因此，选定的行政评估标准必须具有可操作性和实用性，不能神秘化、复杂化和太理论化；相反，要切合实际、大众化，简便易行。

6. 导向性原则

行政评估对政策及政策运行以至社会的发展都有一定的导向作用，因此，选定的评估标准也应遵循导向性原则，以使行政评估服从和服务于一个国家的政治、经济、道德、文化和社会的发展。

（二）行政评估的方法

由于行政执行内容的多样性，评估行政执行绩效的方法也有很多。行政评估方法的选择取决于问题的性质和资料的可行性。在日常工作中，主要有以下几种行政评估方法。

（1）直接质询法。通常是行政首长或立法机关成员就行政执行结果直接质询行政人员，由行政执行者提供有关报告。

（2）民意调查法。这是为了解民众对行政执行情况的态度、意见而进行的一种调查。该方法一般是选择一定数量的测验对象，征求他们对行政执行效果的意见，并做出统计分析和说明。

（3）标准衡量法。在行政执行活动的一些领域，由专门的机构提出一些衡量绩效的标准，再将行政执行的效果与这些标准相比较。

（4）历史比较法。历史比较法是根据被执行对象在行政执行前后的变化值，来衡量行政执行的影响程度。

（5）对象比较法。对象比较法是将受行政执行影响的目标群体与不受行政执行影响的群体进行比较。比如，可将参与行政执行的人与未参与行政执行的人相比较，将受决策影响的地区与未受决策影响的地区相比较。

（6）案例类比法。案例类比法是对数个类似方案的执行效果进行比较，以观察受影响程度的差异。

三、行政评估的内容与程序

（一）行政评估的内容

1. 行政执行的直接效果

直接效果是指对被执行对象直接发生作用的效果。这种效果具体包括三个方面：①进展，指行政执行后解决问题的程度；②效能，指决策方案达到预期结果或影响的程度；③回应，指行政执行后，满足被执行对象利益和需求的程度。

2. 行政执行的连带效果

连带效果是指行政执行可能对被执行对象以外的事物或人所产生的影响。这种影响有积极的，也有消极的。行政执行活动还有可能只对眼前有利而对社会长远发展不利，所以，对每项行政执行都应注意评估其带来的连带效果。

3. 行政执行的历时效果

历时效果是指行政执行影响的时效长短。一项行政执行不仅可以影响目前的状况，也可能对未来状况产生深刻的影响。

4. 行政执行的系统性影响

整个社会是一个有机体，一项行政执行活动实施后，将通过社会的诸多联系对个人、团体造成初步与后续的影响，也会对整个社会系统产生影响。

（二）行政评估的程序

所谓程序，是指对某种活动进行的步骤、次序等的规定或计划。许多事务的处理都要按照程序开展，行政评估活动也不例外，也要遵循一定的程序或步骤。一般来说，行政评估活动包括三个相互关联的程序，即评估准备、评估实施和评估总结。

1. 评估准备

评估准备阶段的主要任务包括：

（1）确定评估对象。这是行政评估工作的第一步，只有确定要评估什么，评估的目的、标准与方法等要素才能随之而确定下来。行政执行的复杂性和综合性决定了在确定行政评估对象时要有所选择，不能随意或胡乱评估。这就要求做到：一方面，选择的评估对象必须确有价值，能够通过评估达到预定的或可能的目的；另一方面，所选择的评估对象必须是可以进行评估的，即从时机、人力、物力、财力上看，均能满足评估所需要的基本条件。

（2）明确评估目的。所谓明确评估目的，就是确定为什么要进行评估。评估目的可能不止一个，但往往要确定其主要目的。评估目的决定了行政执行效果评估的基本方向。只有明确了为什么要进行评估，才能使各参与评估者及直接评估者步调一致，朝着既定的方向迈进。

（3）选择评估标准。评估标准有一般标准，也有具体标准；有国外的标准，也有国内的标准。这就要根据情况做出适当的选择。实践中，评估标准一般都要进一步量化，即采用"指标体系及指标体系的集合"来实施评估活动。

（4）培训评估人员。评估人员是行政评估系统构成要素中最主要的要素。评估人员的素质、专业化程度、评估态度、敬业精神、评估立场等都直接影响评估的质量。因此，培训和选择评估人员，提高他们的业务水平及综合素质至关重要。

（5）评估方案的撰写。一个完整的评估方案应包括：①阐述评估对象；②明确评估的目的、意义与要求；③提出评估的基本设想，根据评估目标，确定评估的内容与范围；④确定评估标准，决定评估类型，并选择评估的具体方法；⑤写明评估的场所、时间，规定工作进度的有关计划；⑥写明评估经费的来源及筹措与使用等；⑦其他内容。

2. 评估实施

评估实施是整个评估过程中的关键环节，其主要任务是采集评估信息，统计分析评估信息。这一阶段工作的好坏，直接决定行政评估的成功与否。评估实施大致包括以下几个方面的内容。

（1）采集评估信息。行政评估的过程，实际上是一个信息过程：收集—整理—反馈—再收集—再整理—再反馈。所以，采集评估信息十分重要，可以说它是评估的一项基础性工作。其主要任务是利用各种社会调查手段，全面收集行政执行的第一手资料。收集资料的技术与方法有很多种，常用的有：观察法；查阅资料法，如查阅政策运行记录等；调查法，如开会调查、个别访问、问卷调查等；个案法，如典型分析；实验法等。这些方法各有其特点和应用范围，最好是交叉使用、相互配合，务求所获得的信息具有广泛性、系统性和准确性。

（2）分析评估信息。这是对采集的评估信息进行统计分析处理的阶段。由于采集的信息都是原始数据，比较分散、杂乱，所以需要对其进行系统的整理、分类、统计、综合和分析。统计分析的方法很多，根据统计学原理，行政评估通常采用多变量统计分析等方法，对各类数据进行系统研究。单项指标评估是多变量统计分析方法在评估指标法中的具体化，它是验证各项评估指标的实现程度的基础。如果问题复杂，还可分单项指标和单类指标，如经济类指标中包含成本、利润、税金等多个指标。单项指标都具有较强的业务性，需要较多的具体数据。各个单项指标在整个评估系统中所处的位置与所起的作用是不相同的，需要确定它们的权重。在各类与各个单项指标的基础上，还要进行整体综合评估。

（3）形成初步结论。在综合统计分析评估信息后，就要运用直接比较法、综合比较法、成本效益分析法、前后对比分析法和统计抽样分析法等具体的方法，给出一个初步的评估结论。在进行评估时，要坚持评估资料的真实性、全面性、多样性和具体分析的客观性、可比性、科学性等原则，客观、公正、真实、准确地反映行政执行的实际效果，给出评估结论。

3. 评估总结

评估总结是行政评估的结束阶段。这是处理评估结果、撰写评估报告的阶段。行政评估离不开价值判断，个人的价值判断受客观条件和一些非理性因素的影响，难免有疏漏。因此，当我们采集评估信息，得出评估结论后，还必须善加处理。首先，要自我检验、分析评估信息所得出的结论的可信度和有效度。其次，让政策设计者、决策者、执行者、参与者了解评估结论，以便发挥评估的诊断、监督、反馈、完善和开发作用，提高政策的科学性。评估总结包括以下两个方面的内容。

（1）撰写评估报告。撰写评估报告是出成果的阶段，可以说特别重要，为此要注意两点：一是对初步结论要再做一次简明扼要、提纲挈领的分析总结，然后，给出一个正式的评估结论；二是在评估报告中，除要写好价值判断部分外，还必须写好政策建议部分及整个评估工作的说明。

（2）总结评估工作。在撰写好评估报告之后，就要对评估工作进行系统的总结。总结是对本次评估活动进行一番全面的回顾，评估工作中的优缺点，总结经验，吸取教训，为以后的行政评估活动打下基础。这一阶段通常的做法是写一个"关于××行政评估的工作报告"。至此，行政评估工作全部结束。

本章小结

行政执行在行政管理中发挥着重要的作用。行政执行的特点有综合性、目的性、具体性、强制性、灵活性。行政执行要遵循一定的原则。行政执行过程分为准备阶段、实施阶段和总结阶段。实施阶段主要包括行政指挥、行政控制、行政沟通、行政协调。行政评估包括行政执行过程评估和行政执行效果评估两个方面。

第十一章 行政监督

内容要点

行政监督的首要功能是一体推进不敢腐、不能腐、不想腐的体制机制建设，监督与制约行政权力，防范行政权力的滥用，确保党和国家各项方针政策的贯彻落实，维护公共利益。监督制度是国家政治制度的重要组成部分，也是国家治理的主要方式。本章论述了行政监督的含义和特点，阐述了行政监督在公共行政职能中的重要作用，介绍了行政系统的内部监督、行政系统的外部监督和社会监督。

第一节 行政监督概述

一、行政监督的含义与特点

（一）行政监督的含义

行政监督是指国家监督机关通过标本兼治、综合治理，严惩腐败，有效制约和监督权力，构建不敢腐、不能腐、不想腐的长效机制，实现政治清明、政府清廉和干部清正根本宗旨的监督活动。行政监督的概念有广义和狭义之分。广义的行政监督是指具有不同监督职能的组织对行政系统的监督，主要包括政党、立法机关、监察机关、司法机关、社会组织、社会舆论依法依规对行政机关及其公职人员行使公权力进行的监督检查。狭义的行政监督是指各级监察机关依照监察法对行政系统中所有行使公权力的公职人员进行监察，调查职务违法和职务犯罪，开展廉政建设和反腐败工作。简而言之，我国对国家行政机关及其公职人员的监督由行政机关自身系统的监督（行政监督）和行政系统之外的对行政机关及其公职人员的监督（监督行政）两部分构成。两者相辅相成，缺一不可，共同构成对行政机关及其公职人员监督的整体。行政监督体系包含以下几个基本要素：

（1）监督功能：预防、控制和矫正。
（2）监督标准：廉政、慎政、善政和勤政。
（3）监督方式：权力制约权力、权利制约权力、道德制约权力。
（4）监督策略：以治标为主，为治本赢得时间；治标与治本并重；以治本为主。
（5）监督流程：事前监督、事中监督和事后监督。
（6）监督结果：行政不当行为的责任追究、违反党纪政纪的责任追究、构成职务犯罪的法律惩戒。

（二）行政监督的特点

1. 监督主体的多元化

监督对象的多样性和复杂化，决定了监督主体的多元化。监督主体多元化的意义是在对监督权分置和违法违纪行为细分的基础上，实现对监督对象的无缝隙监督。通览古今中外任何一个国家，从监督主体的构成而言，均非单由一个机构负责，其目的是既维护监督机关的独立性，又使监督机关之间形成相互协调、相互制约的机制。我国按照监督主体的职能差异，可分为执政党（党代会、全委会、党代表和纪委）的监督、权力机关（人民代表大会及其常务委员会）的监督、法律监督机关（检察机关）的监督、审判监督机关（人民法院）的监督、行政机关（政府的一般监督、监察机关、审计机关）的监督、社会民主监督机关（中国人民政治协商会议、民主党派、媒体和群众）的监督。

2. 监督对象的双重性

监督对象的双重性是指既对行政机关施政活动开展监督，又对公职人员履职行为开展监督，在监督活动中一体推进，二者不可偏废。

3. 监督内容的广泛性

它主要是对行政机关及其公职人员依法履职、秉公用权、廉洁从政从业以及道德操守情况进行监督检查。

4. 监督地位的独立性

监督主体独立行使监督权，是保证监督效果的最基本的前提条件，而相对独立性又取决于监督主体的领导体制。相对独立性主要体现在两方面：一是监督主体依法行使监督权，不受其他机关、社会团体和个人的干涉；二是各监督主体实施监督活动所需的人员、经费、技术手段和信息等不受任何监督对象的制约和影响。

二、行政监督的原则与作用

（一）行政监督的原则

实施行政监督的专责机关在履行监督职责，开展监督活动中，应当严格遵循以下几个基本原则。

1. 依法行使职权，不受其他部门、社会团体和个人干涉的原则

这一原则有以下三点基本含义：

（1）依法监督。行政监督机关是维护社会主义法治和促进法治建设的机关，它的一项重要职责就是检查和纠正违法违纪行为，保证法律、法规、政策、政令的贯彻实施。这样的法律地位，要求行政监督机关和监督人员自身必须具有很强的法治观念和纪律观念，严格依据国家法律、法规和政策活动。

（2）自主行使监督权。行政监督机关是依法行使监督职权的主体。按照责权一致的原则，它依法拥有自行行使监督职权的权力。这是使监督机关正确履行职责、提高工作质量和效率的法律保障。

（3）监督机关依法行使职权，不受其他部门、社会团体和个人的干涉。所谓干涉，是指其他部门、社会团体和个人利用职权、地位、影响，采取种种不正当手段，非法干预、影响监督活动的行为。行政监督机关和监督人员为了秉公执法，就必须坚决排除各种干扰，做到依法独立行使监督权。

2. 实事求是，重证据、重调查研究的原则

贯彻实施这项原则，对于搞好各项监督工作具有十分重要的作用。这一原则的基本内容有三点：

（1）坚持实事求是。坚持实事求是，就是要尊重客观实际，一切从实际出发。监督机关和监督人员应根据实际情况决定监督的工作方针，做出工作部署，开展工作指导，解决各方面的问题，防止和克服在工作中的主观性、片面性、表面性和盲目性。

（2）重证据。重证据，就是注重事实。重证据，就要充分收集和掌握证据，使违法违纪案件的处理建立在尊重客观事实的基础上，确保案件质量。

（3）重调查研究。监督机关在开展各项监督工作时，都必须经过艰苦细致的调查研究，全面、客观地了解情况，再加以去伪存真、由表及里的分析研究，才能对监督事项的性质做出正确的判断，才能为做出监督决定和提出监督建议提供符合客观实际的依据。

3. 在适用法律和行政纪律上人人平等的原则

坚持和实行这一原则，在行政监督工作中的基本要求包括：

（1）任何监督对象的合法权益都平等地受法律保护。

（2）任何监督对象都必须履行法定义务，遵守法律和行政纪律，不允许有超越法律和行政纪律的特权。

（3）一切违反法律和行政纪律的行为都必须受到追究，任何监督对象都不能例外。

4. 教育与惩处相结合的原则

教育与惩处相结合的原则，是监督机关在查处违法违纪案件等工作中必须遵循的一项基本原则。监督机关是维护法律的专门机构，通过严肃惩处违法违纪者，从而增强其遵纪守法的自觉性，并遏制和防范腐败行为的发生。监督机关应坚持惩处与教育相结合，通过惩处教育那些违法违纪的人员，使他们认识错误，改正错误，做好工作，将功补过。

5. 监督检查与改进工作相结合的原则

行政监督机关通过监督检查，在发现、揭露存在的缺点和错误，对违法违纪者给予应得的惩罚的同时，要通过发现问题、执行法律分析产生错误的客观环境和主观原因，研究纠正错误、改进工作的对策和措施，以改善公共行政管理。

6. 监督工作依靠群众的原则

监督工作依靠群众的原则，体现了党的群众路线的精神和要求，是做好新时期行政监督工作的基本保证。因为人民群众对监督对象的遵纪执法和工作情况的好坏最为了解，因此，监督机关必须通过各种形式听取人民群众对监督对象的意见，认真受理其控告、检举，从而把行政监督与人民群众的监督紧密结合起来。同时，监督机关应当支持和保护人民群众的这种积极性。

（二）行政监督的作用

行政监督对公共行政的重要作用，主要表现在以下几个方面。

（1）行政监督能有效地强化和改善公共行政，提高行政效能，促进行政机关廉政建设。公共行政事关公民、法人和其他组织的切身利益，行政机关及其工作人员只有依法、廉洁、高效地开展工作，才能维护被管理者的合法权益。行政监督正是保障人民群众的利益和对行政机关及其工作人员进行有力的监督和制约的有效途径。行政监督在公共行政活动中具有双重性。一方面，行政系统的内部监督是行政组织和公共行政的一项内容，为实现政府工作的总目标服务；另一方面，监督机关代表国家，为实现国家意志，依法对国家行政机关及其工作人员执行法律、法规和政策的情况及违法违纪行为进行监督，实现依法行政的根本目的。

（2）行政监督是健全社会主义法治，进一步保障公民、法人和其他组织合法权益的有效制度。行政监督作为法治建设的重要组成部分，其目的和任务是促进行政机关及其工作人员依法行政，保证国家法律、法规、政策和决定、命令在公共行政领域的正确实施。监督机关通过受理个人或单位对国家行政机关的国家公务员以及行政机关任命的其他人员的违法违纪的控告、检举，以及受理不服行政处分的申诉，查处和纠正违法违纪及不当行为，进一步保障公民、法人及其他组织，包括国家公务员和行政机关任命的其他人员的合法权益。

（3）行政监督是改革开放和经济建设顺利发展的重要保障。改革开放和社会主义经济建设顺利发展的重要先决条件是有一个稳定的政治局面和良好的外部环境。如果忽视政治稳定，腐败现象泛滥，必然引起社会的不满和社会动荡。监督机关通过惩治腐败，加强机关和干部的廉政建设，维护政治稳定，为改革开放和经济建设的顺利发展提供政治保证。同时，行政监督可以使政府与人民群众密切联系，提高政府威信，从而调动一切积极因素，为改革开放和经济建设的顺利发展提供强大的动力。

第二节 行政系统的内部监督

一、一般行政监督

（一）一般行政监督的含义

一般行政监督是指上级政府对下级政府、各级政府对其工作部门和公务人员的监督。这种监督具有普遍性和较强的约束力。一般行政监督制度属于政府系统和组织内部监督制度，具有内部监督的各种基本特征。各级政府对其工作部门的监督比上级政府对下级政府的监督更能体现出这些特点。

（二）一般行政监督的主要方式

1. 工作报告

法律规定，各级人民政府向上级政府报告工作，政府各工作部门向本级政府报告工作。听取、审查报告是上级政府监督下级政府、各级政府监督其工作部门执法情况的重要方式。这些方式具体包括：工作简报、年度报告、专题报告和临时报告。

2. 检查

检查是监督主体主动了解管理对象活动的行为，一般具有直接、实地、深入的特点。政府检查大致有四类：全面检查和专题检查、单独检查和联合检查、定期检查与不定期检查。

3. 专案调查

专案调查是指人民政府组织专门机构，依法对监督对象发生的重大违法案件或带有普遍性的违法行为进行的专门调查。一般来说，专案调查组织只负责了解情况和提出处理意见，并不直接处理问题。因此，专案调查基本上属于法律监督的一种方式。政府的专案调查有强制性。

4. 审查

审查是对行政法律文件、行政命令、措施及财政预算、决算、账册、报表等进行审阅核对的行为，旨在确定其合法性。审查有事先审查、事中审查和事后审查三种形式。

5. 备案

备案是根据法律规定或监督主体的要求，监督对象将其制定的行政法规、行政规章或采取某些重大行政行为的书面材料，报上级政府或有关部门供其了解情况的行为。

6. 批准

批准是指各级人民政府依照法律的规定和授权，对下级政府或工作部门的政策、决定和履职行为进行审查批准的行为。它是一种约束力较强的事先监督方式，包括要求监督对象报送审批材料、审查、批准（含不批准）三个基本步骤。未经批准，行为不能生效。在我国，人民政府批准的主要是制定行政法律文件的行为，也有一些重大的具体行政行为。

7. 提出议案

国务院和地方各级人民政府都有权向同级人民代表大会及其常务委员会提出属于职权范围内的议案。如果人民政府认为其他国家机关制定的法律文件或采取的司法或行政措施违反了行政法律，但又无法采取其他方法加以纠正，可以通过向本级人民代表大会及其常务委员会提出议案的方式，要求权力机关采取纠正或其他处分措施。

8. 改变或撤销

根据法律规定，国务院和各级人民政府有权改变或撤销下级人民政府的不适当的指示、命令、规章和决定。各级政府的领导人以及各工作部门都不能使用这种监督方式。监督的对象是本级政府的工作部门或下级政府，下级政府一般是指下一级政府。改变或撤销的内容包括监督对象的所有抽象行政行为。

9. 惩戒

下级政府及政府工作部门的违法行为，各级政府可视其情节做出惩戒处分。惩戒处分分为以下三种情况。

（1）对国家机关适用的，根据行政法规的规定，这种方式主要有：责令检讨、通报批评、限期整顿和解散等，有时还可采取一些经济制裁办法。

（2）根据《公务员法》和《中华人民共和国公职人员政务处分法》的规定，政务处分共有六类：警告、记过、记大过、降级、撤职、开除。

（3）依据党政问责的相关规定，对于失职失责造成严重后果、人民群众反映强烈、损害党和国家执政的政治基础的组织和领导干部，应严肃追究其政治责任和法律责任。

二、审计监督

审计监督是指专门的审计机关和其他受委托的人员，依法对有关国家机关、企事业单位的财政及经济活动进行审核检查，以判断其合法性、合理性、有效性的监督、评价和鉴证活动。从审计制度的合法性审查方面来看，它是一项专门的财政经济法律监督制度。

（一）我国的审计体制

1. 机构设置

我国目前设置的审计机关有两种：中央审计机关和地方审计机关。中央审计机关即审计署，是国务院的组成部门，是我国的最高审计机关。它具有双重法律地位：一方面，它作为中央政府的组成部门，要接受国务院的领导，执行法律、行政法规和国务院的决定、命令，以独立的行政主体从事活动，直接审计管辖范围内的审计事项；另一方面，作为我国的最高审计机关，审计署在国务院总理的领导下，主管全国的审计工作。地方审计机关是指省、自治区、直辖市以及市、县、区人民政府设立的审计机关。

2. 领导体制

审计机关领导体制是指审计机关的隶属关系和内部上下级之间的领导与被领导关系。我国审计机关的领导体制实行双重领导制，地方审计机关同时接受本级政府行政首长和上级审计机关领导。在行政上，审计机关直接受本级政府行政首长领导；在业务上，地方审计机关接受上级审计机关的垂直领导。

3. 派出机构

我国审计机关设立了审计机关驻地方派出机构和驻部门派出机构。目前，审计署在地方18个城市设立了驻地方特派员办事处，在国务院25个部门设立了派出机构，一些地方审计机关也根据实际情况设立了驻本级政府其他部门的派出机构。

（二）我国审计体制的特点

我国现行的政府领导下的行政型审计模式，在一定程度上有利于发挥审计监督在维护财经秩序，加强廉政建设，促进依法行政，保障国民经济健康发展等方面的作用。

1. 强制性

（1）地位上的强制性。国家审计机关依据宪法在县级以上人民政府内部建立，代表国家行使审计监督职能，构成了国家审计在整个审计组织体系中的主导地位。

（2）审计立项上的强制性。国家审计的审计立项可以根据本级人民政府或上级审计机关交办的事项和自我编制的年度审计计划安排，还可根据掌握的线索临时追加。审计立项以自身工作需要为主要依据，不受被审计单位和其他方面的左右和干涉。

(3) 审查权限上的强制性。国家审计机关依照国家法律规定独立行使审计监督权，被审计单位必须无条件接受审计机关的监督检查。

(4) 审计处理上的强制性。审计机关做出的审计结论和决定，被审计单位或部门应主动地、自觉地予以执行或协助执行，单位或部门没有或不准备主动地、自觉地执行或协助执行审计决定时，审计机关可采取相应措施使审计结果得到强制执行。

2. 权威性

(1) 国家审计行为依据的《中华人民共和国审计法》（以下简称《审计法》）在我国法律体系中处于较高的地位。《审计法》是对《宪法》有关规定的具体化，在规范国家审计监督制度方面，是仅次于《宪法》的国家法律。

(2) 审计机关根据《宪法》的规定直接在各级人民政府的主要行政首脑的领导下，依法独立行使审计监督权并向其负责和报告工作，不受本地行政机关、社会团体和个人的干涉，使国家审计具有代表行使监督权力的权威性。

(3) 根据《审计法》的规定，审计机关不但可以对各级政府机构、国有大中型企业事业单位进行经济监督，还可以对经济执法部门如财政、税务、金融、工商行政、物价、海关等专业经济监督部门进行"再监督"，促使其依法履行监督职责；不仅可对微观层次进行监督，而且可对宏观管理层次加以监督，使其监督工作更具有权威性。

(三) 审计监督的对象、主要内容和主要方式

1. 审计监督的对象

审计监督的对象包括：各级人民政府及其工作部门；国家金融机构；全民所有制企事业单位和基本建设单位；国家给予财政拨款或者补贴的其他单位；中外合资、合作企业；国内联营和其他企业。从法律监督的角度看，各级政府部门、国家金融机构及国营企事业单位领导人和其他政府任命的行政工作人员可成为审计监督的对象。而不具有执法职能的企业、事业单位不是审计监督的对象。

2. 审计监督的主要内容

(1) 财政预算的执行和财政决算。
(2) 信贷计划的执行及其结果。
(3) 财务计划的执行和决算。
(4) 基本建设和更新改造项目的财务收支。
(5) 国家资产的管理情况。
(6) 预算外资金的收支。

（7）借用国外资金、接收国际援助项目的财务收支。

（8）与财政、财务收支有关的各项经济活动及其效益。

（9）严重侵占国家资产、严重损失浪费等损害国家经济利益的行为。

（10）全民所有制企业承包经营责任的有关审计事项。

（11）国家法律、法规规定的其他审计事项。

3. 审计监督的主要方式

审计监督主要通过审查会计账目和有关财经资料的方式进行，必要时也进行调查活动。

（1）主动检查。审计机关根据工作需要可定期或不定期地对审计对象的有关账目、资产、票据进行检查，查阅有关文件、资料，被审计机关有义务为其提供方便条件。

（2）要求报送。审计机关可要求被审计机关报送财政预算、财务计划、决算、会计报表及有关资料，被审计机关应如期真实报送。

（3）参加会议。审计机关认为必要时，可派员参加被审计机关的有关会议并取得会议材料。

（4）调查。对审计中的有关事项和违法违纪线索，审计机关可进行调查或组织专门调查，有关单位和人员有义务为其提供证据。

（5）审计专案。对于严重违反财经法规的重大事件可以设立审计专案。在审计专案中，审计人员可采取适当方法获取证据，如询问证人或关系人、询问责任人、查阅有关材料、观察现场、摄制照片、获取音像资料等。

（6）强制措施。审计机关对于正在进行中的违反财经法规的行为，可提请被审计单位的上级主管部门采取临时的制止措施，以防止事态进一步扩大。对于制止无效的，可直接通知财政部门或有关银行暂停拨付有关款项。对阻挠破坏审计工作的被审计单位，可以采取封存有关账册、资产等临时措施。

（7）对违反财经法规的被审计单位，审计机关可根据情况采取以下处分方式：①警告、通报批评。②责令纠正违法收支。③责令退还或没收非法所得。④收缴侵占的国家财产。⑤对违反国家规定使用财政拨款或者银行贷款，严重危害国家利益的被审计单位，做出停止财政拨款或者停止银行贷款的决定。⑥按照有关法规处以罚款，对于拒不缴纳应缴款项和罚款的，可以通知银行扣款。⑦对违反财经法规的单位负责人和有关责任人，审计机关认为应当给予行政处分的，移送有关部门处理，构成犯罪的，提请司法机关依法追究刑事责任。⑧对于拒绝提供有关文件、账簿、凭证、会计报表、资料和证明材料，阻挠审计人员行使职权，抗拒、破坏监督检查，弄虚作假，隐瞒事实真相，拒不执行审计结论和决定，打击报复审计工作人员和检举人的单位、单位负责人和直接责任人，审计机关可给予警告、通报批评、酌情处以罚款的处分，也可移交监察机关给予行政处分。

第三节 行政系统的外部监督

一、国家权力机关的监督

（一）权力机关监督的含义

所谓权力机关的监督，即各级人民代表大会及县级以上人民代表大会常务委员会对行政机关及其工作人员的监督。各级国家权力机关，特别是全国人民代表大会及其常务委员会，是行政监督的重要主体。国家权力机关对行政的监督主要是对行政机关抽象行政行为的监督，如最高国家权力机关对国务院行政法规的监督，省、自治区、直辖市的人民代表大会及其常务委员会对地方政府规章的监督，其他地方国家权力机关对相应地方人民政府规范性文件的监督。如认为行政机关的抽象行政行为同有关法律、法规相抵触，可以撤销相应抽象行政行为。此外，国家权力机关对行政的监督还包括对各级人民政府组成人员的监督。国家权力机关如发现政府组成人员有渎职、失职行为，可以通过法定程序予以罢免。

（二）权力机关监督的内容

1. 政治监督

政治监督是指权力机关从宏观上监督行政机关的行为是否符合国家总的政策方向，典型的形式是行政机关负责人依据宪法规定，代表行政机关向权力机关负责并报告工作。如果行政活动不符合政治要求，就应承担政治责任，例如人民代表大会罢免政府组成人员，政府组成人员向人民代表大会引咎辞职。

2. 法律监督

法律监督是权力机关对政府是否依法行政进行的监督，即对政府行为的合法性和合理性进行的监督。法律监督的对象包括政府的具体行政行为和抽象行政行为。如《宪法》第六十七条规定：全国人民代表大会常务委员会撤销国务院制定的同宪法、法律相抵触的行政法规、决定和命令。第一百零四条规定：县级以上的地方各级人民代表大会常务委员会撤销本级人民政府的不适当的决定和命令。

3. 工作监督

权力机关对政府工作进行评价，审查行政机关及其工作人员是否遵守和执行宪法、法律和法规，是否严格履行各项政府职能，从而对政府的工作是否符合人民利益、是否富有成效进行督促和批评，促使行政机关及其工作人员进行改进。例如，权力机关听取和审查本级人民政府的工作报告，视察和检查政府工作，对行政机关工作人员违反法律和纪律的行为通过罢免的方式予以追究，或责令有关机关给予处理，追究其法律责任（刑事责任和行政责任）。工作监督与政治监督、法律监督有一定的交叉，但又有自己独特的意义。

国家权力机关监督的方式主要有：①听取和审查同级人民政府的工作报告；②审查和批准本行政区域内国民经济和社会发展计划及执行情况的报告；③审查和批准国家预算和预算执行情况的报告；④撤销本级行政机关发布的不适当的法规、规章、命令和决议；⑤任免各级人民政府组成人员；⑥行使质询权；⑦组织特定问题调查委员会和进行执法检查；⑧组织人民代表视察工作和处理人民来信来访。

二、国家监察机关的监督

2018年3月20日第十三届全国人民代表大会第一次会议通过《中华人民共和国监察法》（以下简称《监察法》），标志着国家监察体制改革基本完成，中国特色国家监察体制建立。监察机关从政府内部的行政监察上升到行政体系外部的国家监察。各级监察委员会依照《监察法》对所有行使公权力的公职人员进行监察，调查职务违法和职务犯罪，开展廉政建设和反腐败工作，推进国家治理体系和治理能力现代化，维护宪法和法律的尊严。

（一）国家监察体制改革的基本内容

1. 整合国家反腐败力量

构建集中统一、权威高效的中国特色国家监察体系。政府行政监察机关、国家预防腐败机构、检察机关的反贪反渎机构组建成立各级监察委员会，监察委员会与党的纪律检察机关合署办公，履行对所有公职人员的监督、调查、处置职责。实现执纪监督、监察监督、巡视监督、派驻监督"四位一体"互相协同、互相制约、互相贯通的工作运行机制。

2. 实现对公职人员履职行为监督的全覆盖

监察机关对公职人员开展廉政教育，对其依法履职、秉公用权、廉洁从政从业以及道德操守情况进行监督检查。监督检查包括日常监督和案件查办。

3. 加强党对反腐败工作的集中统一领导

中国共产党第十九次全国代表大会的报告明确指出：党政军民学，东西南北中，党是领导一切的。坚持中国共产党对国家监察工作的领导，是全面贯彻党的第十九次全国代表大会精神的必然要求。《监察法》第二条规定："坚持中国共产党对国家监察工作的领导。"监察制度是党领导下建构的政治制度，监察机关的决策方式与组织原则、机构设置与人员选任、职权行使与工作方式等，均凸显政治机关的组织特征和党领导监察机关的组织形态。

4. 实现监察对象的全覆盖

监察机关对下列公职人员和有关人员进行监察：

（1）中国共产党机关、人民代表大会及其常务委员会机关、人民政府、监察委员会、人民法院、人民检察院、中国人民政治协商会议各级委员会机关、民主党派机关和工商业联合会机关的公务员，以及参照《中华人民共和国公务员法》管理的人员。

（2）法律、法规授权或者受国家机关依法委托管理公共事务的组织中从事公务的人员。

（3）国有企业管理人员。

（4）公办的教育、科研、文化、医疗卫生、体育等单位中从事管理的人员。

（5）基层群众性自治组织中从事管理的人员。

（6）其他依法履行公职的人员。

（二）监察委员会的职责

监察委员会依照《监察法》和有关法律规定履行监督、调查、处置职责。

（1）对公职人员开展廉政教育，对其依法履职、秉公用权、廉洁从政从业以及道德操守情况进行监督检查。

（2）对涉嫌贪污贿赂、滥用职权、玩忽职守、权力寻租、利益输送、徇私舞弊以及浪费国家资财等职务违法和职务犯罪进行调查。

（3）对违法的公职人员依法做出政务处分决定；对履行职责不力、失职失责的领导人员进行问责；对涉嫌职务犯罪的，将调查结果移送人民检察院依法审查、提起公诉；向监察对象所在单位提出监察建议。派驻或者派出的监察机构、监察专员根据授权，按照管理权限依法对公职人员进行监督，提出监察建议，依法对公职人员进行调查、处置。

（三）监察委员会的权限

为保证监察机关有效履职，《监察法》赋予监察委员会必要的监察权限和调查手段。其中，谈话、讯问、询问、查询、冻结、调取、查封、扣押、搜查、勘验检查、鉴定、留置共12项措施由监察机关决定和实施。技术调查、限制出境、通缉等措施由监察委员会审批，交由公安机关等其他机关实施。具体而言，监察机关有如下权限：

（1）有权依法向有关单位和个人了解情况，收集、调取证据。

（2）直接或者委托有关机关、人员进行谈话或者要求其说明情况。

（3）在调查过程中，对涉嫌职务违法的被调查人，监察机关可以要求其就涉嫌违法行为做出陈述，必要时向被调查人出具书面通知。对涉嫌贪污贿赂、失职渎职等职务犯罪的被调查人，监察机关可以进行讯问，要求其如实供述涉嫌犯罪的情况。

（4）询问证人等人员。

（5）留置被调查人。留置属于限制人身自由的措施，对被调查人及其家属影响重大，《监察法》做了严格规定，《监察法》第二十二条规定：被调查人涉嫌贪污贿赂、失职渎职等严重职务违法或者职务犯罪，监察机关已经掌握其部分违法犯罪事实及证据，仍有重要问题需要进一步调查，经监察机关依法审批，可以将其留置在特定场所。留置时间不得超过三个月。在特殊情况下，可以延长一次，延长时间不得超过三个月。省级以下监察机关采取留置措施的，延长留置时间应当报上一级监察机关批准。监察机关发现采取留置措施不当的，应当及时解除。

（6）查询、冻结涉案单位和个人的存款、汇款、债券、股票、基金份额等财产。冻结的财产经查明与案件无关的，应当在查明后三日内解除冻结，予以退还。

（7）搜查。由于搜查涉及人身、住宅等权益，故《监察法》也做了严格规定：①只适用于职务犯罪调查，不适用于职务违法调查；②在搜查时，应当出示搜查证，并有被搜查人或者其家属等见证人在场；③搜查女性身体，应当由女性工作人员进行。

（8）调取、查封、扣押用以证明被调查人涉嫌违法犯罪的财物、文件和电子数据等信息。

（9）勘验检查。

（10）鉴定。

（11）采取技术调查措施。技术调查措施一定是在使用常规的调查手段无法达到调查目的时才能采取的手段，包括电子侦听、电信监控、电子监控、邮件检查、密搜密取、外线侦查、网络侦查等。

（12）通缉。监察机关决定通缉的对象需具备三个条件：①被通缉的人必须是涉嫌职务违法犯罪的被调查人；②该被调查人依法应当留置；③该被调查人因逃避调查而下落不明。《监察法》规定，被调查人逃匿，在通缉一年后不能到案，或者死亡的，由监察机关提请人民检察院依照法定程序，向人民法院提出没收违法所得的申请。

（13）限制出境。限制出境措施，一方面保障初核或审查调查工作顺利开展，有效防范被调查人及相关人员逃匿境外；另一方面通过适时运用限制出境措施，可以在特定时间节点对被调查人及涉案人员产生强大的心理震慑，促使被调查人放弃抵抗，主动说明问题。

（四）监察调查终结后的监察处置

监察调查终结是指监察机关对于已经立案的监察案件，经过一系列的监察调查活动，认为被调查人是否存在职务违法犯罪的案件事实已经查清，相关证据已经确实充分，从而决定结束监察调查，并依法对被调查人提出处理意见，做出处理决定的一种监察活动。监察调查终结后的处置方式，是指监察机关经过依法监督、调查后，应当对被调查人依法做出何种处置的问题。监察调查的结果不同，处置方式也就不同。

（1）对有职务违法行为但情节较轻的公职人员，按照管理权限，直接或者委托有关机关、人员，进行谈话提醒、批评教育、责令检查，或者予以诫勉。

（2）政务处理。政务处理是指对违法的但不构成职务犯罪的公职人员依照法定程序做出警告、记过、记大过、降级、撤职、开除等处分决定。

（3）监察建议。监察建议是指监察机关根据监督、监察调查的结果，针对监察对象所在单位廉政建设和履行职责存在的问题等，向相关单位和人员就其职责范围内的事项提出的具有一定法律效力建议的一种处置方式。监察建议是一种具有一定法律效力的建议，被建议单位和人员必须履行监察建议要求其履行的义务，否则要承担相应的法律责任。

（4）监察问责。对不履行或者不正确履行职责的监察对象，依照权限对负有责任的领导人员直接做出问责决定，或者向有权做出问责决定的机关提出问责建议。《中国共产党问责条例》是对党员干部进行问责的重要依据。

（5）移送起诉。对公职人员涉嫌职务犯罪，监察机关经调查认为犯罪事实清楚，证据确实充分的，制作起诉意见书，连同被调查人、案卷材料、证据一并移送检察机关依法提起公诉，检察机关依法对被移交人员采取强制措施。

三、司法机关的监督

司法监督是党和国家监督体系的重要组成部分，司法机关对行政的监督，由人民检察院和人民法院两个监督主体构成。人民检察院通过履行国家法律监督机关的职责实施对行政的监督，人民法院通过依法审判各种诉讼案件实施对行政的监督。

（一）司法监督的作用

司法监督包括检察机关和审判机关依照法定职权和程序对国家公权力进行的监督。其作用体现在两方面：一方面，从司法权作为国家权力体系的重要组成部分看，司法监督是党和国家监督的重要形式，不可或缺、不可替代，它与人民代表大会监督、国家监察、社会监督、行政监督等各类监督一起，以各自的监督优势和方式，从不同的层面发挥监督作用。司法监督不包括对立法活动的监督，而只是对法律实施情况的监督，并且以监督严重违反法律的情况为主。另一方面，从司法效力的终结性看，司法监督是坚持和完善党和国家监督体系的必要保障，与其他监督方式相比，司法监督具有独特的强制性，比如检察机关对职务犯罪的批捕、起诉，审判机关对职务犯罪的有罪裁判，往往涉及限制、剥夺人身自由、财产权利等。司法监督是党和国家监督体系中强制力最强的一种监督机制，是党和国家利用监督手段、维护公权力依法正确行使的最后一道防线。

（二）司法权的特征

1. 终结性

在实质意义上，司法权就是一种裁判权。那么，司法权的终结性就表示司法权是司法机关代表国家对任何社会冲突所做出的一种最终的、最权威的裁判权。司法权的终结性是构成现代诉讼程序公正、合理的一项必要条件。

2. 独立性

在国家权力和国家职能的分工中，由于司法机关主要承担国家的专门裁判职能，代表国家行使司法权，具有专属性。因此，其必须有效地排斥所有外来的干预，使司法机关真正成为抵御专断、保障人权的坚实屏障。如果司法权没有这种独立性，也就没有权威性。

3. 中立性

当社会冲突发生之后，如果双方当事人自己无力解决，则往往诉诸能够充当公正第三方的司法机关做出权威裁断。所以，司法权的中立性主要表现在司法权主体本身与待决的社会冲突事实和利益之间必须具有非关联性；司法者的个人价值取向、情感等因素对冲突双方没有任何偏异倾向，并在裁断的过程中不受任何来自外部因素的干扰或影响。

4. 专属性

司法权是一种不可转让、转授的国家权力，具有极强的专属性，其他任何个人、政府机关、组织、民间团体等都不得代为行使司法权，而行政权一般具有可转授性。

（三）司法机关的监督途径

人民检察院实施监督的途径：①通过对叛国案、分裂国家案以及严重破坏国家的政策、法律、政令统一实施的重大犯罪案件行使检察权的方式进行监督；②通过对涉及国家行政机关工作人员违反职责的刑事案件提起公诉的方式进行监督；③通过对公安机关侦查的案件进行审查，决定是否以逮捕、起诉或者免予起诉等方式对公安机关侦查活动的合法性进行监督；④对监狱、看守所、劳动改造机关的活动是否合法进行监督。

人民法院通过依法审判各种诉讼案件，一方面，审判行政诉讼案件和审查行政机关强制执行申请的案件。人民法院在行政诉讼中有权撤销违法的具体行政行为，变更显失公正的行政处罚决定，责令行政机关限期做出具体行政行为，以及判决行政机关承担行政赔偿责任，并可对拒不执行法院判决、裁定的行政机关及其工作人员依法采取司法强制措施。另一方面，人民法院通过审判职务犯罪案件实施监督。

（四）司法监督与纪检监察监督的贯通衔接

中国共产党第十九届中央委员会第四次全体会议在《中共中央关于坚持和完善中国特色社会主义制度，推进国家治理体系和治理能力现代化若干重大问题的决定》中提出，要"以党内监督为主导，推动各类监督有机贯通、相互协调""健全人大监督、民主监督、行政监督、司法监督、群众监督、舆论监督制度，发挥审计监督、统计监督职能作用"。在整个党和国家监督体系中,纪检监察监督是专责监督,居于领导地位和主干地位,而司法监督的强制性和终结性决定了它在整个监督链条中的重要作用。建立健全纪检监察机关与司法监督职能部门在信息沟通、线索移送、措施配合、成果共享等方面的工作机制,是实现纪检监察机关与司法监督机关有效贯通衔接的关键。同时,纪检监察机关应当加强对司法监督机关监督活动的"再监督"和司法腐败的治理,加大对政法系统腐败惩治力度,对政法系统腐败严惩不贷,推动司法机关落实好"党领导下各政法机关分工负责、相互配合、相互制约"的原则,提升司法监督质效。

四、社会监督

(一) 社会监督的概念和主要特点

1. 社会监督的概念

社会监督的概念有广义和狭义之分,广义的社会监督是指除党和国家机关之外的一切个人和组织通过批评、建议、申诉、控告和检举等监督活动,开展对党和国家机关及其公职人员遵守党的方针政策和国家法律的监督,主要包括公众监督、社会团体监督、舆论监督、民主党派监督和政协监督。狭义的社会监督专指各类社会团体对党和国家机关及其公职人员遵守党的方针政策和国家法律的监督。社会团体是指中国公民自愿组成,为实现会员共同意愿,按照其章程开展活动的非营利性社会组织。社会团体不包括参加中国人民政治协商会议的人民团体、国务院批准免于登记的团体和机关及企业事业单位内部经本单位批准成立、在本单位内部活动的团体。

2. 社会监督的主要特点

社会监督的主要特点是非强制性,即通过批评、建议、申诉、控告和检举等不直接产生法律后果的方式来开展监督活动。社会监督的重要作用在于广泛性和即时性,它能够全方位地参与到监督之中,及时发现存在的问题。但社会监督也有一定的局限性,一是缺乏强制力作为制度保障,需要通过党和国家监督机关启动进一步的监督程序才能发挥实效。社会监督必须与国家监督相结合,有国家监督作为后盾,才能真正发挥监督作用。二是具有一定的随意性和不确定性,社会监督如果无序失控,对经济发展和社会稳定会产生一定的负面影响,应该建立健全社会监督制度,确保社会监督有序参与到国家监督中。

(二) 公众监督

公众监督是指让公民有序参与到司法机关、检察机关、政府机关及其他事业机关的相关事务中去,充分发挥公民的监督作用,实现"权利制约权力"。具体而言,其主要通过各种新闻媒介广泛宣传国家机关需要公众参与、公众监督的主张和政策,《宪法》赋予人民群众对任何国家机关工作人员的"批评和建议的权利",人民群众有对任何国家机关和国家工作人员的违法失职行为提出申诉、控告和检举的权利等监督知识,营造浓厚的有利于公众参与反腐败斗争的氛围,并通过公众监督典型事例、宣传公众监督成果,不断增强公众依法正确参与监督的自觉性。同时,拓宽渠道,使公众便于参与。公众是社会监督的主体,要拓宽形式和渠道,方便公众参与社会监督。一是扩大并保障公众对权力运作的知情权,逐步完善公众直接参与社会监督的机制。制定保障公众知情权的法律,规定在法律限度内公众应享有的知情内容、范围和权利;行政机关应当公开履职的权力清单和责任清单;公众享有质询和监督的权利,有关方面如拒绝提供或虚假提供,不接受监督和质询,应承担相应的法律责任。二是在完善原有的监督举报箱、举报电话和提高信访举报处理质量的基础上,实行网上举报,提升举报的便利性,方便公众参与。

(三) 舆论监督

舆论监督是指公民或社会组织通过公共舆论工具揭露、批评包括官员腐败在内的不良现象。广义的舆论监督是指对社会一切不良现象的监督。这里的舆论监督取狭义解释,是指通过舆论力量和公共舆论工具,对政府组织和官员的腐败行为进行公开揭露和评价的行为。舆论监督的主体为新闻媒介、非营利组织等社会组织。随着现代传媒工具的迅速发展,网络舆论成为最重要的舆论监督方式。

舆论监督具有监督机关所不具有的特点:①监督方式的公开化。舆论监督使舆论以新闻的形式在网络上传播,将监督的具体内容全部公开化。②监督表达形式的直接性。其他监督形式意见的表达是间接的,必须通过权力部门的分拣和处理,才能进入监督程序,这一过程容易使事实发生变形,影响公众对这类监督的期望和信任。③监督效应的及时性。由于舆论监督的操作平台是大众传播媒体以及网络,所以监督意见的表达时效超过其他任何监督方式,产生效应快,而且没有其他监督形式复杂的处理程序。④监督效果的间接性。舆论监督不具有强制力,它是推动纪检监察机关启动监督问责的重要渠道,是腐败案件查办的重要线索来源。

本章小结

本章对行政监督制度进行了介绍,着重阐释了行政监督的基本类型和监督组织的基本形态,尤其对国家监察体制改革后国家监察制度的基本内容进行了详述。学完本章后,应该了解行政监督主体的构成、行政监督的基本原则和国家监察制度的基本内容,并深入理解行政监督在国家治理体系中的地位和作用。

第十二章 公共财政

内容要点

在市场经济条件下，由于市场失效现象的存在，政府成为公共物品责无旁贷的提供者。政府职能是弥补市场的缺陷，满足社会公共需要；财政则是实现政府职能的物质基础，因此，在市场经济条件下的财政亦被称作"公共财政"。公共财政通常担负三个方面的职能，即优化资源配置、调节收入分配和稳定经济增长。本章主要介绍公共财政的含义、主要特点及其职能，公共预算与决算，财政收支。

第一节 公共财政概述

一、公共财政的含义和主要特点

（一）公共财政的含义

公共财政是指为市场经济提供公共服务的政府分配行为，它是国家财政的一种具体存在形态，即与市场经济相适应的财政类型。

（二）公共财政的主要特点

政府是公共财政的分配主体，这是公共财政最本质的规定性。公共财政分配的目的，是满足公共需要。公共财政是与市场经济相适应的，由于公共服务只能由政府来提供，因此提供公共服务和满足公共需要所需的财力就成为公共财政的基本目的。

公共财政还具有强制性和补偿性。公共财政有凭借公共权力为市场服务、参与分配的性质。在市场经济体制下，政府凭借法律的强制力向企业和个人收税。企业和个人通过纳税减少了自身可支配的财力，减少了自身的利益，却从公共服务中获得了新的利益，这就在纳税与公共服务之间形成了一种利益补偿关系，决定了公共财政具有补偿性。

二、公共财政的职能

公共财政所具有的职能，至今形成的共识是优化资源配置、调节收入分配和稳定经济增长三大职能。

（一）优化资源配置职能

优化资源配置职能是指公共财政作为国家和政府的一种分配手段，通过财政分配活动，将社会资源按照实现行政职能的要求，合理地配置于社会经济的各环节，使其得以充分而有效利用的职责和功能。

公共财政所承担的资源配置职能是为了弥补市场在资源配置方面的缺陷，其内容主要有以下方面。

（1）将资源配置于无法按付费原则经由市场配置的公共部门。将资源配置于社会公共部门，以提供社会所需要的公共物品，是公共财政资源配置职能的首要内容。

（2）将资源配置于具有自然垄断倾向而不宜由市场配置的非竞争性商品和行业。在现实生活中，有一些产品和行业存在规模效益递增的情况，这就使市场竞争本身产生自然垄断的倾向，此外，有一些产品和行业天然存在竞争失效的问题，即独家经营能取得比多家竞争性经营更好的经济效益。上述自然垄断倾向符合市场追求利润最大化的法则，但又反过来抑制市场竞争，妨碍市场效率。这种缺陷应该通过政府对资源进行直接配置或间接引导和干预来弥补，因此，它是决定政府财政资源配置职能的另一项重要内容。

（3）将资源配置于具有高风险，并且预期收益不确定，但对经济发展有带动作用的高新技术产业。

（4）将资源配置于投资大、建设周期长、私人部门无力投资的基础产业和部门。农业、原材料、交通运输、能源等行业是国民经济的基础性产业，其投资不可能完全经由市场形成，而必须借助政府的财政力量来实现。财政通过直接投资或给予补贴等方式将资源直接或间接地配置于基础产业和部门，可以协调基础产业与加工业之间的资源配置比例，进而提高资源配置的宏观效益。

（二）调节收入分配职能

调节收入分配职能是指政府按照社会公平的原则，改变和调整市场分配的结果，以协调各种利益分配关系，促进社会稳定和经济发展的职责和功能。它是对市场分配结果的调节和修正，其内容主要包括以下几方面。

（1）调节个人之间的收入分配关系。在市场经济条件下，由于人们之间存在个体差异，市场分配的结果会造成人与人之间收入份额的悬殊差别，进而造成社会不公平。这种不公平不利于社会经济的稳步发展，但市场机制本身又难以克服，因而需要政府财政来协调。具体而言，其主要实现途径是通过税收和社会保障制度来缩小个人之间的收入差距，调节个人之间的收入分配关系，从而缩小市场分配所形成的社会成员之间的收入差距。可见，实施超额累进税制和社会保障制度是政府调节个人收入分配、缩小收入差距的重要手段。

（2）调节部门及产业间的收入分配关系。在现代市场经济条件下，各部门、各产业的特点不同，会引起经营成本及利润率的差异。为了促进国民经济按比例健康发展，政府必须调节各部门和各产业的利益水平，从而使调节部门及产业间的收入分配关系成为公共财政调节收入分配职能的重要内容。具体做法是通过差别税制对不同产品加征调节性税种来调节不同产品及行业的盈利水平。

（3）调节地区间的收入分配关系。在市场经济条件下，经济条件不同的地区之间会形成收入分配不均等的情况，进而导致居住在不同地区的社会成员所享受的个人福利和社会福利差别较大，使生产要素流向收入高的地区，加大地区间经济和社会发展的差距。这种差距的存在不符合资源优化配置、社会共同进步、人类福利普遍提高的要求，而缩小差距的要求市场机制又难以满足，因而必须通过公共财政的调节收入分配职能来实现，主要是通过中央对地方实行转移性支付制度，调节不同地区间的收入差距，促进区域经济均衡发展。

（三）稳定经济增长职能

为了弥补市场在稳定经济发展方面的失效，政府必须借助各种财政稳定经济增长。其职能主要包括以下两方面。

（1）调节经济增长速度，使其具有稳定性和持续性。公共财政对经济的调节就是要在经济发展过热时减缓经济增长速度；而在经济萧条、市场疲软时，调动闲置资源，推动经济增长。这种对经济发展速度的调节，是稳定经济增长职能的首要内容。

（2）调节经济结构，使其具有协调性和合理性。经济稳定增长往往要以协调的经济结构为前提。协调的经济结构可以创造出适宜经济发展的供给品，从而为经济稳定增长提供良好的供给条件；同时，经济结构协调本身便意味着社会需求与供给之间的相互适应，这也是经济稳定增长的重要标志和表现。政府对经济过程的调节和控制离不开对经济结构的调整和优化，因此调节经济结构，使其保持应有的协调便成为政府财政稳定经济增长职能的重要内容。

经济波动的原因往往在于社会供给和需求在总量和结构之间的矛盾。需求过旺、供给不足是经济过热的直接诱因和集中表现；需求不足、供给过剩则导致经济萧条和市场疲软。因此，稳定经济增长的关键是调节和控制社会总供求。财政收支作为经济变量，是政府调控社会供求关系的重要手段，其稳定经济增长的职能也是通过对社会需求的收缩或扩张来实现的。

第二节 公共预算与决算

一、公共预算与决算概述

（一）国家预算与公共预算

1. 国家预算制度

国家预算是财政体系的重要组成部分，并同国家财政具有内在的联系。国家财政收支要求制订统一的年度计划，而且要求经过一定的立法程序审批。因此，国家预算是具有法律效力的国家年度财政收支计划。

国家预算制度是国家政权内部立法机构与行政机构划分财政权限，并且由立法机构对行政机构的财政行为予以根本约束和决定的一种制度。立法机构掌握根本预算权限，并对行政机构的预算活动有根本约束与决定权限。国家预算制度的具体化就是一整套的国家年度财政计划的编制、审议、通过、执行、调整、完成和决算等，它们都是围绕着"计划"来展开的。行政机关每年编制的各项财政收支计划只有经过立法机关的审查通过，才能成为具有法律效力的财政计划，这时国家预算制度才算正式建立。

2. 公共预算的特点

公共财政是近现代才出现和存在的财政类型与模式，它也必须在国家预算制度的约束与规范下开展活动，公共预算是与之相适应的国家预算形式。作为国家预算的一种特定的类型与形式，公共预算有着国家预算所具有的全部特点。但作为与公共财政相适应的国家预算形式，它又有自身的特点。

（1）公共预算是与市场经济体制相适应的国家预算形式。有市场经济，才有公共财政，也才有公共预算。这使公共预算与计划经济体制下的单元预算相区别，也与双元财政下的国有资本经营预算（或称资本金预算）相区别。计划经济体制下的国家财政是单元财政而不是公共财政,随着市场取向改革的进展和社会主义市场经济体制的建立,我国的财政将转向双元模式,即公共财政与国有资本财政并存的模式,相应地,我国的国家预算制度也将出现公共预算与国有资本经营预算并存的结构。这些都表明,公共预算是建立在市场经济体制之上的国家预算形式。

(2)公共预算是与公共财政相适应的国家预算形式。公共财政是为作为独立的市场运营实体的企业和个人的市场活动提供公共服务的财政,公共预算也具有为市场提供公共服务的基本特点。这一特点将同处于社会主义市场经济体制下的公共预算与国有资本经营预算相区别。公共预算只能以市场经济为其存在和活动的经济基础,但这并不等于市场经济体制下存在的所有国家预算形式都只能是公共预算。在社会主义市场经济体制下,国家预算就是由公共预算和国有资本经营预算共同组成的。

(二)公共预算的分类

根据不同的标志,公共预算的分类也不同。

(1)根据不同的政府级别,公共预算可分为中央公共预算和地方公共预算。

(2)根据公共预算内容的分合程度不同,公共预算可分为经费预算、公共投资预算和社会保险基金预算等子预算。

(3)根据预算的编制程序不同,公共预算可分为临时预算、正式预算、追加预算(或修正预算)。

(4)根据公共预算编制范围和预算技术组织形式的不同,公共预算可分为单式预算和复式预算。单式预算是传统的公共预算编制形式。它是指在预算年度内,将全部的公共财政收支汇编入一个统一的预算平衡表内的预算编制方式。复式预算是指在预算年度内将全部预算收入和支出按照经济性质归类,分别汇编成两个或两个以上的预算。中华人民共和国成立以来,我国一直实行单式预算,从1992年起开始按照复式预算试编,即把全部预算收支按照其性质分别编制,分成经常性预算和建设性预算。

(三)国家决算的含义与意义

1. 国家决算的含义

国家决算是按照法定程序编制,用以反映国家年度预算执行结果的会计报告,由决算报表和文字说明两部分构成。我国国家决算按照统一的决算体系逐级汇编而成,包括中央级决算和地方总决算。

2. 国家决算的意义

出于各个方面的原因,国家预算执行的结果与预算不可能完全一致。国家预算执行情况如何,是否完成收支任务,收支是否平衡,只有通过决算才能准确地反映出来。编制国家决算具有如下重要意义:

(1)国家决算是国家政治经济活动在财政上的集中反映,体现了预算年度政府活动的方向和重点。通过国家决算的编制，可以掌握国家预算和国民经济计划的实际情况，了解党和国家有关方针、政策的贯彻执行情况，以及年度内国家财政资金活动的范围与流向，便于了解政府在年度中的重要工作，了解政治经济与财政的关系。

(2) 国家决算反映国家预算执行的结果。国家决算收入反映年度国家预算收入的总规模、收入来源和收入构成，体现了国家集中资金的程度和国家资金的积累水平；国家决算支出反映年度国家预算支出的总规模、支出方向、支出构成，以及各种重要比例关系，体现了国家经济建设和社会事业发展的规模与速度；决算中的有关基本数字，体现了各项事业发展的速度和取得的成果。

(3) 国家决算是制定国家财经政策的基本资料。国家决算的编制和分析，可以从资金积累和资金分配的角度，总结一年来各项经济活动在贯彻执行党和国家的方针、政策方面的情况，为国家领导机关研究经济问题、制定经济政策提供资料。

(4) 国家决算是系统整理和积累财政统计资料的主要来源。国家决算的编制，可以系统地反映预算执行的最终实际数字，通过对决算资料的分析，总结一年来预算编制、预算执行、预算管理、平衡预算收支、资金效果和财政监督等方面的经验教训，提出改进意见和措施，为提高下一年度的预算管理工作水平创造条件，并为制定下一年度预算收支控制指标提供数字基础。

二、公共预算与决算的管理

(一) 公共预算的编制

1. 公共预算编制的主要依据

公共预算是公共财政的基本年度计划，它的编制必须反映出作为政权组织和社会管理者的国家的施政方针和政策，以及国民经济的发展要求，同时必须符合国家有关法律、法规、制度的规定。因此，公共预算编制的主要依据有：国家的法律、法规和方针、政策，上一年度公共预算的执行情况，计划年度国民经济与社会发展计划的主要指标，公共预算管理体制所规定的管理权限和收支范围。

2. 公共预算编制的程序

在我国，国家预算编制的程序一般采取自下而上和自上而下相结合的方式进行。从法定程序上讲，由国务院下达关于编制下一年度预算草案的指示和要求，各级政府、各部门、各单位根据指示和要求，参考上一年度预算执行情况和本年度预算收支的预测，编制预算草案。在规定时间内，各级政府将总预算草案上报国务院。编制公共预算过程的主要程序如下：

(1) 做好编制预算的准备工作。在编制之前，必须做好一系列的准备工作：①做好对本年度预算执行情况的预计和分析工作；②拟定年度预算收支指标；③修订预算收支科目，制定统一的预算表格；④组织部署。

（2）正式编制预算。根据预算准备工作的资料，遵照预算编制的原则和依据，进行实际调查研究；结合本地区、本部门的国民经济发展情况，认真测算，上下结合，使预算草案建立在科学、可靠的基础上。各级政府预算草案报同级人民代表大会审查批准。

（二）公共预算的审批

预算的审查和批准必须在本级人民代表大会开会期间，提请人民代表大会代表讨论审议。经过讨论审议并通过报告之后，大会做出批准国家预算的决议。经过全国人民代表大会审查批准的中央预算，即为当年的中央预算；由地方政府在本级人民代表大会审议批准的，成为本级预算。经过法定程序审查批准的中央预算和地方各级预算，组成国家预算，具有法律效力。

（三）公共预算的执行

国家预算的执行是完成国家预算收支任务的最重要的环节。

在我国，国家预算经过全国人民代表大会审议批准后，就进入了预算执行阶段。在国家预算执行过程中，各预算执行机关有以下任务：①按照国家预算确定的收入任务，积极组织预算收入，确保预算收入任务的完成。②按照国家预算确定的支出任务，及时足额拨付预算支出资金。同时，还要加强对预算支出的管理与监督，以提高资金的使用效益。③努力实现预算收支平衡或确保预定的预算赤字规模不被突破。④加强预算执行的管理与监督。在国家预算执行过程中，要按照有关的法律、行政法规和有关规定，对预算资金的缴纳、分配使用等过程中的各种活动进行管理与监督，纠正预算执行中出现的各种偏差，严格遵守财经纪律。

根据《宪法》的规定，国家预算的执行机关是国务院和地方各级人民政府。在预算执行过程中，财政部在国务院的领导下，负责组织国家预算的具体执行工作。地方各级财政部门具体组织本地区预算的执行工作，由各级财政部门具体负责。预算收支执行的机关主要有税务机关、海关、中国人民银行、中国建设银行、中国投资银行、中国农业银行、中国农业发展银行等。

（四）公共预算的决算

1. 决算草案的编制

决算草案是指各级政府、各部门、各单位编制的未经法定程序审查和批准的预算收支的年度执行结果。决算草案由各级政府、各部门、各单位在每一预算年度终了后，按照国务院规定的时间编制。

编制决算草案，必须按照法律、行政法规的规定，做到收支数额准确，内容完整，决算的各项数字均应以核实的基层单位汇总的会计数字为准，不能用估计数字替代。《中华人民共和国预算法实施条例》规定，财政部应当在每年第四季度部署编制决算草案的原则、要求、方法和报送期限，制发中央各部门决算、地方决算以及其他决算的报表格式。

2. 决算的审核分析与批准

决算审核分析是指以决算表格数据和决算说明书提供的相关资料为基础，以财政方针、政策、计划、法规及有关规定为根据，对预算执行的过程和结果进行审核。它是决算编制工作的重要环节。决算编制必须做到层层负责，逐级审核，确保决算质量，促进预算管理水平的提高。决算审核分析的内容有两个方面：一方面是政策性审核，即从决算贯彻党和国家的方针政策、财政财务制度、财经法纪等方面进行审核分析；另一方面是技术性审核，即从决算报表的数字关系上进行审查和分析。

国务院财政部门编制中央决算草案，报国务院审定后，由国务院提请全国人民代表大会常务委员会审查和批准。县级以上地方各级政府财政部门编制本级决算草案，报本级政府审定后，由本级政府提请本级人民代表大会常务委员会审查和批准。乡、民族乡、镇政府编制本级决算草案，提请本级人民代表大会审查和批准。

第三节 财政收支

一、税收

（一）税收的含义

所谓税收，是国家为了实现其职能，按照法定标准，无偿取得财政收入的一种手段，是国家凭借政治权力参与国民收入分配和再分配而形成的一种特定分配关系。这一定义包括以下三个方面的含义：

（1）国家的存在是税收产生的前提。税收是在国家产生后，为适应国家实现其职能的物质需要而产生的一种分配方式，税收产生的先决条件是国家的公共权力。同时，税收是国家得以履行其职能的物质基础。国家通过税收方式取得财政收入，是为了实现国家职能。

（2）税收是按照法定标准征收的。国家凭借其政治权力，把劳动者创造的一部分产品以税收的形式，依照法定的标准集中到国家的手中。税收如果没有法定标准，不论是集团还是居民都无法纳税。这也体现了税收的强制性特征。

（3）履行纳税义务的主体是社会成员。因为政府提供的公共物品是为了满足社会成员的共同需要，让社会成员共同享有公共物品并因此受益，所以，税收应该由社会成员缴纳，包括个人和各类经济组织，作为其消费公共物品的代价。

（二）税收的基本特征

税收是国家凭借其政治权力，参与国民收入分配与再分配，以取得财政收入的重要手段。与其他财政收入形式相比，税收具有以下基本特征。

1. 强制性

税收的强制性是指税收是依据国家的政治权力而不是财产权力参与社会产品分配的。税收的强制性具体表现在税收是以国家的法律形式规定的，而税收法律作为国家法律的重要组成部分，对不同的所有者都是普遍适用的，任何单位和个人都必须遵守，不依法纳税者要受到法律的制裁。

2. 无偿性

税收的无偿性是指国家征税以后，纳税人缴纳的实物或货币随之转变为国家所有，国家不必付给纳税人任何形式的报酬或代价，也不再直接返还给纳税人。但从财政活动的整体性看，税收是对公共物品或服务的价值补偿，这又反映出其有偿性的一面，即"取之于民，用之于民"。

3. 固定性

税收的固定性是指政府在实施课税之前，就以法律形式事先规定了每一种税的纳税人、课税对象和课税标准，征纳双方必须共同遵守。

（三）税收的分类

1. 根据税制结构的单一性与复杂性分类

根据税制结构的单一性与复杂性不同，税收可分为单一税制与复合税制。单一税制是指一个国家在一定时期内主要实行一种税收制度；复合税制是指一个国家在一定时期内实行由若干税种构成的税收制度。我国目前实行的就是复合税制。

2. 根据税收的征收办法或税额的确定方法分类

根据税收的征收办法或税额的确定方法不同，税收可分为定率税与配赋税。定率税是指国家按照税法中征税对象既定的税率，按期依率计算征收的税收；配赋税是指国家预先对某种税规定应征税总额，然后依照一定的标准，按照纳税人或征税对象进行分摊，确定每一个纳税人或每一个征税对象的应纳税额。

3. 根据税收的征收对象分类

根据税收的征收对象来划分税种，是最基本的方法。西方国家税收一般按课税对象的不同将税种归并为三类：所得课税（包括个人所得税）、财产课税、商品（或劳务）课税。目前，我国税制按课税对象一般分为五大类：①以商品（或劳务）买卖的流转额为征税对象的流转税，如增值税；②为了调节资源开发过程中的级差收入，以自然资源为征税对象的资源税，如耕地占用税；③以所得额为征税对象的所得税，如企业所得税；④以纳税人拥有和支配的财产为征税对象的财产税，如契税（在土地使用权、房屋所有权的权属转移过程中，向取得土地使用权、房屋所有权的单位或个人征收的一种税）；⑤以纳税人的某种特定行为为征税对象的行为税，如印花税（对经济活动和经济交往中书立、使用、领受的凭证征收的一种税）。

（四）税收制度

税收制度简称"税制"，是规范国家与纳税人之间税收分配关系的各种法律、法规、条例、实施细则和征收管理制度的总称，是国家税收政策的具体化。税务机关和纳税人都必须按照税收制度的有关规定征税和履行纳税义务。

税收制度的核心内容是税法，它是国家整个法律制度的重要组成部分。广义的税收制度包括税收基本法（如《宪法》等统领各项税收法律制度的基本法）、税收程序法（如税收征收管理法等规范征纳税程序的法律制度）和税收实体法（规定各个独立税种的征纳税规范的法律制度）。狭义的税收制度一般仅指税收实体法，即国家设置的具体税种的课征制度。

税收制度的要素包括纳税人、课税对象、税率、纳税环节、纳税期限、减免税和违章处理等。

二、财政支出

（一）财政支出的含义和原则

1. 财政支出的含义

财政支出也称公共支出或政府支出，是指政府为履行其职能，将筹集与集中的资金进行有计划的社会再分配的过程。财政支出是国家实现其行政职能的财力保证，是政府的物质基础。财政支出是国家政治决策的表现，是政府引导经济发展方向的手段。同时，政府必须用财政支出为社会提供公共物品，满足全社会的需要。

2. 财政支出的原则

财政支出的内容相当广泛，涉及社会和经济生活中的各方面的利益。在安排财政支出的过程中会遇到各种复杂的矛盾或问题，如财政支出与财政收入的矛盾、财政支出中各项支出之间的矛盾，以及财政支出中如何实现财政支出效益的问题。要正确处理这些矛盾或问题，必须遵循以下原则：

（1）经济效益原则。经济效益原则是指要通过财政支出使资源得到最优化配置，使整个社会的效益最大化，即由于某项财政支出而获得的社会效益应当超过其社会总成本。

(2) 公平原则。公平原则是指通过财政支出提供劳务和补助所产生的利益在各个阶层的居民中的分配应达到公平状态，能恰当地符合各个阶层居民的需要。因此，财政支出应对收入不超过规定水平的社会成员给予补助，收入越少，给予的补助越多。

(3) 稳定原则。稳定原则是指政府支出应有助于防止经济波动过于剧烈。财政支出可以作为稳定经济的杠杆，是因为财政支出的增减会影响社会需求的总量。一般来说，为谋求经济的稳定，在安排财政支出时应有利于达到以下目标：高度的就业水平，物价稳定，满意的经济增长率，良好的国际收支状况。

(二) 财政支出的分类

财政支出总是由不同项目的支出构成的，为此，可以采用不同的方法对财政支出进行分类。下面介绍两种主要的分类方法。

1. 根据经济性质分类

根据能否在经济上直接得到等价的补偿，财政支出可分为购买性支出和转移性支出。

所谓购买性支出，是指政府以购买者的身份，在商品或劳务市场上购买商品或劳务时所发生的支出。购买性支出的具体目的和用途虽有所不同，但具有一个共同点：政府在付出资金的同时，获得了相应的商品或劳务，体现了等价交换的原则，并运用这些商品或劳务，实现国家的职能，体现了政府的市场性再分配活动。

转移性支出直接表现为财政资金无偿的、单方面的转移，如补贴、捐赠、转移支付等。其共同特点是政府付出了资金，却无任何直接的补偿，不存在等价交换，它所体现的是政府的非市场性分配活动。

2. 根据国家职能分类

在我国，根据国家职能的区别，财政支出可分为经济建设费、社会文教费、国防费、行政管理费和其他支出五大类。

(1) 经济建设费。其主要包括基本建设拨款支出、地质勘探费、城市维护费、国家物资储备支出、抚恤和社会福利救助费支出等。

(2) 社会文教费。其主要包括用于教育、科学、卫生、文物、地震、海洋等方面的经费、研究费和补助费等。

(3) 国防费。其主要包括各种武器和军事设备支出、军事人员给养支出、有关军事的科研支出、对外军事援助支出、民兵建设事业费支出，用于实行兵役制的公安、边防、武警部队和消防队伍的各种经费、防空经费等。

(4) 行政管理费。其主要包括用于国家行政机关、事业单位、司法机关、检察机关、驻外机构的各种经费、业务费、干部培训费等。

(5) 其他支出。其主要包括归还由政府直接出面借入的国内外债务及利息。

三、政府采购

（一）政府采购的含义和特点

政府采购是指政府机构出于履行职责需要，以购买、租赁、委托或雇用等方式获取货物、工程或服务的活动。从2003年1月1日起正式生效的《中华人民共和国政府采购法》规定，政府采购是指各级国家机关、事业单位和团体组织，使用财政性资金采购依法制定的集中采购目录以内的或者采购限额标准以上的货物、工程和服务的行为。

政府采购资金具有公共性，采购目标是非营利性的，采购行为是规范性的。而采购主体是各级国家机关、事业单位和团体组织，采购活动必须遵守相关政策的要求，同时，采购范围广、规模大、影响力大。

（二）政府采购的基本原则

政府采购的基本原则包括竞争性原则、公开性原则和公平性原则。

1. 竞争性原则

竞争性原则是指邀请更多的供应商参与竞争，通过促进供应商、承包商或服务提供者之间最大限度的竞争，促使政府采购目标的实现。

2. 公开性原则

政府采购的公开性原则也称透明性原则，是指有关采购的法律、政策、程序、活动都要公开，使每个有兴趣的或已参与的供应商都能获得同等的信息。透明度高的采购法和采购程序可以提高政府采购活动的可预测性，有助于投标商准确估算风险和收益，做出理性的选择，提出最有竞争力的价格。公开采购信息和采购过程，有助于加强监督，防止暗箱操作，避免采购机构及其上级主管做出随意的或不正当的行为和决定，从而增强潜在的投标商参与竞投的信心，维护社会公众的利益。

3. 公平性原则

政府采购的公平性原则又称非歧视原则，要求给予每一个有兴趣参加竞争的投标商均等的机会和同等的待遇，使其享有同等的权利并履行相应的义务，不歧视任何一方。

（三）政府采购的基本方式

根据采购方式的公开程度不同，政府采购可分为招标性采购和非招标性采购两大类。

招标性采购是指通过招标的方式，邀请所有的或一定范围的潜在的供应商参加投标，采购主体通过某种事先确定并公布的标准，从所有投标供应商中评选出中标供应商，并与之签订合同的一种采购方式。

非招标性采购是指除招标性采购方式外的采购方式。非招标性采购方法很多，通常使用的主要有询价采购、直接采购和竞争性谈判采购。

本章小结

公共财政指的是为市场经济提供公共服务的政府分配行为，它是国家财政的一种具体存在形态，即与市场经济相适应的财政类型。随着我国社会主义市场经济体制的逐步完善，我国的公共财政体制也将逐步完善。

第十三章 法治行政

内容要点

法治行政有着丰富的内涵和具体要求，要树立法治行政的理念，正确处理德治与法治的关系，遵循职权法定、法律保留、法律优先、依据法律和职权与职责统一的行政观，确保行政立法的正当性和科学性，切实通过行政复议、行政诉讼和行政赔偿等救济方式，保障公民、法人和其他组织的合法权益。

第一节 法治行政概述

一、人治、德治与法治

（一）中国古代的人治

在我国古代，孔子最早提出"为政在人"的人治思想，把国家的治乱与兴衰，全然寄托在"人"身上。这里所说的"人"，是指统治者的"贤人君子"，不是广大的民众。孟子很重视"仁者在位"的人治，《孟子·离娄章句上》所载，孟子认为只有"惟仁者宜在高位"，才能实行仁政，治理好国家，在"仁者"中"仁君"起决定性作用。荀子是综合儒家理论的重要思想家，是古代"人治"理论的鼓吹者和完善者。他提出了"有治人，无治法"的人治论，即强调国家的治乱与兴衰完全决定于"治人"，而不在"治法"。

先秦儒家的人治理论，遭到以管仲、商鞅和韩非为代表的法家思想家的驳难和批判。管仲最早提出"以法治国"，认为法律的作用很大，能"立朝廷""用民力""用民能"，能让举国上下令行禁止。后来，商鞅提出了"任法而治"的法治论，他认为法律是治理国家的唯一手段，法治是一种无可代替的治国之道。韩非是先秦法家法治思想的集大成者，他坚决反对人治，提倡法治，他认为国家靠"贤人君子"是靠不住的，因为像尧、舜那样的圣贤，千世也难出现一个，而大多数君主都是缺少治理国家的智慧的"中主"。如果仅靠"贤人君子"治国，天下难安，国家难治，在这种情况下，只要用法，就没有治理不好天下的道理。可惜的是，在中国历史上法家法治理论由于同根深蒂固的传统思想相差太大，其成功只是昙花一现。

（二）德治与道德规范

德治与法治相辅相成。德治重视以德治国，但是也决不能过分夸大道德的社会作用，把道德说成是万能的，而只是给予道德在国家的社会生活和人民群众的日常生活中应有的地位，使德治与法治并行不悖、并驾齐驱，共同促进改革开放和现代化建设事业的发展。

德治是在法律范围内进行的，绝不是超越甚至凌驾于法律制度之上的。在中国古代，无论是儒家所倡导的德治，还是法家所倡导的法治，本质上都是人治。

德治对行政机关及其公务员的要求，转化为行政机关及其公务员的道德规范。公务员道德规范特指公务员在职业活动中的道德要求，即公务员的行政道德。行政道德是指国家公务员在行使公共权力、管理公共事务的活动中，在处理自身与工作对象之间、上下级之间、同事之间以及公私、得失等关系时所应当遵循的原则和规范。行政道德在本质上总是反映一定政治的价值取向和追求，体现国家对社会利益的分配。行政道德除来源于社会的价值观念、信仰和风俗、习惯等，还来源于国家法律、法规、政策和制度等，因此，对国家公务员来说，行政道德具有一定的强制性。同时，国家公务员是社会的精英，也是公众行为的楷模。公务员的道德形象，在群众中起标杆作用。因此，公务员行为所表现的道德水准，对整个社会的道德提升起着重要作用。

（三）法律和道德的关系

1. 规范人们行为的手段不同

法律把社会成员的权利界限和义务责任用明确的条文规定下来，在形式和内容上具有明确性和逻辑性，可操作性较强。法律手段要用得有效，主要靠"他律"，是靠外在的强制力来发挥作用。法律在社会成员违法犯罪和蔑视法律规范时，可以依靠国家机器强制执法，直至采取剥夺公民权利、限制人身自由等极其严厉的措施。因此，法律的约束功能具有权威性和强制性。也就是说，强调用法律制度来治理国家，用强制的手段来约束人们的行为，是法治的主要内涵。

道德规范不具有以国家权力做后盾的强制性。道德的实施是通过教育、舆论、习惯和传统对人们产生作用，以其说服力和劝导力来影响和提高社会成员的道德觉悟，使人们自觉地遵守社会规范。

2. 规范人们行为的范围和程度不同

法律的他律性、强制性特点，决定了法律在规范人的行为、调整社会关系的范围和程度上有一定的局限性。对那些私人性较强的社会关系和涉及思想意识领域的问题，法律不宜干预。

道德对社会关系和人们行为的调整范围要比法律调整的范围宽泛得多。一般来说，凡法律能够调整的领域，道德都可以调整，即使法律不能调整的领域，道德也可以调整。道德不仅对人的行为有要求，而且对人的思想、观念、情操、信仰等意识也有要求，不但可以制约人们的公共关系行为，而且能制约人们的私人关系行为。

3. 两者相互影响、相互补充

一方面，法律要受道德的制约；另一方面，法律也有助于良好道德风尚的形成、巩固和发展。首先，道德是立法的基础。重要和基本的道德规范是法律规范的主要来源之一，是被社会成员普遍认同和接受的道德标准，可以通过一定的程序使之法定化，变成社会成员必须遵守的法律规范。其次，道德是执法的基础。为了使法律在调整社会关系时具有较大的适应性，制定者便有意采用一些模糊性条款，使法律规范不可避免地有一定的模糊性，而执法者就不可避免地具有一定的自由裁量权。执法者能否公正、准确地把握立法宗旨，能否恰当地运用好这一自由权，取决于执法者道德水准的高低。

（四）法治思想的渊源

据考证，法治一词是古希腊人毕达哥拉斯（Pythagoras）最早提出的。雅典城邦在梭伦（Solon）改革后，进行了"法律"统治。亚里士多德在《政治学》中指明"法治应包括两重意义：已成立的法律获得普遍的服从，而大家所服从的法律又应该本身是制定得良好的法律"。

在近代英国，詹姆士·哈林顿（James Harrington）是第一个论及国家政治与法律的关系的人。约翰·洛克（John Locke）以"法律的目的不是废除或限制自由，而是保护和扩大自由"为基调，论述了法律保护的个人权利和自由不受绝对的、任意的政治权力的约束，政治权力以不侵犯和破坏个人权利和自由为限度。艾尔伯特·维纳·戴雪（Albert Venn Dicey）把法治归纳为英国宪政的三个原则之一。

法国最有代表性的法治论者是孟德斯鸠和卢梭。孟德斯鸠注重的是"法的精神"，他的法治观念的核心内容是"法律下的自由和权力"。卢梭则以人民主权学说为核心，认为法治是一种民主共和国的标准。这种法治共和国是以自然法为基础的，它具有四个基本的构成要素：自由平等、公意、合法政府、法律至上。

美国思想家托马斯·潘恩（Thomas Paine）以人权即人所具备的不可剥夺的天赋权利为基础，推论出"法律至上思想"。一个国家的政府，不在于人，而在于法律。实行共和政体，才能称其为法治政府。法治政府的基本要素在于宪法下的权力制约，核心是宪法至上。托马斯·杰斐逊（Thomas Jefferson）同托马斯·潘恩一样，也是天赋人权的推崇者。他设计了共和政体的基本模式：代议制、权力分立体制和法律。在托马斯·杰斐逊看来，没有宪法和法律的绝对权威，就不会有共和政体，从而也就不会有人权。亚历山大·汉密尔顿（Alexander Hamilton）的法治思想，集中于《联邦党人文集》一书。他认为政府是保障自由不可缺少的，要组织强有力的政府，控制政府权力，就必须建立共和政体，实行分权制衡。强有力的联邦政府、共和政体以及分权制衡，都以宪法和法律为基础，以宪法和法律的至上权威做保障。

二、法制行政与法治行政

法制行政深刻反映了法律与行政的关系，其意义可以浓缩为法律对行政具有绝对的权威和支配力，行政权力应当来自法律的规定，特别是对公民权利产生直接影响的权力必须由法律明示，行政亦无法外特权；行政作用于社会事务，但是凡涉及公民基本权利和义务的事项，行政应保留给立法，由法律规定，行政不得取代法律；行政权力行为应当接受立法给予的规范指引，对公民权利产生不利影响的权力行为必须有明确的法律依据。法制行政还表明行政与法律的关系能够转换为行政与司法的关系，行政权力不是最后的国家权力，行政不能代表法律，人民法院恰如法律的代表运转着司法审查制度，可以对行政权力行为做出司法评判。因而司法被誉为法治的最终屏障，司法审查制度被视为法治行政的最可靠的制度保障。

法治行政则更多地着眼于行政活动应当体现法的内在价值，即行政目标应当体现正义性；行政行为应当体现公共利益性；行政组织应当体现合法性。法治行政还包括对公共权力的制约与对人权的保障等一系列原理和基本要求。可见，只要有法律和制度存在，就有法制存在，但有法制行政不一定就能真正实现法治行政。

法治行政，无论是方法还是理论，都是相对于人治行政而言的。法治行政不仅包括行政依法而治，而且强调依法行政的法是真正体现法的正义价值和绝大多数公众利益的。在法治行政存续的社会里，是不允许存在人治行政的，因为人治行政是统治者按照其个人意志决定如何治理行政事务。

法制行政主要体现为法治行政的形式方面的内容，表现为行政活动具有法的形式，行政活动是国家意志的体现。法律是统治者管理行政，建立稳定的行政秩序的一种方法和制度。可见，法制行政更多的是强调行政目标应当体现法的国家意志性；行政行为应当体现法的规范性；行政组织应当体现结构的秩序性。法制行政的机械性与法治行政的可变性存在区别。机械性是法律固有的弊端之一，即使良法也不例外。法制行政更多地体现法律的静态性。而法治行政与其动态性相适应,既能维护法律至上这一法治的基本原则,又能确保在严谨乃至机械规则调节下的法治行政的其他要素的活力。例如,以正当程序和严格规则相结合的方式调控行政自由裁量权,从而把急剧变革的行政行为规范于法治的框架内。

总之,法制行政与法治行政既有区别又紧密联系。它们之间的联系主要表现为:法制是法治的基础和前提条件;坚持实行依法治国的基本方针必然要求法制完备、健全,要求加强法制建设;法治的实施又必然促使法制日趋完善和健全。

三、法治行政的特点

(一) 职权法定

行政机关的职权是指中央政府及其所属部门和地方各级政府的职权必须由法律规定。行政机关必须在法律规定的职权范围内活动。非经法律授权,不可能具有并行使某项职权。行政机关的职权是,凡法律没有授予的或者禁止的,行政机关就不得为之,否则就是超越职权。职权法定,越权无效,是依法行政的主要原则之一。

(二) 法律保留

凡属宪法、法律规定应由法律规定的事项,只能由法律规定;或者必须在法律明确授权的情况下,行政机关才有权在其所制定的行政规范中做出规定,称为法律保留原则。在我国宪法和法律中,必须由法律规定的法律保留事项是:修改宪法,制定和修改刑事、民事、国家机构的和其他的基本法律,还有"其他法律"。

(三) 法律优先

法律规范在效力上是有位阶层次的,法律在效力上高于任何其他法律规范。法律优先包含下列含义:

(1) 在已有法律规定的情况下,任何其他法律规范,包括行政法规、地方性法规和规章,都不得与法律相抵触,凡有抵触,都以法律为准。

(2) 在法律尚无规定,其他法律规范做了规定时,一旦法律就此事项做出规定,则法律优先,其他法律规范的规定都必须服从法律。在我国,一般在法律没有规定的情况下,先由法律授权行政机关制定一些规范,一旦法律对同一问题做出规定,则以法律的规定为准,行政法规、地方性法规和规章的有关规定或修改,或废除。

(四) 依据法律

行政机关的行为必须有法律依据,即制定规范的抽象行政行为和做出处理决定的具体行政行为都必须依据法律。依据法律这一特点与行政机关的自由裁量权并不矛盾。自由裁量权指的是在法律规定有一定范围的情况下，行政机关可以在此范围内做出选择。

（五）职权与职责统一

法律授予行政机关职权，实际上也是赋予行政机关义务和责任，行政机关必须尽一切力量保证完成。因此，行政机关的职权从另一角度说，就是职责。职权与职责是统一的，是事物的正反两个方面。放弃职权，不依法行使职权，就是不履行义务，就是失职，应该追究其法律责任。

第二节 行政立法

一、行政立法的含义和原则

（一）立法的含义

狭义的立法，专指国家的最高权力机关及其常设机关依照法定职权和程序，制定法律这种特定的规范性文件的活动。广义的立法，是指有关国家机关依照法定职权和程序，创制各种具有不同法律效力的规范性文件的活动。它除指国家最高权力机关和其常设机关依法制定法律这种特定的规范性文件的活动外，还包含了由中央国家行政机关和地方有关国家机关，依据法定权限和程序制定诸如行政法规、地方性法规、自治条例和单行条例及其他规范性决定、决议等活动。

（二）行政立法的含义

行政立法的含义，大致可包括如下内容：行政立法的授权者是立法机关，因为在绝大多数国家，立法权属立法机关所有，只有它才有立法权可授；行政立法的授权者是行政机关，不应授予国家机关以外的组织或个人，因为立法行为本质上是一种国家行为。行政立法的授权形式，以宪法或其他授权法授权均可，只要授权者是行政机关即可，因为无论用什么法律形式授权，都是国家立法权从一个主体转归另一个主体，即从立法机关转归行政机关，在符合法治原则的前提下，既可适当地广泛授权，又可就某个方面或某个问题（事项）进行授权。至于行政机关根据授权创制的有法律效力的规范性文件，称为法规、规章或者命令，这是各国的立法技术需要解决的问题。

综上所述，行政立法一般是指立法机关通过法定形式将某些立法权授予行政机关，行政机关依据授权法（含宪法）创制行政法规和规章的行为。这个定义是根据一般情况而言的，不包括某些国家的行政机关内部的再授权。

（三）行政立法的原则

我国行政立法的原则是要求处处以人民权力和权利为重，包括人民权力至上、人民政治参与、以个人权利为重点和权利救济等含义。

在行政立法中，除权利原则外，还需要注意以下几个原则：

（1）依法立法原则。行政立法一般都是从属性立法，因而必须以《宪法》和基本法律为根据。

（2）民主立法原则。民主立法原则包括：立法主体的民主性，立法权应由人民行使；立法内容的民意性，立法应以维护人民的利益为宗旨，应当体现人民的意志；立法程序的公开性和民主性，立法过程应当实现公开化和民主化，充分听取各方面的意见。在这里特别要强调的是程序的公开化、民主化。

（3）科学立法原则。所谓科学立法原则，是指制定法律、法规要贯穿科学思想以及运用科学技术方法的准则。这不仅要求立法必须遵循客观规律，还必须采取科学严谨的态度，同时必须运用现代科学知识和科学技术。

二、行政立法的程序

行政立法的程序是由法律规定的。行政立法的一般程序是：规划、起草、审查、决定、签署公布和备案。

（一）规划

规划是行政立法的启动步骤。一般而言，立法规划分为五年规划和年度规划两种。在我国，国务院行政法规五年规划和年度规划由国务院法制局编制；国务院部门规章的制定规划由相应部门的法制机构编制；地方政府规章的制定规划，一般先由地方政府的职能部门和直属机构根据其业务拟定本部门的立法规划草案。

（二）起草

列入规划的行政法规和规章，由相应的行政立法机关负责起草。行政法规由国务院组织起草；国务院部门规章由具有行政立法权的国务院部门组织起草；地方政府规章由具有行政立法权的地方政府组织起草。

（三）审查

行政法规、规章草案拟订之后，应交由本级政府法制机构进行审查。法制机构对行政立法草案进行审查后，向相应的行政立法机关提出审查报告和草案的修改稿。经审查不合格的草案，可以退回起草部门或组织有关人员进行修改。

（四）决定

行政法规、规章草案审查工作完毕后，行政立法机关即开始对行政立法草案进行正式审议。行政法规一般提交国务院常务会议审议；部门规章草案提交相应行政立法机关的部务会议、委务会议审议；地方政府规章草案提交相应地方行政立法机关的常务会议或全体会议审议。

（五）签署公布

行政法规和规章审议通过后，须经行政立法机关的行政首长签署。国务院制定的行政法规，由国务院总理签署；部门规章由相应的部门首长签署；地方政府规章由省长、自治区主席或市长签署。行政法规和规章必须公开发布，未经公布的行政法规和规章不发生法律效力。

（六）备案

备案是将已经发布的行政法律规范上报法定机关，使其知晓，并在必要时备查的程序。备案是立法程序的后续阶段，并非行政立法活动本身。根据《中华人民共和国立法法》（以下简称《立法法》），行政法规和规章应当在公布后的30天内报有关部门备案。

三、行政法规与行政规章

（一）行政法规

1. 行政法规的特征

行政法规是指国务院根据宪法和法律，按照法定程序制定的有关行使行政权力、履行行政职责的规范性文件的总称。《宪法》和《国务院组织法》规定，国务院根据宪法和法律制定行政法规。行政法规具有以下基本特征：

（1）行政法规的制定主体是国务院。除国务院直接制定的行政法规外，由国务院批准发布或参与制定、发布的规范性文件，也是行政法规的组成部分，具有行政法规的效力。

（2）行政法规根据宪法和法律的授权制定。

（3）行政法规必须经过法定程序制定。

（4）行政法规具有法的效力。

2. 制定行政法规的基本要求

（1）根据宪法、法律制定行政法规。行政立法的从属性，决定了国务院必须根据宪法和法律制定行政法规。也就是说，宪法的这一规定要求：①宪法、法律没有做出原则性或有关规定的事项，国务院不得制定行政法规；②即使宪法、法律对有关事项做了规定，但民主宪政原则不属于行政法规的立法权限范围的，如对公民权利的剥夺，对公民义务的增加，规定军人和外交人员的衔级制度和其他专门衔级制度等，不得以行政法规定之；③在立法形式上，国务院制定的行政法规应开宗明义地列明其所依据的宪法条款和有关的法律规定。

（2）不得与宪法、法律相抵触。在立法内容上，行政法规不得与宪法、法律的规定相抵触。对所谓"抵触"应做广义的解释，一是行政法规不仅不能与宪法、法律的具体条款相矛盾，而且不能与宪法、法律规定的原则、精神及其隐含的要求相矛盾，尤其在规定行政机关权力和涉及公民权利等立法中，应特别注意这一点；二是行政法规与宪法、法律相抵触的形式，既可以是因与宪法、法律相矛盾的抵触，又可以是行政法规明显变更宪法、法律规定或者忽略宪法、法律的要求而造成的抵触。

（二）行政规章

1. 行政规章的定义及基本特征

行政规章简称规章，是指特定的行政机关根据法律和法规，按照法定程序制定的具有普遍约束力的规范性文件的总称。行政规章分为国务院部门规章（简称部门规章）和地方政府规章（简称地方规章）。部门规章是由国务院各部委和直属机构制定的规章；地方规章是由省、自治区、直辖市以及省、自治区人民政府所在地的市和经国务院批准的较大的市的人民政府制定的规章。行政规章具有以下基本特征：

（1）行政规章的制定主体是特定的行政机关，即前面所述有权制定部门规章和地方规章的机关。

（2）行政规章的制定根据是法律、行政法规以及决定、命令的授权。

（3）行政规章应当按照法定程序制定。

（4）行政规章具有法的属性。

2. 部门规章

国务院各部、委员会、中国人民银行、审计署和具有行政管理职能的直属机构，可以根据法律和国务院的行政法规、决定、命令，在本部门的权限范围内制定规章。

部门规章规定的事项应当属于执行法律或者国务院的行政法规、决定、命令的事项。因此，部门规章必须在法律、国务院的行政法规、决定或命令规定的事项范围内制定。同时，部门规章只能在本部门的权限范围内制定，而不能超出本部门的权限范围；涉及两个以上国务院部门职权范围的事项，应当提请国务院制定行政法规的部门或者由国务院有关部门联合制定规章。国务院各部门规章主要就下列事项做出规定：

法律或国务院行政法规、决定、命令规定由有关部门做出规定的事项；为执行法律或国务院的行政法规、决定、命令的规定需要制定规章的事项；属于各部委本系统自身建设的事项；有关各部委本系统的技术标准等事项。

3. 地方规章

《中华人民共和国地方各级人民代表大会和地方各级人民政府组织法》第六十条规定，省、自治区、直辖市的人民政府可以根据法律、行政法规和本省、自治区、直辖市的地方性法规，制定规章；设区的市的人民政府可以根据法律、行政法规和本省、自治区的地方性法规，制定规章。从1984年起至今，国务院批准的较大的市有：唐山市、大同市、包头市、大连市、鞍山市、抚顺市、吉林市、齐齐哈尔市、青岛市、无锡市、淮南市、洛阳市、重庆市（现已升格为直辖市）、宁波市、邯郸市、本溪市、淄博市、苏州市和徐州市。2000年《立法法》又将经济特区所在地的市纳入地方规章的制定主体中来。根据《立法法》的规定，地方政府规章可以就下列事项做出规定：①为执行法律、行政法规、地方性法规的规定需要制定规章的事项；②属于本行政区域的具体行政管理事项。这显然与国务院各部门、直属机构只能制定执行性规章的权限有明显不同。

第三节　行政救济

行政救济是指公民、法人或其他组织认为具体行政行为直接侵害其合法权益，请求有权的国家机关依法对行政违法或行政不当行为实施纠正，并追究其行政责任，以保护行政管理相对方的合法权益。行政救济的途径包括行政复议、行政诉讼和行政赔偿。

一、行政复议

（一）行政复议的概念与特征

所谓行政复议，是指公民、法人或者其他组织不服行政主体做出的具体行政行为，依法向法定的行政复议机关提出复议申请，行政复议机关依法对该具体行政行为进行合法性、适当性审查，并做出行政复议决定的行政行为。行政复议是由行政系统内部的行政机关实施的内部监督和纠错的行为，是一种重要的行政救济法律制度，具有以下特征：

（1）行政复议由有行政复议权的上级行政机关做出。

（2）行政复议的审查对象是引起争议的具体行政行为，附带审查部分抽象行政行为。

（3）行政复议由不服具体行政行为的利害关系人依法申请而引起。行政复议是一种依法申请的行为。

（4）行政复议主要采用书面审查的方式。行政复议机关主要通过对申请人提出的申请书和被申请人提出的答辩书等有关材料进行审查认定，依法做出行政复议决定。

（5）行政复议以具体行政行为的合法性和适当性为审查标准。

（二）行政复议的基本原则

根据《中华人民共和国行政复议法》的规定，我国行政复议的基本原则主要有：

（1）行政复议机关依法独立行使行政复议权原则。有权审理行政复议案件的机关只能是国家行政机关而非其他机关；行政复议机关必须严格依法行使行政复议职权，不受其他机关、社会团体和个人的非法干涉。

（2）一级复议原则。除非法律另有规定，对引起争议的具体行政行为只经一级行政复议机关复议即可结案，行政复议机关所做出的复议决定，是行政程序上的终局决定。申请人对复议决定不服的，一般可以向人民法院提起行政诉讼。

（3）合法、公正、公开、及时、便民原则。所谓合法原则，是指行政复议要满足主体合法、依据合法、程序合法三方面的要求。行政复议机关依法进行复议活动是合法性原则的核心要求。所谓公正原则，是指行政复议机关在行使行政复议职权时，要不偏不倚，在充分了解事实真相、掌握主要证据的基础上，依法做出合法、合理的行政复议决定。所谓公开原则，是指在行政复议的过程中，除涉及国家秘密、商业秘密、个人隐私外，整个过程应当向行政复议申请人和社会公开。所谓及时原则，是指行政复议机关应当在法律许可的限度内，以效率为目标，完成复议案件审理工作的一项基本行为准则。所谓便民原则，是指行政复议机关应当尽可能为行政复议当事人，尤其是申请人提供必要的便利条件，以确保当事人行政复议权利的实现。

（4）全面审查原则。全面审查原则包括合法性审查和适当性审查两个部分。所谓合法性审查，是指行政复议机关在审理复议案件的过程中，要对被复议的具体行政行为是否符合实体法、程序法的规定进行全面审查。所谓适当性审查，是指对被复议的具体行政行为是否存在畸轻畸重的现象进行审查，主要是看行政机关在法定权限内做出的具体行政行为是否客观公正、恰如其分、是否符合大多数人所认同的常理。

（5）行政复议期间具体行政行为不停止执行原则。行政机关是代表国家行使行政管理职权的法定机关，其具体行政行为一经做出，就具有法律上的确定力、拘束力和执行力，在没有被有权机关依法定程序撤销前，不能停止具体行政行为的执行。

（6）复议不适用调解原则。行政复议机关在审查具体行政行为时，对合法、适当的具体行政行为予以维持，对违法不当的具体行政行为予以撤销或者变更，无须进行调解。

（三）行政复议范围

行政复议范围是指行政相对人认为行政机关做出的具体行政行为侵犯其合法权益，依法可以向行政复议机关请求重新审查的范围。但也存在排除行政复议的事项，排除行政复议的事项包括以下几个方面：

（1）抽象行政行为。抽象行政行为是行政主体制定和发布行政法规、规章或者具有普遍约束力的决定、命令的行政行为。行政相对人对抽象行政行为中的行政法规、规章不服的，可以向有关国家机关提出意见，由有关国家机关审查并做出处理决定。

（2）行政处分或者其他人事处理决定。行政主体对国家公务员做出的行政处分或者其他人事处理决定，属于内部行政行为，被处分或者被处理的人不服，不能申请行政复议，但可以依照有关法律、法规提出申诉。

（3）行政仲裁、调解或者其他处理行为。行政主体对公民、法人或者其他组织之间的民事纠纷做出的仲裁、调解行为，不是行政主体的行政职权行为，对双方当事人的约束力取决于其自愿接受，因此，一方当事人如果不服，可以向人民法院提起诉讼或者向仲裁机关申请仲裁，但不能申请行政复议。

二、行政诉讼

（一）行政诉讼制度概述

所谓行政诉讼，是指公民、法人和其他组织针对行政机关或行政工作人员的违法行政行为向司法机关提起诉讼的行为。

1989年4月《中华人民共和国行政诉讼法》（以下简称《行政诉讼法》）的公布，标志着中国行政法治建设进入了一个新的历史时期。《行政诉讼法》实施以来，行政诉讼的实践和理论都取得了十分显著的成就。《行政诉讼法》是人民法院审判行政案件的法律依据，但仅有《行政诉讼法》，行政审判制度的运作仍有一定困难，因此实施《行政诉讼法》还需要某些配套的法律、法规或司法解释的出台。

（二）行政诉讼基本原则

《行政诉讼法》第六条规定：人民法院审理行政案件，对行政行为是否合法进行审查。这条规定表明，行政诉讼的审查是对具体行政行为的合法性进行审查，而不包括具体行政行为的合理性范围。第七条规定：人民法院审理行政案件，依法实行合议、回避、公开审判和两审终审制度。第八条规定：当事人在行政诉讼中的法律地位平等。

（三）行政诉讼受案范围

行政诉讼受案范围既涉及权力分立与制约的政治架构原则，又涉及人权保障的政治伦理原则。在我国，行政诉讼受案范围的确定方式是对可诉性行政行为和不可诉性行政行为进行界定。

1. 可诉性行政行为

人民法院受理公民、法人和其他组织对下列具体行政行为不服提起的诉讼：

（1）对行政拘留、暂扣或者吊销许可证和执照、责令停产停业、没收违法所得、没收非法财物、罚款、警告等行政处罚不服的。

（2）对限制人身自由或者对财产的查封、扣押、冻结等行政强制措施和行政强制执行不服的。

（3）申请行政许可，行政机关拒绝或者在法定期限内不予答复，或者对行政机关做出的有关行政许可的其他决定不服的。

（4）对行政机关做出的关于确认土地、矿藏、水流、森林、山岭、草原、荒地、滩涂、海域等自然资源的所有权或者使用权的决定不服的。

（5）对征收、征用决定及其补偿决定不服的。

（6）申请行政机关履行保护人身权、财产权等合法权益的法定职责，行政机关拒绝履行或者不予答复的。

（7）认为行政机关侵犯其经营自主权或者农村土地承包经营权、农村土地经营权的。

（8）认为行政机关滥用行政权力排除或者限制竞争的。

（9）认为行政机关违法集资、摊派费用或者违法要求履行其他义务的。

（10）认为行政机关没有依法支付抚恤金、最低生活保障待遇或者社会保险待遇的。

（11）认为行政机关不依法履行、未按照约定履行或者违法变更、解除政府特许经营协议、土地房屋征收补偿协议等协议的。

（12）认为行政机关侵犯其他人身权、财产权等合法权益的。

除上述规定外，人民法院受理法律、法规规定可以提起诉讼的其他行政案件。

1999年11月实施的《最高人民法院关于执行〈中华人民共和国行政诉讼法〉若干问题的解释》规定：公民、法人或者其他组织对具有国家行政职权的机关和组织及其工作人员的行政行为不服，依法提起诉讼的，属于人民法院行政诉讼的受案范围。

2. 不可诉性行政行为

公民、法人或者其他组织对下列行为不服提起诉讼的，不属于人民法院行政诉讼的受案范围：

（1）《行政诉讼法》第十二条规定的行为。

（2）公安、国家安全等机关依照刑事诉讼法的明确授权实施的行为。
（3）调解行为以及法律规定的仲裁行为。
（4）不具有强制力的行政指导行为。
（5）驳回当事人对行政行为提起申诉的重复处理行为。
（6）对公民、法人或者其他组织权利义务不产生实际影响的行为。

由于受案范围规定过于狭窄，所以将受案范围限定于"具体行政行为"是不利于维护相对人的权益的。而具有普遍约束力且可反复适用的所谓抽象行政行为没有纳入行政诉讼的受案范围，直接导致行政机关借用抽象行政行为来延伸和扩张其行政职权的现象，成为众多违法行政、越权行政、滥用职权的主要方式和来源。

三、行政赔偿

（一）行政赔偿的渊源

行政赔偿是指国家行政机关及其工作人员在行使职权时，违法侵犯公民、法人或其他组织的合法权益并造成损害的，国家向受害人赔偿的制度。行政赔偿是一种由国家对行政机关及其工作人员因违反行使职权所造成的损害承担责任的形式，实际上体现了国家、行政机关及其工作人员以及相对人三者之间的法律关系。

行政赔偿是人类社会发展到特定历史阶段的产物。从历史上看，行政赔偿是伴随人民主体地位的提高，在国家责任从无到有的发展过程中出现的；从理论上看，国家责任、行政赔偿可以从委托—代理理论、社会协作理论、国家公法人理论、危险责任和公共负担平等理论观念中找到源头。

（二）行政赔偿的归责原则

所谓行政赔偿的归责原则，是指在法律上确定国家承担赔偿责任所依据的某种标准，国家只对符合此种标准的行为承担赔偿责任。这一原则为判断在什么情况下国家对行政机关及其工作人员的行为承担赔偿责任提供了根本的标准，对于确定行政赔偿责任的构成及免责条件、举证责任以及承担责任的程度，具有重要意义。

确定行政赔偿的归责原则，首要的一点是行政机关及其工作人员的行为对公民、法人或其他组织即相对人造成了伤害，因为如果没有造成相对人的损失，赔偿也就无从谈起。

所谓违法归责原则，是指国家赔偿以公务人员的职务行为是否违法为标准，而不问侵权公务人员有无过错。这里的"职务行为"也构成了一条标准，即必须是公务人员行使职权时做出的行为，包括具体行政行为和事实行为。这是一条客观标准，与过错归责原则这种主观标准相比，可操作性更强，尺度更统一；而与同样是客观标准的无过错归责原则相比，违法归责原则以是否违法作为标准加以限定，因而更具有合理性。

（三）行政赔偿的构成要件

所谓行政赔偿的构成要件，是指国家对行政机关及其工作人员的侵权行为承担赔偿责任所应具备的前提条件，是归责原则的具体体现。我们在分析某一侵权致害行为是否能够引起行政赔偿责任，以及在多大程度上引起这种责任时，都要从对其构成要件的考察入手。构成行政赔偿的要件包括：侵权行为主体、执行职务的行为违法、损害的事实，以及违法行为与造成损害的因果关系。

1. 侵权行为主体

侵权行为主体是构成行政赔偿的要件之一，它解决的是谁实施的行为才有可能引起行政赔偿的问题。在公共领域，能够引起行政赔偿的侵权行为主体只包括行政机关及其工作人员，法律、法规授权承担行政管理职能的其他组织，受行政机关委托执行公务的其他组织或个人，以及事实上在执行公务或自愿协助公务的人员。

2. 执行职务的行为违法

执行职务的行为违法包含两层意思：一是致害行为必须是执行职务的行为，二是该执行职务的行为违法。

3. 损害的事实

行政赔偿的最主要目的是对受害人进行赔偿，没有损害的既成事实也就无从赔偿。所谓损害，是指对受侵害人造成的合法权益方面的不利。权益受损是由非法行为造成的，并且能够通过具体的推算方法得到其客观价值。行政赔偿所针对的损害包括物质损害和精神损害。

4. 违法行为与造成损害的因果关系

违法行为与造成损害的因果关系，是指引起赔偿的损害必须是由侵权行为主体违法执行职务的行为所造成的。由损害看行为，可以确信损害是由该行为造成的；由行为看结果，可以预料该行为所能够造成的结果。行政赔偿中因果关系的确定是有其自身特色的，强调直接的因果关系，即受害事实必须是由侵权行为直接引起的。

（四）行政赔偿范围

行政赔偿的范围在法律上有两层含义：一是指能够引起赔偿责任的公务行为的范围；二是指能够得到赔偿的实际损失的范围，即哪些损失能够获得赔偿，这是根据损害的性质而言的。行政赔偿的范围决定了国家承担责任的范围、相对人能够获得救济的范围，以及人民法院的受案范围。

从第一层意义上讲，根据《中华人民共和国赔偿法》的规定，行政赔偿的范围包括侵犯人身权的违法行政行为和侵犯财产权的违法行政行为。侵犯人身权的违法行政行为包括：①违法拘留或者违法采取限制公民人身自由的行政强制措施的；②非法拘禁或者以其他方式非法剥夺公民人身自由的；③以殴打、虐待等暴力行为或者唆使、放纵他人以殴打、虐待等暴力行为造成公民身体伤害或者死亡的；④违法使用武器、警械造成公民身体伤害或死亡的；⑤造成公民身体伤害或死亡的其他违法行为。侵犯财产权的违法行政行为包括：①违法实施罚款、吊销许可证和执照，责令停产停业、没收财物等行政处罚的；②违法对财产采取查封、扣押、冻结等行政强制性措施的；③违法征收、征用财产的；④造成财产损害的其他违法行为。

从第二层意义上讲，行政赔偿所面对的损害包括物质损害和精神损害，物质损害又包括直接损害和间接损害。行政机关及其工作人员侵害相对人人身权、财产权，都会造成物质损害，对相对人的赔偿，与行政赔偿责任因果关系的确定原则相适应，多数国家只赔偿直接和一部分间接经济损失、实际利益的损失和直接可得利益的损失，而对间接损失和预期利益一般不予赔偿，因为精神损害与侵权行为不能构成直接的因果关系。对于精神损害的赔偿，各国的做法不一，如《中华人民共和国国家赔偿法》规定，赔偿义务机关的行为违法造成受害人名誉权、荣誉权损害的，应当在侵权行为影响的范围内，为受害人消除影响，恢复名誉，赔礼道歉。实际上，这一规定排除了精神损害的物质赔偿。

本章小结

本章重点论述法治行政的基本内涵及其特点，并从法制行政与法治行政的相互关系、行政立法、行政救济等视角对法治行政的架构进行了深入的阐述。学完本章后，应该了解法治行政的历史演变，牢记法治行政的基本特点，掌握行政法规与行政规章的基本含义和立法程序，对行政复议、行政诉讼与行政赔偿三者之间的联系与区别有系统的理解，同时掌握行政复议的基本原则、行政诉讼的受案范围、违法行政行为的认定与行政赔偿的构成要件等主要内容。

第十四章 行政方法

内容要点

本章论述行政方法的含义与作用，行政基本方法、行政程序和行政计划。同时，本章也详细地介绍了新的行政方法，如目标管理方法、战略管理方法、标杆管理方法和政府全面质量管理方法。行政方法是公共行政的重要组成部分，是实现公共行政目标的方法和途径。在传统行政方法的基础上引进现代行政方法才能提高行政方法的科学性，从而提高行政效率。

01 第一节 行政方法概述

一、行政方法的含义

行政方法是指行政机关和行政工作人员为了达成行政目标，从公共组织的内外部环境和管理对象的实际情况出发，在一定的行政管理思想和管理原则的指导下采取的各种措施、手段、方法和技术等的总称。

1. 行政方法是公共行政的重要组成部分

（1）行政方法是使行政管理思想和管理原则变为现实的途径和手段，是实现行政职能，达成行政目标的必要途径。

（2）行政管理者如果不运用具体的行政方法，就不可能高质量地履行政府职能和提供公共服务，不可能有效地实现行政目标和公共利益。

（3）行政方法和政府职能两者是相辅相成的，也就是说，行政方法脱离了政府职能就没有存在的价值，政府职能脱离了行政方法就缺乏变为现实的途径。

2. 行政方法的内容

（1）基本手段。行政方法是公共组织进行管理的基本手段。这些基本手段有行政指令手段、法律手段、经济手段和思想工作手段。这些手段是公共行政必须具备和经常使用的基本手段，只不过在不同的管理领域或对不同的管理对象应采取不同的手段。

（2）行政程序。行政程序不仅是公共组织的一种主要的行政方法，而且在大多数国家都有相应的法律规定，所以，它也是一种规范行政行为的法律程序。它以时间为顺序，以有关规章制度为依据，以提高效率为宗旨。

（3）技术方法。技术方法是指行政机关在处理公共事务的过程中运用各种基本手段时所采用的各种具体方法。由于公共行政事务包罗万象，管理对象千差万别，因此行政机关必须采取不同的技术方法。技术方法的运用还会因为时间、空间和地点及对象的不同而有所区别。如何科学地运用技术方法，是一门艺术。

3. 行政方法要解决的核心问题

行政方法要解决的核心问题是公共组织的效率问题，主要表现在以下几个方面：

（1）简化办事手续，减少办事时间。政府必须以高效、快捷、高质量的服务来满足公众的需求，为公众提供服务，实现公共利益。

（2）减少行政成本。行政方法不仅是化繁为简的技术方法，而且是节约成本的重要措施。不能节约行政成本的任何行政方法，都不能算是好方法。低成本是实现公共利益的重要体现，是政府的重要目标。

（3）公共行政的各个环节和步骤采取科学化的管理技术方法，是行政方法追求的重要目标之一。20世纪后半叶，由于科学技术的长足发展，产生了许多跨学科的新理论和新技术，为公共行政提供了很多新的技术和方法。同时，企业不断创新，出现了许多新的管理方法，也值得政府借鉴。

（4）虽然行政方法解决的核心问题是效率问题，但是，采取任何一种新的行政方法都要以人为本，营造一种民主与自由的组织气氛，调动人的积极性和主动性，最大限度地发挥每个组织成员的才能和智慧；增强组织的凝聚力，提倡团队精神，提高公共组织的效率。

二、行政方法的作用

行政方法不仅对提高公共组织的效率具有巨大作用，而且可以大幅度地提高公共行政的民主性和公平性。因此，行政方法在公共行政活动中具有举足轻重的作用。

（1）科学的行政方法是参与国际竞争的必要保证。科学的行政方法的核心是提高政府效率。21世纪的竞争十分激烈，全球化和地区化已经成为发展的必然趋势，国与国的竞争将愈演愈烈。政治、经济、文化、外交、科学技术、军事等各方面的竞争将是十分残酷的。而这种竞争就是国与国之间的竞争，是政府与政府之间的竞争，是政府效率之争。因此，政府采取科学的行政方法是提高行政效率的重要途径。一个高效的政府是该国参与国际竞争的保证，由此可见政府采用科学的行政方法的重要性。

（2）科学的行政方法是政府高效率、高质量、低成本地开展行政工作的关键。科学的行政方法和技术是提高政府工作效率的关键，没有科学的行政方法和技术，就没有科学的公共行政。新方法和新技术的采用，节省了大量的行政成本，手续简单，大幅度提高了政府的工作效率。

（3）科学的行政方法是贯彻执行党和国家各项方针和政策的重要保证。没有科学的行政方法和技术，国家的各级行政机关就不可能有效地在各地区、各部门和各单位计划和安排各项工作，就不可能极大地激发和调动集体和个人的积极性、主动性和创造性，就不可能有效地贯彻执行党的方针和政策。

（4）科学的行政方法是发展社会主义市场经济，加强国家宏观调控的必要条件，是社会主义市场经济发展的需要。在社会主义市场经济条件下，政府要实行间接管理、中介管理和宏观管理，不使用科学的行政方法就不可能达到预期的效果。

（5）科学的行政方法是建设高效廉洁政府，为社会提供优质服务的需要。我国目前公共行政管理工作中存在的不正之风，与行政方法不科学有一定的关系。我国的行政方法主要存在程序复杂、手续繁多、雁过拔毛、行贿受贿等弊端，一道行政程序是一道收费站，在利益的驱动下，制定者不可能主动地简化行政程序。采取科学的行政方法和技术，如网上办公，不仅能够简化行政手续，而且能够杜绝行贿受贿等弊端。所以，科学的行政方法不仅能够提高行政效率，而且能够促进廉政建设。

（6）科学的行政方法可以促进和发展社会主义民主，加强政府的合法性。行政方法本身具有政治含义，是以民为本还是以官为本，这是采取行政方法时经常遇到的问题。如果以民为本，行政方法必然是以为公众服务为出发点；如果以官为本，必然是当官做老爷的衙门作风，为自我服务。行政公开，不仅是一个行政方法问题，而且是一个民主行政问题。科学的行政方法必然是以民为本，吸收广大人民群众参与管理的方法。

第二节　传统行政方法

一、行政基本方法

行政基本方法包括法律政策方法、行政指令方法和经济方法。这些方法是公共组织经常采用的行政方法和手段。每种行政方法都有其适用范围。

（一）法律政策方法

行政机关管理公共事务，经常采用的方法是制定法律政策、规范社会秩序和社会行为。尤其在社会主义市场经济条件下，必须用法律政策进行规范和引导。政府干预社会，干预经济，主要是通过法律政策引导，虽然有强制性，但它不是政府的直接干预，而是间接调控。法律政策方法是行政管理活动中最常见的行政方法。

（二）行政指令方法

行政指令方法是指用强制性地执行政府指令的方式解决社会问题和经济问题的方法。行政指令方法简单易行，具有直接性和强制力，对规范社会秩序和社会行为有很大作用。但是，一般不能用行政指令方法处理市场经济问题，市场经济问题必须用经济规律来解决。用行政指令方法来管理市场经济，就不可能有效地配置资源，甚至会造成市场垄断，使市场窒息，无法进行自由竞争。

（三）经济方法

经济方法是指政府根据经济发展的需要，用税收、利率、奖金、补助、外包、工资和经济合同等对经济结构、经济秩序和各种经济利益进行调节的方法。经济方法是政府管理和规范市场经济的主要方法。

二、行政程序

（一）行政程序的概念、特点与分类

1. 行政程序的概念

行政程序又称行政路线，是指行政机关和行政工作人员在开展公共行政活动时必须遵循的一系列前后相衔接的步骤、手续和过程。

2. 行政程序的特点

（1）稳定性。行政程序一般是由有关法律和规章制度确定下来的，不能轻易变更。
（2）完整性。行政程序有时缺少一个步骤就不能完成。
（3）简便性。行政程序要求尽量减少工作步骤，因为复杂的行政程序会严重地影响政府的工作效率。
（4）合法性。行政程序的确立必须合情、合理、合法，不得违背有关法律规定。

3. 行政程序的分类

行政程序从不同的角度有不同的分类方法，这里仅按行政管理过程的横向和纵向

进行分类。行政程序从横向上可分为手续性程序和决定性程序。手续性程序是指通信文件的办理、记录的整理与保管、报告的编制、材料的收集和档案的管理等。决定性程序是指行政管理活动中的设计与决策、组织与协调、指挥与控制、考核与总结等。行政程序从纵向上可分为行政计划准备、决定计划、执行计划、检查监督与考核奖惩等。

（二）优化行政程序的方法

优化行政程序的方法有很多，这里仅介绍简化行政程序的方法。简化行政程序的方法就是要最大限度地简化并减少行政工作的具体步骤，要使每个行政步骤成为必不可少的环节，而不能是可有可无的过程；要做到最大限度地节约人力、物力、财力、时间和空间等资源。国外行政学家一般应用"六何追问法"（或称"六W法"）进行行政程序分析，简化行政程序。"六W法"是：①何事（what）。做什么事？实际情况如何？此步骤是否妥当必要？有没有遗漏必要的工作？其目的何在？能否达到目的？②为何（why）。为何采取这一程序达到这一目的？减少这道程序是否可行？减少这道程序后会有什么影响和后果？③何地（where）。这一步骤应该在什么地方进行？为什么要在那个地方完成？换个地方或调整人员和设备是否更好？能否节约时间和空间并取得最佳效益？④何时（when）。这项工作什么时候进行更合适？为何必须在此时开始做？提前或推迟去做是否效果更好？⑤何人（who）。这项工作应该由何人完成更合适？为什么必须由这个人去做？换一个人去做是否更有效？⑥何法（how）。这项工作用什么方法去做更好？为什么用这种方法去做？换不同的方法、设备和手段是否更有效？如何使现有的工作更容易完成？

任何一项工作程序，如果不能回答或不能圆满回答前两个问题，就应该予以取消或与其他工作程序合并。任何一项工作程序对后面四个问题的回答决定了它是不是一项需要简化的行政程序。

三、行政计划

（一）行政计划的含义

行政计划是指行政机关为了实现行政目标和公共利益，依法制订的行动方案。行动计划就是政府在特定领域的行政活动的准则和依据，具有法律效力。

行政计划的主体可以是一个国家的中央政府，也可以是地区政府。行政计划的主体必须根据本国、本地区的国民经济和社会发展的需要而制定计划目标。行政计划应该有时间期限，讲究成本效益，规定达成目标的方式、途径和手段。行政计划必须落实到具体的公共组织并确立责任。

（二）行政计划的类型

1. 根据时间分类

根据时间不同，行政计划可分为短期计划、中期计划和长期计划。短期计划主要是年度计划。中期计划一般是五年左右的计划。长期计划一般是十年以上的行政计划。长期计划是战略性计划，是纲领性的行动计划，它规定制订中期计划的任务和基本内容。

2. 根据行政计划的主体分类

根据行政计划的主体不同，行政计划可分为中央计划、地方计划和基层计划。中央计划是指中央政府制订的行政计划。中央计划是制订地方计划和基层计划的主要依据和基础。地方计划是指地方政府制订的行政计划，是落实中央计划的地方行动计划，是中央计划的分解方案。基层计划是指基层行政机关和企事业单位制订的计划，是落实中央计划和地方计划的行动计划。

3. 根据计划的内容分类

根据计划的内容不同，行政计划可分为社会计划、经济计划、资源计划和国防计划等。社会计划是为了解决国家所面临的重大问题而制订的行动计划。经济计划是为了发展国民经济而制订的行动计划。资源计划涉及的范围比较广，是影响制订各种计划的重要因素。国防计划包括战时防卫计划和和平时期的防卫计划。

03 第三节 现代行政方法

一、目标管理方法

目标管理方法是美国学者彼得·德鲁克（Peter Drucker）于 20 世纪 50 年代，应用系统论、控制论、信息论和人际关系理论而提出的一种新的管理方法。它一经问世，就受到世界瞩目，而且很快被各行各业十分广泛地采用。目标管理是对管理的全过程进行全面管理的方法，它可以把各种管理要素协调起来，提高行政效率。

（一）目标管理的含义、特点和作用

1. 目标管理的含义

目标管理是以目标为导向，以人为中心，以成果为标准，而使组织和个人取得最佳业绩的现代管理方法。

2. 目标管理的特点

目标管理强调三个方面，即人、工作和成果，它具有以下几个特点：

（1）它是以人为中心的管理方法。目标管理既强调管理目标的分解，也强调责、权、利的分解。它将管理目标和责、权、利落实到每个组织和每个人，使管理成果与组织和个人的责、权、利统一起来。每个组织和每个人都非常关心自己工作目标的达成情况，因为它与自己的责、权、利直接挂钩，与领导者及每个工作人员的经济利益、职位升降、奖惩密切相关。因此，目标管理能够极大地调动每个人的积极性，可以大幅度地提高工作效率。从这个角度讲，目标管理是以强调每个工作人员都具体地承担分解后的组织目标为中心的。所谓以人为中心的管理的实质是以目标为中心。

（2）它是以工作为中心的现代管理方法。目标导向就是工作导向。组织的总目标确定之后，进行目标分解，做到层层有目标，人人有目标。这个目标就是工作目标。有了目标，就容易形成组织凝聚力。这样也能够最大限度地减少与工作无关的内耗和无效劳动，易于统一行动，易于协调。从这个角度讲，目标管理强调把组织的目标落实到每个工作人员的身上，它实质上仍然是以目标为中心的现代管理方法。

（3）它是以成果为中心的现代管理方法。目标管理也是成果管理。成果是指组织和组织成员所取得的实际业绩。成果需要经过严格的考核、检查和评估才能予以确定。考核成果的结果必须与每个工作人员的责、权、利结合起来，只有做到奖罚分明，才能起激励作用。

3. 目标管理的作用

目标管理在公共行政管理活动中的主要作用表现在以下几个方面：

（1）目标管理有利于提高行政效率。目标管理使传统的分散性管理转变为系统性管理。在行政目标体系的指导下，各个管理部门、各个管理环节和每个组织成员的工作都是总目标的分解，总目标把它们有机地联系起来，形成一个目标系统和工作系统相结合的体系，这样就可以大大地提高行政效率。

（2）目标管理有利于突出以工作为中心。目标不仅是工作的导向，而且目标本身也是对中心工作的提炼和凝聚，目标系统就是工作系统。各个管理部门和每个组织成员对目标的分解，就是对工作的分解。目标管理层层有目标，人人有目标。这样就能够突出以工作为中心。

（3）目标管理有利于调动人的积极性和创造性。目标的制定和实施的过程，就是调动人的积极性和创造性的过程。每个组织成员都参与制定组织目标，并且要制定个人目标，目标的实现程度又与自己的责、权、利紧密地联系在一起，有奖有罚，具有较强的激励作用。

（4）目标管理有利于明确责任，强化责任。因为组织层层有目标，人人有目标，所以责任十分明确。这有利于强化各级组织和每个人的责任。同时，它有利于协调关系、控制目标和成果，并且有利于监督与检查。以成果作为评价和奖罚的标准，有利于公正和公平。

（二）目标管理的程序

1. 制定目标

首先必须制定组织目标，又称总目标。总目标是行政领导者根据党和国家的方针、政策，上级领导机关下达的任务及本单位的具体工作任务，广泛地动员群众参与而形成的若干总体目标，并且交给有关部门和有关人员讨论而决定的。总目标制定以后，还必须把它分解为各种子目标和个人目标，落实到每个组织成员。这个过程是一个群众广泛参与的过程，是明确目标和强化目标的过程。

2. 实施目标

目标的实施过程是一个合理授权的过程。任何目标的实现，都必须有与实施目标相应的权力。因此，如果不进行合理授权，就很难达到目标管理的目的。在实施目标过程中，也要建立完整的对目标和权力的控制、检查和监督体系。

3. 成果评价

在达成目标之后，在一定期限内要进行目标落实的成果评价，检查考核目标实施情况，总结经验，找出不足之处。必须以事先确定的目标标准为依据，与达成目标程度的激励规定结合起来，并且把成果评价与人事考核紧密联系，作为奖励、职位晋升的依据。评价方式一般由目标执行者进行自我评价，上报评价结果，然后由主管部门进行检查评价，或组织各部门互相检查评价。目标的检查方式有自查、抽查、重点调查和专家调查等方法。

二、战略管理方法

（一）公共组织战略管理概述

战略管理来源于战略规划，首先应用于企业管理，20世纪80年代战略管理被引进行政公共部门。

公共组织的战略管理是指对公共组织在一定时期的全局的、长远的发展方向、目标、任务和政策，以及资源调配做出的决策和管理艺术。

公共组织的战略管理打破了政府的短期行为，将公共利益实现的短期性和长期性有机地结合起来，将部门利益、地方利益与整体利益结合起来，从长期上、整体上、系统上保证公共利益的实现。

公共组织战略管理的主要目的是促进国家竞争力的提升，明确政府角色和行为方式，以及公共政策的方向，为企业组织和民间组织的发展创造良好的秩序和政策环境。对于发展中国家来说，公共组织的战略管理可以战略性地规划国家产业发展方向和产业结构布局，平衡地区间的差距，实现国家战略性资源配置的优先次序。这样就为经济发展指明了方向。

（二）公共组织战略管理的过程

公共组织战略管理分为四个步骤。

1. 界定公共组织的内外环境

界定公共组织的内外环境是战略制定中十分重要的一个环节。界定内外环境的基本任务是明确公共组织在与环境的互动中所处的地位，包括国内环境和国际环境。这需要分析组织在内部环境和外部环境中的优势、弱势，在此基础上了解组织发展机会，规避可能遇到的风险，以便获得满意的战略管理方案。

根据公共组织的内外部环境，一般可制定四种管理战略。

第一种管理战略是极小—极小战略。这是将公共组织内部的弱点与外部环境的威胁结合起来的战略。它就是将公共组织内部的弱点减少到最小，将外部环境的威胁减少到极小，并将两者结合起来使公共组织的损失降到最小的战略。

第二种管理战略是极小—极大战略。这是将公共组织内部的弱点与外部环境的机会结合起来的战略。它就是将公共组织内部的弱点减少到最小，而最大限度地利用外部环境所提供的机会，并将两者结合起来的战略。

第三种管理战略是极大—极小战略。这是将公共组织的优势与外部环境的威胁相结合的战略。它就是将公共组织的优势发挥到最大，将外部环境的威胁减少到极小，并将两者结合起来的战略。

第四种管理战略是极大—极大战略。这是将公共组织的优势与外部环境的机会结合起来的战略。它就是将公共组织的优势发挥到最大，最大限度地利用外部环境的机会，并将两者结合起来的战略。

2. 制定战略规划

首先，进行战略分类，即了解公共组织各种战略组合的性质与特征。其次，战略制定者达成战略发展的共识，形成对战略规划目标和行为的共同价值观。达成共识的关键是改变组织文化，战略必须适应组织文化。同时，必须与外部环境达成共识，内部必须达成共同目标。最后，在界定公共组织内外部环境的基础之上，制定公共组织的发展战略，制定战略规划图表。

3. 实施战略规划

要将战略规划转变为实际的、切实可行的策略目标和行动方案，即年度目标。年度目标是战略实施的核心。它十分精确地规定了每年必须完成的任务，是可以衡量的量化目标。它是管理者在战略规划实施过程中的主要职责。年度目标确定之后，必须进行目标管理，将年度目标落实到各个部门，最后落实到每个人。

同时，要为了完成目标制定奖惩政策。为了适应战略管理，公共组织必须对组织内部的人力、财力、物力等各种资源和权力进行重新配置，重新调整，而且必须调整或重建组织结构，使组织结构与实施的战略方案相匹配。如果没有与战略管理相适应的组织结构，就不可能有效地实施战略管理。

同时，还应该建立起有效的激励和沟通机制，处理因实现战略管理而引起的矛盾和冲突，培育和支持组织战略发展文化，并且必须将业绩与薪酬和福利挂钩。

4. 战略评价

战略评价就是根据战略目标对战略实施进行衡量与评价的过程。因此，必须设计战略评价的标准，即根据战略目标建立绩效标准。战略评价过程就是战略监控，因此必须建立能够及时反馈信息的信息反馈系统。没有这个信息反馈系统，就无法进行监控，也就不可能进行战略评价。通过信息反馈系统，将实际工作与设定的标准相比较，以便发现问题，采取措施进行纠正。

同时，必须检查战略基础。要检查战略基础，必须回答下列问题：公共组织在社会中的角色如何？组织在内外部环境中的地位发生了什么变化？组织战略究竟有哪些优势，有什么效果和社会效益？组织的战略基础是否发生了变化？如果发生了变化，应该采取什么样的对策才能巩固战略基础？最后，要修正与调整战略方案。

三、标杆管理方法

（一）标杆管理的含义

标杆是地理测量的标志。标杆瞄准是在进行大地测量时使用的一种方法。在管理上，标杆瞄准是指一个组织瞄准一个比其绩效更高的组织进行比较，以便取得更好的绩效。标杆管理适用于所有的组织。企业实行标杆管理已经有几十年的历史，只是在20世纪80年代以后，公共部门为了取得更好的绩效，才开始进行标杆管理。标杆管理是指公共组织通过瞄准竞争的高目标，不断超越自己，超越标杆，追求卓越，成为强中之强，进行组织创新和流程再造的过程。

组织有许多理由实施标杆管理，但是最主要的原因是组织设定目标。过去，组织设定目标都是基于其过去的业绩水平，这种设定目标的方法有局限性，因为它仅基于组织内部制定目标。这种方法没有将组织目标与真正的组织外部优秀标准联系起来，而组织完成的目标又往往低于原定的目标，这样组织将逐步走向低效。任何组织都不是孤立的，不能无视竞争对手的存在，不能不重视竞争对手的优势与长处并加以研究。他山之石，可以攻玉。学习他人之长，可以使自己更优秀，从而在竞争中立于不败之地。每个组织都应该向其他优秀组织进行标杆学习，给缺乏生机的组织注入活力。

（二）标杆瞄准的类型

（1）内部标杆瞄准。内部标杆瞄准是标杆管理的起点，是其他各种标杆瞄准活动的前提条件和必备步骤。内部标杆瞄准要对组织内部各个部门进行考察，对各个单位的管理进行比较分析，找出最佳业绩的部门或单位，成为内部标杆。

（2）外部竞争对手标杆瞄准。组织要对竞争对手的产品或服务进行认真、全面的分析，找出竞争对手的优势与劣势，找出组织自身的产品或服务的不足，设定高目标。

（3）行业内标杆瞄准。组织将标杆瞄准的项目与全世界同行业内最优秀组织的项目绩效进行比较。

（4）跨行业标杆瞄准。组织将标杆瞄准的项目与行业之外最优秀组织的项目绩效进行比较。这种跨行业的比较有利于产生新的管理方式。

（5）内外部综合标杆瞄准。最常用的标杆瞄准方法是内部标杆瞄准和外部标杆瞄准（外部竞争对手标杆瞄准、行业内标杆瞄准和跨行业标杆瞄准）相综合的方法。这是最理想的标杆瞄准方法。

（三）标杆瞄准的流程

1. 整体规划与标杆项目的选定

这个阶段应该进行下列活动：组织确定为什么进行标杆瞄准；争取得到组织高层的支持；开发测评方案；制订数据收集计划；与专家研究制订标杆计划；为标杆瞄准项目赋值。

2. 内部数据的收集与分析

这个阶段应该进行下列活动：收集并分析内部公开发表的信息；挑选潜在的内部合作伙伴；收集内部尚未公开的研究资料；进行内部访谈与调查；组织内部标杆瞄准委员会；组织对内部合作伙伴进行考察。

3. 外部数据的收集与分析

这个阶段应该进行下列活动：收集外部公开发表的信息；收集尚未发表的研究资料。

4. 标杆项目的绩效改进

这个阶段应该进行下列活动：确认并改进行动方案；制订实施计划；获得高层领导的批准；实施方案并评价其影响。

5. 持续改进

这个阶段应该进行下列活动：维护标杆瞄准数据库；实施持续的绩效改进计划。

四、政府全面质量管理

（一）政府全面质量管理的含义

政府全面质量管理是一种全员参与的、以各种科学方法改进公共组织的管理与服务，对公共组织提供的公共物品和公共服务进行全面管理，以获得顾客满意为目标的管理方法、管理理念和制度。

政府全面质量管理的最高指导原则是，公共组织要有真正的效能。对组织提供的公共物品和公共服务的质量进行控制，应该从公共组织设计并提供公共物品和公共服务开始，到顾客接受并感到满意为止。因此，政府全面质量管理不仅是对公共组织提供的公共物品和公共服务进行全面管理，而且是对提供公共物品和公共服务的全过程进行管理。

（二）政府全面质量管理的标准

（1）可靠性。可靠性是指顾客第一次要求公共组织提供服务时，公共组织能够履行对顾客的承诺，在指定的时间内高质量地提供服务。可靠性是衡量政府全面质量管理的重要标准。

（2）回应性。当顾客需要提供服务时，公共组织能及时、便捷地向顾客提供服务，尤其在时间上能满足顾客的要求。在顾客最需要的时候提供必需的服务，是回应性的具体表现。

（3）服务能力。公共组织的工作人员必须具备履行行政职责的专业知识和能力。

（4）服务渠道。公共组织为顾客提供服务的渠道应该畅通无阻，顾客能够十分方便地获取公共组织和工作人员提供的服务。

（5）服务礼貌。公共组织的工作人员在向顾客提供服务时，应该彬彬有礼，态度和蔼，耐心细致，尊重顾客。

（6）沟通。公共组织的工作人员能够十分耐心地听取顾客的诉求，详细地了解情况；能够耐心地向顾客解释公共组织的有关法律和规定，并能够想方设法地为顾客排忧解难，解决问题。

（7）诚信。公共组织和工作人员应该取信于民，通过向顾客提供良好的服务，得到公众的信任，塑造自己可信的形象。

（8）安全感。政府应该做到为公众提供安全保证，能够有效地保证公众的生命和财产不受侵犯。

（9）善解人意。公共组织应该能够及时了解民心民意，了解公众的需求，千方百计地满足公众的要求。

（10）有形性。公共组织的服务设施在外观上应该整洁适用，井然有序。工作人员应当衣着得体，仪表端庄。

（三）政府全面质量管理的推行步骤

1. 政府高层领导者的领导与支持

政府高层领导者的领导与支持是进行政府全面质量管理的最重要的推动力。政府高层领导者必须自始至终参与政府全面质量管理活动，这样不仅可以强有力地推动这一活动的进行，而且有利于形成鼓励变革创新、为公共利益不断地改进工作、提高质量的组织环境。

2. 策略性规划

实行策略性规划是为了使公共组织能够不断地改进和提高质量，并且使质量意识成为日常工作的组成部分，进而建立起动态参与的规划机制。

3. 以顾客为导向

政府全面质量管理的重点是公共组织以高质量地满足顾客需求为行为导向。

4. 考评与分析

考评就是了解顾客对公共组织提供的产品或服务的满意程度，而且将为了确保政府全面质量管理所进行的改善组织内部的不足作为重点。这需要收集和分析有关组织为顾客服务的大量资料，目的是减少错误，降低成本，提高质量和效能。

5. 训练与奖惩

对工作人员进行必要的训练，是提高服务质量的必要条件。建立奖惩制度是激励工作人员提高服务质量的不可或缺的机制。

6. 赋予组织成员活力与团队合作

高层领导者参与并支持政府全面质量管理，为组织全体成员投入这一活动和团队合作提供了保证。只有组织所有成员参与，并且各个部门通力合作，全面质量管理才能获得成功。

7. 质量保证

政府全面质量管理活动，打破了传统管理中常采用的出了质量问题再进行补救的做法。它实行的是全过程的质量管理，从资源输入或服务开始阶段就注重质量，防患于未然。因此，工作人员应该与顾客建立起互信的"伙伴关系"，这样才能确保质量。

本章小结

行政方法是实现政府职能的手段和方法，行政方法科学化是公共行政科学化的重要组成部分。新公共管理所产生的战略管理、标杆管理和政府全面质量管理等方法，是现代自然科学和社会科学推动和发展的结果，对我国进行行政改革有现实意义。行政方法随着自然科学和社会科学的发展将不断更新。应该指出的是，这些行政方法虽然标榜的是以人为中心的方法，但是，它们基本是以工作为中心的方法，其目的是提高行政效率。

第十五章 行政效率

内容要点

行政效率是公共行政研究的宗旨，是政府的成本与效益问题。行政效率概念经历了机械效率、社会效率、客观效率与规范效率三个发展阶段，分为组织效率、管理效率和工作效率三个层次。本章论述了行政效率的含义与特点，行政效率在公共行政中的作用；介绍了测定行政效率的方法；同时探讨了效率与公平之间的关系。

第一节 行政效率概述

一、行政效率的含义与特点

（一）行政效率的含义

行政效率是指公共组织和行政工作人员从事公共行政管理工作所投入的各种资源与所取得的成果和效益之间的比例关系。

这里所说的各种资源，是指人力、物力、财力和时间以及其他各种有形、无形的资源；这里所说的成果，是指管理成果，它既可以是有形的物质成果，也可以是无形的精神成果；这里所说的效益，既指社会效益，又指经济效益，但主要指社会效益，实现公共利益的程度是衡量社会效益的主要标准。

从公共组织层次上来考察，行政效率可以分为三个层次：组织效率、管理效率和工作效率。

公共组织的高级决策层所表现的效率，是组织效率，又称决策效率。

领导者的才能、领导方法和领导艺术、科学决策、领导指挥、命令统一、机构设置等都属于组织效率的内容。组织效率集中表现在领导者的决策是否正确上。公共行政领导者正确的、科学的行政决策可以使一个国家、一个地区、一个单位快速发展，有点石成金的巨大作用。例如，邓小平同志提出改革开放这项重大国策，彻底改变了我国贫穷落后的面貌。组织效率在管理活动中起着决定性、关键性的作用。它决定一个组织的兴衰，人心的向背，事业的成败，决定全局。

公共组织中间管理层所表现出的效率，为管理效率。管理制度与管理方法、管理层次与管理幅度、管理才能与管理知识、人才任用、权责划分、协调沟通、监督控制等都属于管理效率。组织管理层的管理水平是贯彻执行高峰决策和领导意图的关键，是组织有序运行的保证。

公共组织的基层工作人员所表现出的效率，为工作效率，亦称机械效率。工作人员的技能、士气、素质、人际关系、非正式沟通、纪律性等都属于工作效率。

公共组织的三个层次的效率是相互影响、相互补充的，是不能单独存在的。只有三个层次的效率都高，组织才能达到真正的高效。

（二）行政效率的特点

行政效率的特点主要表现在：

（1）行政效率离不开定量分析。行政效率的定量分析就是对政府的投入与产出分析，成本效益分析。行政管理的产出多，首先表现为管理成果数量多。但是，仅有数量是不够的，它并不能说明政府的投入少、产出高。因此，行政效率还必须体现在投入与产出的比例上，必须进行成本效益分析。行政管理消耗的资源少，取得的成果多才算高效。同时，行政效率还必须体现在时效上，是否能够在最短的时间里低消耗、高产出地达成行政目标，是否能够及时发现并解决每个行政管理环节出现的问题，也决定了行政管理的效率高低。

（2）行政效率更重要的是体现在追求社会效益上，这是行政管理的方向，是公共行政质的规定性，是政府的价值所在。行政管理以促进社会全面发展为根本目的，追求的是社会效益。评估行政效率，不能简单地以投入与产出和成本效益进行分析比较，还必须看政府对提高社会生产力和经济发展的促进作用如何，政府满足公众的物质需求和精神需求的程度如何，政府实现公共利益和公共目标的程度如何，同时，也必须评价政府对社会公平、社会稳定和社会发展的作用。

（3）行政效率体现在各个层次、各个环节上，是公共行政体系各种因素的综合反映，是对各种公共组织、公共行政活动以及相关要素的整体要求。所有的公共组织，不论层次高低，职责大小；所有的公共行政的职能部门，不论人事行政、财务行政还是其他的部门行政；整个行政运行过程，不论领导、决策、组织、执行、协调和监督，都必须讲究行政效率。

二、行政效率在公共行政中的作用

（一）提高行政效率是公共行政的宗旨

行政效率是公共行政活动的起点，也是落脚点。政府管理国家和社会的各个方面的公共事务，都必须讲投入与产出和成本效益，都必须讲效率。公共行政活动围绕行政目标展开，尽管行政目标的性质、大小不一样，但对效率的要求并没有什么不同，都有人力、物力、财力、时间、信息和其他各种资源的消耗，并且要尽量降低消耗；对于管理成果，都有质和量以及时效的要求。如果达到了这些要求，就是高效地达成了行政目标。所以，行政效率在公共行政活动一开始就作为重要的因素来指导公共行政活动。高效率就是低成本、高产出，是实现公共利益的重要方面。

（二）行政效率是检查和衡量公共组织和公共行政活动有效性的一个重要标准

通过测定行政效率，可以检查和衡量公共行政的各个要素、各个环节、各种管理制度和各种手段是否现代化、科学化和法治化；可以检查和衡量国家行政机关的工作人员队伍的素质和能力；可以检查和衡量行政体制是否科学合理，公共组织的组织机构设置、权责划分是否合理；可以检查和衡量行政运行的每个环节；还可以检查和衡量行政制度的合理性和行政方法的有效性。因此，行政效率是检查和衡量公共组织和公共行政活动的一个重要标准。

（三）行政效率关系到我国社会主义现代化进程

只有大幅度地提高行政效率，才能够大幅度地提高我国的生产力，加快我国建设社会主义现代化的步伐。一种制度的优越性应该体现在创造出较高的劳动生产率上，体现在整个社会的高效率上。高效的公共行政是国家和社会全面发展的必要保证，直接影响我国社会主义市场经济体制的建立和社会主义现代化的进程；直接影响人民的生活水平和生活质量，制约整个社会的发展速度，关系到国计民生。

总之，行政效率关系到我国社会主义现代化的进程，关系到国家的繁荣昌盛、长治久安。

第二节 行政效率的测定

一、行政效率测定的标准

（一）测定行政效率的量的标准

这是以人力、物力、财力和时间的消耗的数量作为评估行政效率的标准。它的基本评估方法是用公共行政活动所取得的成果，与所消耗的人力、物力、财力和时间进行比较。同时，也可以把公共行政的成果和工作的资源消耗量同本公共行政组织的计划指标相比较，同本公共行政组织历史上的最高水平相比较，同我国行政系统内同样性质的公共行政活动的先进水平相比较，也可以同国内其他系统的先进水平相比较，还可以同国际上行政系统或其他系统的先进水平相比较。

（二）测定行政效率的质的标准

测定行政效率的质的标准，首先要看公共行政是否充分发挥了公共行政职能，是否真正实现了公共行政的功能与价值，是否真正实现了为公众提供优质服务和公共利益的宗旨。公共行政活动低成本、高产出，达成速度快，并不能说明行政效率高，还要看政府是否充分发挥了为公众提供各种优质公共物品和实现公共利益及其他各种职能，是否能够最大限度地满足公众日益增长的物质需要和精神需要。其次，还要看行政目标是否正确。公共行政活动从始至终就是为了实现行政目标，正确的行政目标能够充分体现国家的意志，反映社会公众的需要。管理成果实现国家意志和满足公众需要的程度越高，行政效率就越高。最后，要能够反映各种不同管理对象的个性与其不同发展阶段的特点，也就是要遵循公共行政的客观规律。

（三）测定行政效率的社会效益标准

所谓社会效益标准，是指公共行政适应国家的政治、经济、文化和社会发展的程度以及反映与满足公众需要的程度。中央政府应该造福全国人民，地方政府应该造福一方百姓。如果公共行政不能造福人民，泽被百姓，即使成本再低，产出再多，也是无效的。公共行政必须把社会性因素和精神性因素的效果当成测定行政效率的社会效益标准的重要内容之一。有些西方发达国家的公共行政的弊端之一，就是忽视了社会性因素和精神性因素的后果。有的国家经济非常发达，但是社会丑恶现象十分严重，暴力事件屡屡发生，抢劫事件层出不穷，贩毒吸毒泛滥成灾，社会秩序混乱，道德败坏，精神十分贫乏。如果公共行政不讲社会效益标准，就不可能真实而全面地测定行政效率。一项公共行政活动的开展，除对其投入与产出和产生的物质性的社会效益进行评价外，还必须对此项管理活动所产生的精神效益进行评价。也就是说，这项管理活动在多大程度上满足了公民的精神需要，对精神文明建设起到了什么样的作用。

（四）测定行政效率的规范性标准

公共行政因为行政部门不同、性质不同和分工不同，有许多管理工作无法量化，不能用数量标准来衡量行政效率，因此必须用规范性标准予以测定。规范性标准是通过比较而确定的标准，因此是一种定性考察标准。它通过对许多行政部门的相同性质工作的投入与产出的分析，即对人力、物力、财力和时间的消耗与所取得的管理成果比例的分析，确定测定这一类行政工作的行政效率的规范性标准。规范性标准很难确定，因为即使是同样的行政部门，同样性质的行政工作，也会由于不同地区的经济、文化和社会发展情况不同而有很大差别，从而标准也不同。目前，虽然办公自动化和网上办公可以大幅度提高行政效率，但是测定行政效率的规范性标准很难确定。尽管如此，确定行政效率的规范性标准还是十分重要的，因为许多行政工作的效率很难用数量标准和社会效益标准来衡量。行政效率的规范性标准的确定，首先要根据工作性质和工作经验的总结，结合领导和工作人员的意见，同时，也要参考其他行政机关的经验和标准予以制定。

二、传统的测定方法

（一）行政费用测量法

行政费用测量法主要分为单位费用测量法、人均费用测量法和计件费用测量法三种。

1. 单位费用测量法

单位费用测量法是对同类行政工作的行政效率的测定方法。单位是指某一项公共行政活动。用这项公共行政活动所使用的费用同其他同类的公共行政活动所使用的费用进行比较，就可以测定出行政效率的高低。如果成果相同，费用少的，就是高效；费用多的，就是低效。单位费用测量法能够比较明显地测量出一个行政机关的效率的高低。

2. 人均费用测量法

人均费用测量法是按一级政府所管辖的行政区域内的人口平均负担的行政费用，与其他行政区的人均行政费用进行比较的方法。人均行政费用高的为低效，人均行政费用低的为高效。同时，它也要求行政费用的增长率不能超过财政的增长率。人均费用测量法可以控制行政费用总量支出，可以摆正行政费用的增长与财政增长之间的关系。行政费用增长超过财政增长的行政机关，其行政效率一定是低的。

3. 计件费用测量法

计件费用测量法适用于可以用数量来衡量行政效率的行政工作。按行政工作人员的工资计算出每个工作的实际支出，以此来确定行政工作人员的效率高低。

（二）行政职能测量法

行政机构都有一定的行政职能，这些职能是为了管理一定的社会公共事务而设置的。行政机构能否充分发挥其行政职能，能否圆满地达成行政目标，都是行政效率高低的问题。因此，测定了一个公共组织履行行政职能的程度，也就测定了这个组织的行政效率。例如，公安部门的职能是为公众和社会提供社会秩序和社会安全这种公共物品。社会秩序良好，社会安全有保障，就说明公安部门充分发挥了它的行政职能，我们就可以认为其行政效率高。如果一个公共组织没有很好地实现其公共行政职能，而在其他公共服务方面做得比较好，也不能认为它是高效的，因为它本末倒置，没有履行好自己的职能。

（三）标准比较法

标准比较法是把开展公共行政活动的消耗与结果，按照一定公认的标准，或由一些专家规定的标准进行比较分析的方法。凡是好于标准的，就是高效的；凡是与标准有差距的，就是低效的。标准比较法是一种定性的行政效率测量方法，因此，它要求制定的标准必须科学、合理、全面、可靠、有可比性。

（四）公共组织要素评分测量法

公共组织要素评分测量法是对影响行政工作的各种行政要素进行分解，对各种行政要素予以评分和评估的一种测定行政效率的方法。公共组织可以分解成各种行政要素，如机构、人事、领导、决策、执行、协调、监督、财政、物资、时间等要素。该方法按各种行政要素在公共行政活动当中所起的不同作用而给予不同的权重，打不同的分数。在评估行政效率时，只对行政要素进行评分。最后将各个行政要素所得的分数相加，即得一项行政工作的效率总分。得分高的效率高，得分低的效率低。

三、绩效评估

（一）公共组织绩效评估的含义

公共组织绩效评估是指公共组织通过一定的绩效信息和评价标准，对公共组织所提供的公共物品和公共服务的效率和质量进行全面的控制和监测，是公共组织的一项全面的管理措施。

公共组织的目标是实现公共利益，公共组织与私人部门有本质的区别。而且就公共组织提供的公共物品和公共服务以及资源配置而言，其不仅与权力有关，而且与公众对公共利益的实现程度和满意程度有直接关系。所谓绩效管理，不仅是对结果进行管理、评估，而且要对公共组织所提供的各种公共物品和各种公共服务进行全过程的管理和监控。

公共组织绩效管理的特点主要表现在公共组织的目标是多元化的，所以，绩效标准也是多元的，很难做到评价公平和公正。而且有些目标模糊不清，尤其是那些政治目标和社会目标，其难以量化，难以衡量，多种绩效标准也容易引起矛盾和冲突。由于政府垄断了一些公共物品和公共服务，无法定价，定量测评和分析也比较困难。而有些公共物品和公共服务是由几个政府部门共同提供的，较难进行个体化评价。

（二）公共组织绩效管理的基本内容

1. 建立绩效评估指标

公共组织绩效管理的核心环节是建立可以衡量组织目标和运行绩效的定性与定量的指标体系。建立指标体系的关键是对公共组织绩效指标的权重分析，这关系到绩效评估的目的和行为激励。

建立绩效指标必须注意指标一定要清晰并且要有一致性。如果绩效指标模糊不清，就不能进行卓有成效的评估。绩效指标体系要与组织目标和组织需求联系起来，只有按照组织目标和组织需求建立起指标体系，绩效评估才能有效。同时，指标体系必须符合组织文化，要被组织成员接受。这一点也十分重要，如果绩效指标体系有悖于组织文化，组织成员不接受，就无法进行绩效评估。

有的学者认为可以用比较的方法来设计绩效指标体系。根据政策成果和预算目标来进行绩效分析是比较普遍的做法。另外，也可以用绩效指标体系进行历史比较，或进行组织单位之间的比较，或与组织外部（如外部的公共部门或私人部门）进行比较。

2. 绩效评估

根据绩效指标体系对公共组织的绩效进行全面的评估。绩效评估必须严格按照绩效指标体系对公共组织进行评估，要做到公开、公正、公平，做到标准统一，严格把关，公正无私，不偏不倚。

3. 绩效追踪

要不断地对公共组织活动的绩效水平进行考察与追踪。

（三）公共服务绩效评价的指标分析

公共服务绩效评价的指标体系必须能够反映公共行政的各种价值平衡，对公共物品和公共服务的性质进行分类和解释，描述不同公共物品和公共服务的绩效评价的价值取向。公共服务绩效评价的指标体系既要定性，又要定量，并且要保证具有操作意义。

公共服务的一般性指标包括四种：经济指标、效率指标、公平指标和效能指标。

1. 经济指标

经济指标主要考察公共组织提供的公共物品和公共服务投入的资源，也就是进行成本考察。对经济指标的考察和评估，首先要评估资源消耗量，评估公共组织的开支或消耗是否合理合法，是否在节约资源的条件下提供了高质量的公共物品和公共服务。

2. 效率指标

效率指标是指公共组织在提供公共物品和公共服务时，是否能够在节约资源的条件下，尽快地、高质量地达成目标，做到投入少、产出多。

3. 公平指标

传统的公共服务的核心价值是经济和效率，新公共服务的核心价值是经济、效率和公平。它关注的是公共组织能否公平地为公众提供公共物品和公共服务，是否能够保护弱势群体的利益等。政府能否公平地为公众服务，反映了公共行政的价值取向和伦理取向，是政府为什么人服务的大问题。

4. 效能指标

新公共服务的价值包括经济、效率、公平和效能。用货币或资源消耗作为衡量效率的标准，只能衡量那些可以量化的公共物品和公共服务。但是很多公共物品和公共服务是不能量化的，只能对其产生的效果进行社会效益或效能的分析。效能指标的核心是分析公共组织所提供的公共物品或公共服务是否达到了政策目标，政策目标的达成在多大程度上改变了过去令人不满意的状况，也就是在多大程度上改变了公众不满意的状况，在多大程度上满足了公众的需要，在多大程度上实现了公共利益。

03 第三节 效率与公平

一、公共行政的目的与价值

公共行政的目的是效率，公共行政的价值是公平。一个国家的政府，管理不讲效率，经济就不能发展，社会就不能进步。实际上，这不仅是政府的基本目的，也是政府的合法性之所在。在这里，效率就是发展速度，效率就是发展机制。

公平作为公共行政的价值是十分重要的，它是公共行政必须面对而无法回避的问题。公平，顾名思义，是指公正与平等，即不偏不倚，客观公正，但并非无差别。人们一谈到公平，往往理解为分配公平。其实这是一种误解，分配公平仅是公平的一个重要内容。实现公平，就是根据国情合情合理地保证每个公民的平等权利和民主权利。尽管西方学者对公平的定义和作用有不同的看法，但是公平的含义是十分清楚的。在政治上，公平是指每个公民都有参与政治、管理国家的平等权利；在经济上，公平是指每个公民都有参与经济的平等权利和获得公平分配的权利；在社会上，公平是指每个公民都有平等的受教育权利、劳动权利和享受社会福利的权利。

从以上可以看出，公平首先是一种社会价值，是人与人之间、群体与群体之间在政治、经济、文化和社会诸方面进行比较而得出的一种判断。

如果说效率是社会发展机制，那么公平则是社会稳定机制。公平同效率一样，对社会发展有重要意义。公平的实现程度决定了社会的稳定程度，如果没有社会稳定做保证，就不可能实现社会全面、高速发展。政治、经济、文化和社会等各方面的不公平现象，必然使人们的社会不公平感加剧。一旦社会不公平感十分强烈，就会破坏社会稳定，从消极怠工的无声反抗，到发展成为暴力行为和社会动乱，甚至发生革命。公平作为社会价值，必然成为公共行政的价值，因此，政府应该把通过公共行政实现社会公平作为它的重要的行政目标。目前，我国社会主义市场经济正在建立和发展之中，市场经济体制确立，贫富分化问题已有日趋加重之势，分配不公问题也值得重视，因而，公平问题也被提到日程上来。市场经济的缺陷，主要表现在社会分配不公上，而政府恰恰可以在维护社会公平方面发挥巨大作用。政府可以通过制定公共政策，确保公民在社会各个方面的平等权利，为市场经济创造平等竞争的环境，解决各种社会不公的问题。政府还可以通过行政行为公平、行政程序公正、行政制度公正来维护社会公平。

二、效率与公平的关系

效率与公平，二者历来是一个矛盾的统一体。所谓矛盾，是指在追求效率的同时，会在一定程度上影响公平的实现；追求公平，又会在一定程度上妨碍效率的提高。所谓统一，是指效率是实现最终和事实上公平的基础和主要途径，公平是效率的保证。没有政府的高效率，就不可能有社会的高效率；没有物质基础，就不可能实现真正的社会公平。同时，公平程度越高，社会越稳定，也就越能提高效率。效率促进发展，公平确保稳定；稳定是发展的前提和保证。

实践证明，高速发展并不会必然造就社会公平，这就是效率约束。西方发达国家也看到了社会不公平对发展产生的负作用，也试图把社会公平作为行政目标，因此实行了"从摇篮到坟墓"的福利政策，但结果又加剧了政府的负担，影响了效率，减缓了发展，出现了公平约束。从美国前总统里根和英国前首相撒切尔夫人开始，西方发达国家又大砍社会福利，以求效率和发展。

长期以来，社会主义国家也十分重视效率与公平问题，但往往把公平放在优先地位。在我国，由于传统的平均主义的影响，人们把平等理解为平均主义，把平均主义当作公平的核心内容，并且予以制度化。结果社会缺乏动力和活力，养成懒惰之风，工作好坏都一样，实行平均分配，不讲效率，为了追求所谓的公平和平等而影响了效率和发展。针对这种情况，邓小平同志提出"发展才是硬道理"的英明论断。就我国目前的情况而言，要正确地处理效率与公平的关系，必须遵循以下原则。

（1）效率优先、兼顾公平的原则。效率和公平都是公共行政所追求的重要目标。在两者发生冲突时，像我国这样的发展中国家，应该实行效率优先、兼顾公平的原则。公共行政的根本目的是促进社会高速发展，提高人民的生活水平。没有高效率，就没有社会的大发展。效率优先就是发展优先。只有创造出丰富的物质财富，才能有实现事实上公平的物质基础。那种不讲效率、不讲发展而片面地追求公平的做法，貌似公平，实质上是搞平均主义。这样做不仅没有效率，也没有公平。发展中国家的主要问题是发展，发展才是硬道理。我国从1978年开始进行的社会大变革，彻底改变了中国"一穷二白"的面貌，证明了发展的重要性。这是讲效率、讲发展的结果。但是，我国也应该十分注重社会不公平现象。我们在讲效率优先、发展优先的同时，也必须讲公平。我国是社会主义国家，社会主义制度的建立，杜绝了产生不平等和不公平的根源。尽管改革开放以后，社会上出现了一些不公平问题，但是有政府的干预和政策调适，不会造成阶级分化和贫富两极分化的社会严重不平等现象，在政治上人民当家做主的地位也不会动摇。我们应该充分地认识到，在我国目前的情况下，效率仍然是快速发展所面临的主要问题。不要因为我国有了一些发展而飘飘然，迷失了讲效率、讲发展的方向。公共行政必须实现整个社会呈高效状态这一目的，促进我国社会全面大发展。效率优先、兼顾公平，是正确处理二者关系，促进社会全面大发展的正确原则。

（2）平等原则。公平不仅指公正，也指平等。平等是指每个公民在社会上的地位和享受的各种权利没有差别。也就是说，每个公民在政治、经济、文化和社会各方面都有相同的权利。可见平等是公平的核心内容。马克思主义平等观的核心是消灭阶级和阶级差别。从理论上讲，社会主义社会消灭了生产资料私有制，在政治上每个公民都享有平等的地位，经济上有各尽所能的平等义务和按劳取酬的平等权利。这些平等权利不能因为财产的多少、性别不同、职业的不同和社会地位的高低而有所区别。但是这并不意味着要搞平均主义，使每个公民在职业上、经济收入上没有差别。这样就不可能有真正的公平。平均主义就是不承认差别，不讲效率。而我们强调效率，重视公平，目的是促进发展，因此，我们必须承认差别。承认差别是为了发展，是以发展最终消灭社会差别，而不是扩大社会差别。反观西方发达国家所走过的道路，它们往往在讲究效率的同时，加剧了阶级矛盾、阶级对立和种族矛盾、种族对立，扩大了阶级差别、种族差别和社会各阶层之间的差别，酿成社会冲突、种族冲突和社会动乱，反而阻碍了发展。而我们所讲的平等，是指每个公民在权利和义务上平等，而不是不承认差别，我们承认在消灭剥削阶级以后的社会不同阶层劳动者之间的差别。

（3）公平分配的原则。社会主义社会实行"各尽所能，按劳分配"的原则。社会主义社会仍然承认差别，即事实上的不平等。公平分配原则是以承认人与人之间的差别为前提的。不承认差别就不能贯彻实行"各尽所能，按劳分配"的原则，就是平均主义，历史证明它对社会发展有阻碍作用。公平分配的实质是指义务平等与报酬平等。所谓义务平等，是指每个人所付出的劳动和所取得的成果是相同的；所谓报酬平等，是指由于付出了相同的劳动和取得了相同的成果，因而获得相同的报酬。义务平等是报酬平等的前提，没有尽相同的义务却获得相同的报酬是平均主义，是奖懒罚勤，严重地妨碍了效率的提高。而人与人之间是有差别的，不仅在体力、能力、智力、技术上有差别，而且在付出劳动的质量、数量和结果上也有差别，因此，报酬不应该没有差别。不应该把承认差别当作不公平、不平等。但是公平分配原则所承认的差别是有限度的，是以确保每个人的平等权利为前提的。它要求绝不能有"朱门酒肉臭，路有冻死骨"的现象发生，也不允许财富集中在少数人手里的贫富悬殊的现象存在。政府利用各种政策工具，包括税收政策、社会福利政策等予以调节，以确保公平分配原则的贯彻实行。但是，也不能搞平均主义，或者用强权剥夺有钱人的财产分配给穷人，或者造成特权垄断财产，这样就造成了另一种不平等，也不利于社会稳定和经济发展。

（4）机会均等、能者优先的原则。我国要追求高效率、高速度的发展，必须实行竞争原则，鼓励每个公民参与竞争。在社会主义市场经济的条件下，竞争尤为重要。竞争就是比才能、比劳动、比技术、比贡献。但是鼓励竞争，必须恪守机会均等、能者优先的原则。机会均等是指每个公民都有参与社会竞争的平等机会，这就要求社会必须做到竞争起点平等。所谓起点平等，就是使每个竞争者都在同样的起跑线上。如果起点不平等，那么人们便没有参与竞争的积极性，整个社会便缺乏效率与活力。如果社会不能为能者提供机会，就不会有高效率。能者优先，不仅指优先为能者提供机会，而且指在职位、报酬等方面优先考虑能者。如果社会把机会优先提供给无能的人，把职位和报酬等提供给平庸者，绝不会产生高效率，社会也就不会快速发展。

效率与公平的关系问题是涉及社会发展与稳定的大问题，如果不能很好地处理两者之间的关系，势必影响社会发展与稳定。一些发展中国家由于没能正确地处理这个问题，往往发展到一个定时期之后，就因为社会不公平问题酿成社会动乱，造成社会解体或倒退。处于发展中的我国，必须十分重视这个问题，正确地处理效率与公平的关系。这个问题十分复杂，还有待进行深入的研究。

本章小结

行政效率问题是公共行政的核心问题之一。各国政府都非常重视提高政府效率。行政效率涉及的问题比较多，既有组织结构设置问题，又涉及领导作风、士气、工作技术设备等问题。如果公共行政仅注重效率而忽视公平，就会造成社会不稳定。因此，不能对公平问题掉以轻心。

第十六章 行政改革

内容要点

行政改革是政府为了适应外部环境,加强回应性,提高行政效率而进行的不同取向的改革。行政改革是一个政治过程,是一个权力再分配、利益再分配的过程,因此,必然会遇到各种各样的阻力。20世纪70年代以后,西方发达国家开展的新公共管理运动,对传统的官僚制组织结构提出了批评,进行了一些有益的尝试;同时,也提出了诸如企业家政府、公共服务民营化、数字政府、战略管理、标杆管理和绩效管理等新的管理理念和管理方法。

01 第一节 行政改革概述

一、行政改革的含义

行政改革是指政府为了适应社会环境,或者为了高效、公平地处理公共事务,调整内部体制和组织结构,重新进行权力配置,并调整政府与社会之间关系的过程。我们要从以下几个方面理解行政改革。

首先,行政改革是一个政治过程。行政体制是政治体制的组成部分,政治决定行政。在西方发达国家,行政也必须从属于国家政治的要求;在我国,政治与行政更是密不可分。因此,行政改革过程不是纯技术实施的过程,政治的各种因素决定了行政改革的复杂性。历史上多数改革者成为涸辙之鲋,究其根本原因是没有将行政改革当作复杂的政治过程来看待。

其次,行政改革的目的是适应社会环境,提高行政效率,高效、公平地处理社会公共事务。行政改革以适应社会环境为取向,意味着公共组织必须适应社会变迁,它的组织结构、规章制度和运行方式必须随着社会变化而变化。公共组织以适应社会环境和需要为前提,否则就没有存在的合法性,也无法管理社会,更不可能高效。行政改革不能不注意行政效率问题,但是也不能忽视社会公平和公众利益的实现程度,这是十分重要的问题。如果忽视这个问题,社会就可能不稳定。

再次,行政改革必须改革内部体制和组织机构,重新配置行政权力。行政改革必须对内部体制和组织机构进行改革,并重新分配行政权力。因此,它对行政权力体制、行政领导体制、行政区划体制、组织机构、人事制度等都要进行改革。有时虽然在某一个方面进行改革,但是牵一发而动全身,也必然涉及其他方面。因此,行政改革是一个系统工程。

最后,行政改革必须正确处理政府与社会之间的关系。政府必须不断地调整与社会的关系,界定自己在社会中的角色,必须对政府的行政权行使的范围、程度和方式进行调整。从总的发展趋势看,政府的行政权对社会的干预在逐步减少,社会的自主权和自治权越来越多,社会团体和非营利组织以及市场的作用越来越大。

二、行政改革的原则

进行行政改革,必须遵循以下原则:

(1) 行政改革必须进行科学而严密的论证和规划,要慎重开展。行政改革必须从系统的高度认真地看待和研究每个步骤及各项措施。在进行行政改革之前,要进行调查研究,要切实找到行政系统的问题之所在,进行全面深入的行政诊断。然后就行政改革的性质、方向、目的、方法、突破点、动力与阻力,以及改革所产生的正面和负面作用进行科学论证,制定切实可行的科学规划。进行改革必须十分慎重,可谓如临深渊,如履薄冰,必须慎之又慎,切不可操之过急。

(2) 行政改革必须以保持社会稳定为前提。行政改革有自身的特殊性,它不仅打破了行政系统的自身平衡,而且必然因此造成社会的不平衡。政府是社会的稳定机制,是社会最主要的平衡工具和稳定工具。行政改革必须打破政府自身的稳定性,这就容易造成社会不稳定。所以,行政改革必须以社会稳定为前提。这里所讲的社会稳定,并不是指社会没有震动,没有变化,而是指在进行行政改革的过程中,不要引起大的社会动荡、社会矛盾和社会冲突,更不能引发大的社会动乱。行政改革在打破平衡时还要保持对社会的控制力,不能造成社会解体。如果造成社会解体,则要付出十分高昂的社会成本,不仅不能使社会发展,反而会使社会倒退。行政改革必须以社会稳定为前提,如果没有这个前提,行政改革也就无法顺利进行。

(3) 行政改革要以改变观念为先导，以体制创新为核心，以高效、公平、廉洁为目标。实践证明，行政改革必须首先改变改革者的观念，如果不改变观念，在旧观念的指导下进行改革，这样的改革必然是穿新鞋走老路。行政改革只有以民主、公平、效率、服务等观念为先导，才能进行卓有成效的改革。只有在新观念的指导下，才能进行体制创新。体制创新是行政改革的核心，不进行体制创新，就不可能建立具有中国特色的行政体制。

(4) 行政改革必须有政治保障和法律保障。如果没有权威的政治支持，行政改革就无法进行。政治是行政改革的保障。行政改革是政治改革的重要组成部分；行政改革可以促进政治改革，政治改革可以为行政改革拓宽改革道路，所以，行政改革是一种政治行为。行政改革仅有政治保障是不够的，因为政治不能保证行政改革一定依法改革，因此，行政改革必须有法律保障，依法进行改革。

(5) 行政改革要以理顺关系、转变政府职能为重点。行政改革就是对政府与社会各种关系的再调整，也就是重新确定政府在社会中所扮演的角色。因此，进行行政改革就要理顺和摆正政府与社会、政府与市场、政府与社会组织、政府与公民之间的关系。要理顺这些关系就要转变政府职能，政府职能不转变，这些关系也就无法摆正、无法理顺。政府应该将那些管不了也管不好的事情，交由社会去解决，不能垄断所有的社会权力，应该分权于社会。政府应该认识到其能力是有限的，不应该将所有社会责任都背在自己的肩上。有限政府不可能解决所有的社会问题，社会应该负起责任。

三、行政改革的取向

（一）以适应社会环境为取向

政府与社会是输出与输入的互动关系，政府必须有及时了解社会变化的网络系统，才能够确定行政改革的方向。现在社会发展比较快，新行业、新领域不断出现，已经不能简单地通过扩大政府职能来满足社会需求，而必须采取公众参与行政、中介管理、委托管理等方式进行管理。社会分化不能成为增加机构和人员的借口，政府职能不能无限制地自行扩张。

（二）以精简机构为取向

在正常的情况下，政府会自我扩张，会自觉或不自觉地制造行政工作，往往会把简单的事情复杂化。新的行政工作需要新的工作人员，在人员增多的情况下，又要增加机构，机构多了又要提升行政级别。古今中外莫不如此，只有程度之别，没有本质之异。以精简机构为取向的行政改革，主要是为了解决政府自行扩张的问题。精简机构才能降低行政成本，限制政府权力自行扩张。同时，这也是实现公共利益的重要方面。

（三）以调整组织结构为取向

政府的官僚等级制结构是以效率为中心设计的。它是以层级制为基础的部门化的复合结构。组织结构的层级化和部门化都是为了提高政府工作效率。官僚制组织结构存在先天不足，它会造成效率缺损，因此，政府不得不进行必要的组织结构调整。从发展趋势看，减少层级是必然的趋势。政府已经逐步走向虚拟化，数字政府已初具规模。现代信息技术的广泛应用，使政府的层级和部门都必然减少。

（四）以调整权力关系为取向

在行政系统内部进行权力划分与配置，核心问题是中央与地方的关系，也就是集权与分权的关系，正确处理它们之间的关系是关系到政府效率和国家发展的大问题。因此，行政改革有时以调整中央与地方的关系为取向。中央与地方的关系是十分复杂的，但行政改革始终是围绕集权与分权来展开的。不同的国家，甚至一个国家的不同时期或不同地区，集权与分权的程度也不同。但是集权与分权的目的都是维护国家的统一与完整、社会的稳定与发展。中央集权只能相对集权，而不能高度集权，更不能进行专制；分权但不是权力分散，不能各自为政。

（五）以人事制度改革为取向

行政改革以人事制度改革为取向，目的是调动行政工作人员的工作积极性、主动性和创造性，从根本上提高政府工作效率。人事制度改革的内容很广泛，如国家公务员的考试录用制度、晋升制度、奖惩制度、退休制度、福利制度、工资制度等。近些年来，许多国家进行的绩效考评制度、竞争上岗制度、面向社会招聘制度、公众评议制度等，都是以人事制度改革为取向的行政改革。这些人事制度改革大多数以提高行政效率为宗旨。

第二节　行政改革的阻力、动力与对策

一、行政改革的阻力

行政改革者只有认识到行政改革必然会遇到比较强大的阻力，才能够十分慎重地对待行政改革。

（一）历史的局限性决定了行政改革的成败

行政改革必须认清历史给它提供的有利条件和不利因素与限制条件。这就是说，不能超越历史发展阶段进行改革，行政改革必须符合历史发展和社会发展的需要。理想主义的改革计划固然好，但是有时难以实行。历史的局限性决定了行政改革的性质、方向、任务和方法，同时也决定了行政改革的艰巨性。超越历史的局限性的行政改革必然失败。

（二）政治因素对行政改革的限制与制约

行政改革不仅是对行政系统单一的改革，它还受社会各种因素的影响，其中政治因素起着决定作用。行政体制是政治体制的组成部分，从属于政治体制。政治体制给予行政体制多大的改革空间，决定了行政体制的改革程度。政治体制的改革程度决定了行政体制的改革程度，彻底的政治体制改革必然使行政改革进行到底。政治体制决定、限制和制约行政改革。

（三）行政系统内部的阻力

行政改革是对行政系统进行改革，是政府对自己进行革命，当然在行政系统内部会遇到强大的阻力。行政改革是权力再调整，也是利益再分配。行政改革如果触犯了上层的行政官僚集团的利益，或者使其失去权力和地位，就会遇到强大的阻力。行政官僚集团对行政改革的态度是消极的、被动的，他们往往使改革政策变形或迟迟不予执行。他们一般不会公开反对行政改革，而是去争取政治支持，在政治上使行政改革无法进行或流于形式。

（四）传统的保守程度决定了行政改革的艰难程度

一个国家或一个民族的历史传统是一个国家或一个民族的规定性，即其特点。历史传统确实有保守性的一面，各国传统的保守性程度不同。这决定了具有不同历史传统的国家进行行政改革的难易程度。

传统文化是民族价值观的体现，是民族赖以生存繁衍的精神支柱，是民族整合统一的纽带。传统文化具有十分强大的力量，是任何强权无法摧垮、无法消灭的。传统文化有巨大的积极作用，但是也应当认识到，传统文化的保守性同样强大有力，习惯势力是最可怕的势力。当行政改革不为传统文化的这种保守性所接受时，也很难进行，对此我们必须有清醒的认识。

（五）用人唯亲和家长制对行政改革的负面影响

我国传统文化重视人际关系，这种人际关系主要是家族关系、亲戚关系、同乡关系、同学关系，以及依附性的上下级关系。在行政改革初期，一个省政府的办公厅有一多半人是家族关系或亲戚关系。行政改革以后实行回避制度，政府部门里就没有家族关系了。讲人情而不讲规则、用人唯亲和家长制是我国传统文化中的人际关系规则、用人规则和领导规则。用人唯亲和家长制对行政改革有抵制作用和破坏作用。

二、行政改革的动力

（一）政治体制改革和政治权威的推动

政治体制决定行政体制，行政体制从属于政治体制。政治体制改革不仅是行政改革的推动力量，而且是它的决定力量。彻底的政治体制改革必然使行政改革能够彻底开展。有什么样的政治体制就有什么样的行政体制。

政治权威是行政改革的推动力。行政改革一般都是政治推动的，尤其必须有政治权威的推动。回顾一下我国的行政改革历程就不难看到，中共中央是行政改革的主要推动者。在发展中国家，政治权威对改革包括行政改革的作用是巨大的。政治权威不仅是改革的推动者，而且是改革顺利进行和保持社会稳定的重要因素。在发展中国家，如果没有政治权威的推动，就无法进行各种改革。我国经济体制改革和行政改革能够取得成功，根本原因是我国有一个能够使国家和人民形成统一意志的党，有高瞻远瞩、有权威、有魄力的政治领导人。

（二）经济基础变革的要求

经济基础决定上层建筑。经济基础是最活跃的，时时刻刻都在发生变化。作为上层建筑的重要组成部分的政府，必须适应这种变化。如果行政体制不适应经济基础，公共行政不仅不能有效地管理经济，反而会阻碍经济发展。经济体制改革是行政改革的强大推动力，我国行政改革就是在经济体制改革的有力推动下进行的。1978年以来，我国从计划经济逐步改革为社会主义市场经济，我国的行政改革也相应地逐步开展。可以预见，随着我国社会主义市场经济的逐步建立和完善，我国必须不断深入地进行行政改革。经济体制改革必将有力地推动行政改革。

（三）社会演变的要求

社会革命和社会改革是激进式的社会变迁，而社会演变是渐进式的社会变迁。这种社会演变不积累和发展到一定程度就不会被觉察。当社会演变到一定程度时，政府必须进行改革以适应这种社会变革。政府的稳定性和行政体制的法治性决定了政府不能随着社会演变而随时进行自我调整，必须等社会演变到一定地步，政府不进行行政改革已不能很好地管理公共事务时，才能进行行政改革。但是，政府不是消极地适应社会演变，而是为了更有效地进行管理。政府对社会革命和变革能够及时做出反应，但是往往容易忽视社会演变，对为了适应社会演变而必须进行的行政改革也缺乏应有的重视。

（四）科学技术发展的推动

新科学、新技术的发展也是推动行政改革的重要力量。在历史上，每次科学技术革命也会给公共行政带来革命性的变革。现在知识经济方兴未艾，信息技术和网络技术已席卷全球，以科学技术为中心的行政改革正在世界各国如火如荼地开展。政府从现实状态走向虚拟状态。由于新科学、新技术在行政系统的广泛应用，政府无论从形式到内容都必须发生变化，都必须进行一系列的深刻改革。

（五）新思想、新价值的推动

新思想、新价值不仅是推动社会发展与创新的动力，也是行政改革的动力。行政改革只不过是把一种新思想、新价值变为现实。没有指导思想、没有价值支持的行政改革是没有目标、没有方向的改革，其必然会失败。效率、公平、民主是进行行政改革的核心思想和主要价值。我国进行的行政改革就是以效率、公平、民主作为指导思想和价值取向的。它们不仅推动行政管理更新，也推动行政观念的更新。我国各级政府提出的竞争上岗、行政公开、公众评议、减少审批手续、政府上网等，都浸透着新的思想和新的价值观。

三、行政改革的对策

行政改革的对策如下：

（1）政治保障是进行行政改革的前提。进行行政改革的重要前提是取得政治上的大力支持，如果没有政治上的赞成与支持，行政改革就无法开展。行政改革不仅是单纯的行政改革，更是重要的政治行为。政治保障不仅是行政改革的前提，也是行政改革的保证，而且行政改革往往是在政治的推动下进行的。政治体制改革要求行政体制必须进行改革，政治权威发动并推动行政改革。

（2）加强宣传，制造行政改革舆论。要加强新思想、新价值的宣传，打破僵化、模式化的旧思想、旧价值，使人民群众认识到新思想、新价值对行政发展的重要作用；认识到只有在新思想、新价值的指导下进行行政改革，才能全面促进社会发展和经济增长，才能大幅度地提高人民生活水平。同时，要有计划、有步骤地进行行政改革试点，取得经验。选择能够说明不进行行政改革就不行的典型案例，大力宣传行政改革典型的成功经验，介绍新思想、新价值和形成的新观念，促使人们改变传统观念。利用宣传和行政改革试点的推动，使社会公众对行政改革形成共识，把人民群众引导到由新思想、新价值形成的新观念指导下的行政改革上来，调动人民群众改革的积极性。对行政改革的宣传要实事求是，客观公正，不要说大话、空话和过头话，因为，如果没有达到行政改革的预期目标，公众就会感到失望。

（3）制定切实可行的行政改革政策。行政改革是非常复杂的系统工程。制定政策要从实际出发，实事求是，要有针对性和可行性。在制定政策时，应该尽量减小受损失者的范围，减少其受损失的程度，应当以大多数人的利益不受损失为原则。改革的参与者参与制定政策，是使政策具有广泛代表性的重要途径。制定政策一定要充分考虑和利用行政改革的一切有利条件，调动一切积极因素。

（4）要制定进行行政改革的法令和政策，使行政改革有法律保证和强制力。

（5）在进行改革时，要恰当地选择行政改革的突破点，恰当地选择发动改革的时机。

（6）行政改革要尽快地取得效果，提高行政效率和为公众服务的质量。要把改革的这些成果及时地反馈给社会和改革的参与者，强化改革意识，协调不同意见，克服改革阻力。

第三节 西方发达国家的行政改革

一、新公共管理的理论基础

从 20 世纪 70 年代开始，西方发达国家相继开始进行行政改革。英国的撒切尔和梅杰的保守党政府，美国从里根到克林顿政府，加拿大的马尔罗尼政府，澳大利亚的霍克和基廷政府，新西兰克拉克和博尔格政府，其他国家如法国、德国、荷兰、瑞典、西班牙、意大利、希腊、日本等都进行了不同程度的行政改革。这些西方发达国家进行行政改革主要是因为其在 20 世纪 70 年代发生的石油危机中，引发了经济危机、财政危机和政府信任危机。

在行政改革过程中，出现了新公共管理运动。新公共管理作为公共行政发展的一个阶段，开拓了实践和理论的新领域，为公共行政学注入了新鲜理论。

20 世纪 70 年代开始的西方发达国家的行政改革深受自由主义思想的影响，而且，自由主义思想继续影响 90 年代以来西方各国的政府改革，成为新公共管理运动的主要思想来源。

自由主义者反对大政府，反对政府干预。他们认为大政府是坏政府，民主国家的政府也是坏政府。民主国家的政府也在无休止地进行权力扩张，把强制性地干预市场当成自己的责任，损害和侵犯个人的权利和自由。政府为利益集团服务，被利益集团左右，成为利益集团的帮凶。在利益集团的帮助和推动下，政府的权力更加不受限制，不停地进行自我扩张。民主政府往往打着社会正义的旗号，为利益集团谋取利益而损害个人的权利和自由，强制性地干预市场。实际上真正的掌权者是少数的利益集团，政府越大，他们谋利越多；政府越大，自由越少，干预越多，税收越多，政府职能越难以精简。政府的官僚也是受益者，他们也不愿意限制政府的权力和精简政府职能。改革者主张个人自由，市场至上，公共选择，减少政府职能，政府不能干预市场。他们在这些问题上比较一致，但对于如何界定自由和政府职能，则各抒己见。自由主义者主张有限政府，认为政府是必要的，因为政府可以为自由的市场经济提供法律支持并营造良好的秩序、保卫国家主权等。他们对政府应该做什么语焉不详，但是他们对政府不应该做什么说得清清楚楚，包括征收关税和确定进口定额，制定公平贸易法，建设公共住房并提供住房补贴，发放职业资格证书，提供社会福利和社会保障，为最低工资立法，垄断邮政，管制产业和私人企业，管制价格和利率，拥有和管理国家公园，控制无线电和电视，废除累进税等。总之，自由主义者认为，为了保证经济的稳定发展，必须尽量减少政府职能和政府干预。自由主义者认为管得少的政府才是好政府，管得多的政府就是坏政府。

在政府与市场的关系上，在自由主义思潮的推动下，西方发达国家推行了国有企业"非国有化"或民营化的政策，也就是私有化政策。国有企业效率低下，亏损严重，成为政府的沉重负担。美国、法国、日本、英国、德国等国家都先后制定了私有化政策，把大批的国有企业卖给私人经营。在西方发达国家私有化运动的影响下，许多发展中国家也进行了国有企业的"非国有化"运动。英国从1979年撒切尔夫人内阁开始了国有企业私有化的进程，许多公共服务部门也进行了私有化。法国从密特朗政府开始推行国有企业私有化政策。美国、日本、德国也不同程度地进行了私有化。

作为减少政府职能的另一种改革模式是新西兰、芬兰和其他一些国家采取的公司化政策。政府保留国有企业的产权，国有企业实行经理负责制，经理有企业管理、人事管理和财务管理的充分自主权，允许国有企业以平等的方式与私有企业竞争，结果大大地提高了生产率。国有企业不仅扭亏为盈，而且政府作为股份的拥有者还分到了红利。

自由主义者认为，政府管理的核心是效率和有效管理，它是私营组织的管理和实践所追求的目标，却不是政府追求的目标。然而把管理主义作为政府管理基础的说法是十分不准确的。作为私有化的重要组成部分，西方发达国家把一些公共职能和服务交给私营组织承担，采取"合同出租"的方式。公共服务由富有冒险精神和企业家创新精神的私营组织来提供。这种企业家政府模式可以大幅度地提高效率，提高服务质量，满足公众需要。精简后的政府公共机构已经不是公共服务的提供者，而是成为一个授权者，其职能只是签订公共服务的出租合同，确定双方的责任与义务。政府公共机构监督合同的执行情况并支付酬金。20 世纪 70 年代以来，西方发达国家的各国政府都相继采取了这种"合同出租"的形式。公共服务出租的范围很广，包括环境保护、维护公共设施、消防和救护、监狱管理、选民登记、规划与论证公共项目、政府部门的绩效评估等。但是，私有化是否真正缩小了政府规模，这一点颇有争议。在美国联邦机构中，合同制的雇员甚至比公务员还要多。

分权和非集权化是针对中央政府或上级政府权力过于集中而进行的改革。20 世纪，官僚制的理性原则和工具主义逐步被各国政府奉为圭臬，但是，它的局限性和固有的非理性的缺陷也逐步暴露。官僚制成为政治家的工具，官僚的病态管理阻碍了社会的发展，引起了公众的不满。各国政府都调整了中央与地方的关系，进行了分权和非集权化的改革。

在中央与地方关系的问题上，20 世纪 70 年代以来，各国开始了分权和非集权化的改革。各国首先进行组织变革，进行分权。从 1981 年里根总统提出"还政于州"的新联邦主义到克林顿政府，都以分权为目标。但是分权的目的不同，联邦政府分权的目的是缩小政府规模，减少政府开支，转嫁政府负担。而州政府分权的目的是下放财权和公共服务的决策权。20 世纪 80 年代的里根政府奉行的是保守主义分权观，采取的主要措施是压缩社会福利，分散联邦政府的负担。20 世纪 90 年代，克林顿政府奉行进步主义分权观，在分散联邦政府负担的同时，保留美国进步主义者为美国公众争取的物质福利和公民权利。克林顿政府直接分权给社区。1993 年，联邦政府成立了由戈尔副总统任主任的社区事业委员会，负责社区分权改革。联邦政府制定标准，为社区提供资助，提高社区的服务能力，许多政府职能由社区承担。

自由主义者认为传统的官僚制结构的主要问题是过于依赖庞大的垄断性的官僚机构，过分强调规章制度和权力对政府的指导，对环境的反应迟钝而又缺乏监督，也不能调动公务员的积极性。这是造成政府低效和无能的主要原因。

自由主义者认为解决这种情况的办法是下放决策权力和执行权力。权力下放一般是将较大的政府组织机构分解为若干个小部门，并且通过把职能下放给分解后的低层部门，或者通过私营部门或半私营部门提供服务等途径来实现。例如，英国、新西兰和荷兰曾经成立过一大批机构和公司。美国却没有把政府机构分解为较小的部门，而是在地方政府一级进行政府再造，传统上美国内阁各部各司局被授予很大的自主权。美国的政府机构改革主要是成立私营和半私营公司来提供过去由政府提供的垄断性的服务，主张将官僚机构的职能下放给具有企业家精神的政府部门，由这些部门自主决策。分解官僚机构意味着放松对决策过程的控制，鼓励具有企业家精神的政府部门的领导者根据自己的判断进行决策，调动公务员的积极性，使他们承担风险，勇于创新。

自由主义者主张建立层级尽可能少的平面式而非金字塔形的组织结构。平面式的组织机构更有利于组织和领导者处理公共事务，并且它要比传统的官僚层级制有效得多。

针对传统官僚机构的僵化问题，也有人主张取消一些机构，成立一些能够对外界环境做出灵活反应的临时机构。临时机构不仅机构是临时的，任务是临时的，连人员都是临时的。完成临时任务以后，机构撤销，人员解散。这样既可以降低成本，精简人员，又可以防止机构膨胀。

公务员制度改革作为行政改革的重要组成部分，主要内容是完善公务员制度，精简冗员，提高公务员的管理能力。1968年，英国的《富尔顿报告》全面地分析了西方文官制度的弊端，主张对文官制度进行改革。英国采纳了报告的基本观点。1978年，美国制定了《文官制度改革法》，为文官制度改革提供了法律保障。

二、政府再造

政府再造是指对公共体制和公共组织绩效根本性的转型，大幅度提高组织效能、效率、适应性以及创新的能力，并通过改革组织目标、组织激励、责任机制、权力结构以及组织文化等来完成这种转型过程。

政府再造就是用企业化体制取代官僚体制，即创造具有创新习惯和持续改进质量能力的公共组织和公共体制，而不必靠外力驱使。政府再造不是政治体制改革，不是政府机构重组，不是减少浪费，不是缩小政府规模，不是私有化，不仅是使政府更有效率，也不只是全面质量管理。

企业家政府是政府再造的重要内容。企业家政府是指具有企业家精神的行政管理者，用企业的管理方式，以低成本、高产出为目标，敢于冒风险，敢于创新，敢于打破僵化的官僚体制，取得高绩效的政府。

企业家政府重视政府的成本效益，重视创新与改革，强调利用市场机制和竞争，强调对执行者授权，主张顾客导向，主张放松规制。

政府再造要遵循十条原则：

（1）起催化作用的政府——掌舵而不是划桨。起催化作用的政府把"掌舵"职能（政策和规划制定）和"划桨"职能（服务提供和执行）区分开来，然后使用许多不同方法（合同、代金券、补助、税收激励等）来完成目标，并选择其中最能满足效率、效能、平等、责任和灵活性等需求的方式。

（2）社区拥有的政府——授权而不是服务。社区拥有的政府把服务控制权从官僚手中夺过来，放到社区的手中。通过对社区进行拨款和授权来解决自身的问题，使之产生更多的承诺、更多的关爱并能更创造性地解决问题，进而减少其依附性。

（3）竞争型政府——将竞争机制引进服务当中。竞争型政府要求服务提供者在绩效和价格的基础上对业务展开竞争。竞争被视为促使公共组织改进质量而别无选择的基本力量（这一条并不适用于规则制定和政策职能）。

（4）有使命感的政府——转变规则导向型组织。有使命感的政府进行内部放松管制，废除大量的规章制度，并从根本上简化行政制度，如预算、人事和采购制度等。要求各个机构明确各自的使命，然后让管理者在法律范围内自由寻找完成使命的最好的方式。

（5）结果导向型政府——按结果而不是按投入进行拨款。结果导向型政府将责任从投入转移至产出和结果，并测量公共机构的绩效，制定组织目标，奖励那些达到或超过目标的机构，并利用预算明确规定：在立法机关同意支付代价的基础上，能够达成立法机关期望的绩效标准。

（6）顾客驱使的政府——满足顾客而不是官僚制度的需要。顾客驱使的政府将服务对象（学生家长、排队更换驾照的人或一般公众）视为顾客。利用调查和焦点小组调查等方式来聆听顾客的心声，制定顾客服务标准并提供保证，如果有可能就让顾客来选择服务提供者。有了这些投入和激励，通过重新设计组织，从而为顾客提供最大的价值。

（7）企业家政府——挣钱而不是花钱。企业家政府不仅将精力集中在花钱上，而且还要求得到投资回报；通过使用企业基金、公共收益和创新基金等激励手段，激励管理者在花钱的同时也关注挣钱。

（8）预防型政府——预防而不是治疗。预防型政府追求的是预防问题而不是提供解决问题的服务。利用战略规划、未来愿景及其他手段，让政府拥有更好的预见能力。为了延长决策者的时间跨度，重新设计了预算制度、会计制度和奖励制度来转变对其有影响的激励机制。

（9）分权的政府——从等级制到参与和协作。分权的政府包含两方面内涵：一是政府与社会、市场乃至私人之间的分权与合作；二是政府内横向和纵向的分权与合作。

（10）市场导向型政府——通过市场力量进行改革。市场导向型政府通常是重构私人市场而不是使用行政机制（如服务提供或命令—控制的规制）来解决问题；通过开发财政激励手段（如财富税、绿色税收和税收刺激），迫使私人组织和个人用解决社会问题的方式来运作。

三、新的政府模式

在新公共管理运动中，汤姆·彼得斯（Tom Peters）提出了四种新的政府模式：市场政府模式、参与政府模式、解制式政府模式和弹性化政府模式。

（一）市场政府模式

市场政府模式就是运用市场的竞争机制改革政府，以达到用较少的施政成本缔造一个良好的政府的目的。

市场政府模式认为传统的政府管理效率低下、成本高，这是缺乏市场的竞争机制造成的。市场政府模式还认为政府管理和私营部门管理没有什么不同，可以用私营部门的管理方法来管理政府。

市场政府模式主张建立层级较少的扁平化的而非金字塔形的政府组织结构。而传统的政府官僚机构过于庞大，是垄断性的，仅受规章制度和权力的指导，不受外部环境的监督和指导，对市场信号和公务员的积极性置之不理。

市场政府模式主张下放决策和执行权力，将权力下放给具有企业家精神的政府部门，由其自主决策。决策应该以市场回馈的信息和具有企业家精神的部门领导的分析与判断为基础制定。

政府官员的薪水不是固定不变的，应该根据他们在市场上可赢得的收入决定，也就是按照私营部门的标准来确定。市场政府模式强调不同的工作有不同的报酬。这有利于建立适应市场机制的规模小并且有相对自主权的政府机构。

市场政府模式评价政府业绩是看政府如何用低成本来提供公共服务，为此，政府成立了多家有竞争性的提供公共服务的机构，把公民既当成消费者又当成纳税人，通过让公民在市场服务中进行自由选择来实现公共利益。

（二）参与政府模式

参与政府模式强调正确处理国家与社会之间的关系以及为广大公众提供参与决策的机会。这种政府模式的理论基础是多方面的：①参与管理，即工作人员介入组织的工作、活动和决策。②承认公共组织中基层官员是组织有效运作的核心。③对话民主。参与政府模式最简单的方式是通过直接投票来决定政策议题和采用的方法。④公有社会。参与政府模式强调政府应该首先考虑的是政策在社会中的影响以及如何提供更好的公共服务，而不是考虑组织中的个人权力和所得。公民社会不否认政府在提供公共服务方面的核心地位，而是主张采取合作方式和利用个人参与来强化政府效能。

参与政府模式没有确定的组织结构，更强调的是参与过程。它要求自下而上地制定公共政策。这就要求组织机构对涉及自身问题的决策有控制权，同时，组织机构的低层官员也要参与决策，对公共政策的制定有较大的影响。这就打破了集权进行决策，按照规章制度推行决策的传统方法。

参与政府模式实现公共利益，主要是通过鼓励工作人员、顾客和公民最大限度地参与公共政策的制定来实现。其方式有对政府服务不满意进行申诉；加强工作人员独立决策和影响决策的能力；公众与政府对话；公民能够参与政策选择和提供公共服务的过程。

（三）解制式政府模式

解制式政府模式是指通过解除政府规制的方式来发挥政府的潜力与创造力。解制是指解除政府的规章制度和内部管理，而与经济政策无关。

解制式政府模式强调组织层级节制的重要性，认为层级节制的管理是必要的。它不强调集中化的控制结构，允许组织自行制定并执行自己的目标。如果想要真正发挥政府的创造力，那么政府中的各个层级都应该参与，而不仅仅是高级管理者参与。事实上，政府内部的规章制度更多地束缚了低层工作人员，而非高层工作人员。如果取消那些不必要的烦琐的规章制度，较少约束低层工作人员的规章制度就能够释放出更大的能量，低层工作人员就能承担更多的责任。这就要求行政管理者不仅应该具有市场政府模式所要求的企业家的创新精神，而且应该有参与政府模式所要求的民主领导者的品质。

（四）弹性化政府模式

弹性化政府模式是指政府有应变能力，能够有效地回应新的挑战。弹性化政府不把政府部门当作永久性的组织，而是一种临时机构。它的组织结构往往采取可选择性的结构机制，以取代那些具有永久决策权力的部门和机构。弹性化政府模式主张不断撤销现有组织，这样可以避免组织僵化，使政府有较大的弹性。弹性化政府模式在许多问题上含混不清，没有明确的观点。

第四节　行政改革的发展趋势

一、向民主行政的嬗变

从托马斯·伍德罗·威尔逊提出建立公共行政学以来，各国施行的就是以效率为中心的权威主义公共行政。这是工业社会的社会科学和自然科学的必然产物，是建立在约翰·洛克、艾萨克·牛顿和勒内·笛卡儿以及工业生产流水线基础之上的政治模式和公共行政模式。各国都试图在不同程度上建立一个父爱的家长式的政府。尽管它们借用各种理论，如美国高唱民主，但都是以政府强制力使公民服从，权威命令与服从权威是20世纪政府管理的主要原则。政府权力自我扩张，不受社会权力制衡，独断专行。政府职能过大，政府管得过多，是20世纪各国政府共同的特点。政府规模太大，机构膨胀，冗员太多，成本太高。政府管了许多管不了也管不好的事情，不仅加重了公众的经济负担，而且导致政府效率低下，衙门作风严重。西方学者认为政府作为理性经济人有自己的利益，如果与把持政治权力和经济权力的政治集团和经济集团结合起来，就形成了一个十分稳固的具有共同利益和特权的社会集团。政府不愿意实行民主政治和民主行政，因为政府担心会丧失特权地位和特殊利益。所以，我们看到西方政府的改革在民主行政方面也只是有些小动作。西方行政改革自我标榜为管理主义，但其含义不言自明，而且其对政府绩效的评估以经济效率、效益和有效性作为评估标准，没有公平、民主标准。这样，政府机构难以从权威主义行政向民主行政转变，很难精简机构和转变政府职能。因为实行民主行政与精简政府机构和行政工作人员，都必然有损于这个利益集团的利益和特权。

从各国揭发出的政治领袖、政府官员和经济界人士的各种贪污贿赂案件来看，往往是政府与政界和经济界互相勾结、互相利用。因此，20世纪70年代以来，各国政府都先后精简政府机构和行政工作人员，减少政府职能。只有政府机构和行政工作人员少了，政府才能不管那些不应该由它管的事务。为了提高政府工作效率，需要引入市场机制。但是，政府仅有效率、经济效益和有效性是不够的，还应该注入公平和民主的价值观。信息社会和知识经济时代已经向传统的权威主义行政提出挑战，民主行政必然应时代的呼唤而逐步形成。没有民主行政就没有人的自主价值。

民主行政必须实行分权，必须实行分权化管理。这就要求政府的政务必须公开，官员的任用必须符合民意；政府管理的范围有限，政府和政府官员没有特权，是真正的公仆；公民参与决策和管理，公民自治权逐步扩大，公民通过各种途径有效地监督政府、管理政府。这是不可抗拒的历史潮流，公共行政逐步向民主行政嬗变。

二、数字政府

（一）数字政府的含义

数字政府是指在政府内部采用电子化和自动化技术的基础上，利用现代信息技术和网络技术，建立起网络化的政府信息系统，并利用这个系统为政府机构、社会组织和公民提供方便、高效的政府服务和政务信息。

数字政府不仅是政府的技术变革，也是政府管理方式的变革。政府从现实平台走入了虚拟平台，从现实政府向虚拟政府进行变革。这个变革对政府的组织结构、规章制度、运作方式和权力分配方式都有一定的影响。

（二）数字政府的特点

数字政府是现代信息技术，尤其是网络技术通过对政府传统管理技术进行改造而形成的，它具有技术领先的特点。它代替了传统的纸与笔和人与人互动的办公方式和管理方式，变为光与电和人机互动的办公方式和管理方式。

数字政府是一个开放系统，是一个开放政府。它打破了传统政府的封闭性。数字政府政务公开、信息公开，在网络平台上与服务对象进行互动。所以，服务对象能非常容易地获得政务信息。这与传统的封闭型政府垄断政务信息是完全不同的。

数字政府从一定意义上讲是一个虚拟平台，公众可以在这个平台上充分地发表意见或建议，可以批评政府和政府官员，这样能够大幅度地提升公众参与政府管理范围和程度。它有利于民主行政和发展社会主义民主。

数字政府打破了政府层级的限制，可以十分方便地获得不同层级的政务信息，有利于解决在信息传递过程中出现的"肠梗阻"现象，也可以提高信息的真实性。可以预言，这种信息传递方式和办公方式必然改变政府的组织结构，减少政府层级。

数字政府以顾客为导向，可以满足顾客的要求。

（三）数字政府对公共行政的影响

数字政府的出现是公共行政发展的一个划时代的新阶段。它彻底改变了政府封闭式的、单向式的管理方式，实现了政府与顾客互动的开放式管理。

数字政府不仅可以节约资源，降低成本，减少层级，减少人员，提高效率，更主要的是它在朝民主行政的方向发展。数字政府的建设不仅是信息技术和网络技术的应用问题，更主要的是是否有民主行政的理念的问题。实际上，建设数字政府的技术条件已经具备，如果没有民主理念，政府不愿政务公开和信息公开，数字政府也建立不起来，即使建立起来了也只是流于形式。

数字政府将改变政府的决策方式。政府决策，尤其那些涉及国计民生的重大决策，必须采取公民广泛参与的方式。这不是公民能否参与的问题，而是公民必然通过网络积极主动地参与。因此，政府必须采取公民参与的方式进行决策。

数字政府将改变政府工作人员的办公方式，远距离办公和家庭办公在公司和企业已经出现，有一天也势必会成为政府工作人员的办公方式。同时，数字政府对政府工作人员提出了更高的要求，他们必须是通才，也必须是专才；要忠于职守，有敬业精神，有良好的道德修养。

目前，数字政府的主要内容包括电子商务、电子公文、电子采购和招标、电子电报、电子福利支付、电子投诉、电子邮递、电子身份认证和电子资料库等。随着数字政府建设的进一步发展，数字政府将逐步拓宽其服务范围。

数字政府是历史发展之必然，是政府必然的发展形态。

三、市场机制和民营化的引进

政府效率低下是因为缺乏市场机制。行政改革引进市场机制主要是在公共服务部门引进市场竞争机制，即公共服务民营化。民营化就是从原来由政府独家为社会、社会组织和公民生产和提供公共服务，转变为由市场、私营部门独家或与政府联合生产和提供公共服务。

20 世纪 70 年代以后，西方发达国家的政治家、学者和公众十分严厉地批评政府浪费资源、效率低下、服务质量差等。为了解决这些问题，西方发达国家的政府在公共服务中引进了市场机制，进行民营化改革。为了转变政府职能，减少政府职能，缩小政府活动的范围，西方发达国家的政府采取了将原来由政府提供的公共服务民营化的办法，以减轻政府的负担。政府利用市场经济的竞争机制和"效率原则"与"经济原则"，将一些公共服务推向市场，由私营企业承担这些公共服务。这样不仅降低了成本，而且提高了公共服务的效率和质量。

政府撤出了一些公共服务领域，由私营部门直接生产和提供服务。同时，政府采取了一些委托方式减轻自身的负担，包括契约外包、特许经营、补助、抵用券和强制等。这样做可以有效地降低成本，整合民间资源，提高效率和公共服务质量。尽管在实践中暴露出这样或那样的问题，但民营化作为生产和提供公共服务的一种方式是值得探讨的。

本章小结

改革是永恒的主题，政府必须为了适应环境变迁和满足社会需要而进行不断的改革。行政改革是政治体制改革的组成部分，必须从政治的高度来看待行政改革。西方发达国家的行政改革基本上是管理主义的，是以效率为中心的，没有重视行政工作人员的主体性。在这一点上，我国进行行政改革时应该引以为鉴，应该在行政改革中贯彻以人为本的思想。